Regensburger Straßennamen

Matthias Freitag

Regensburger Straßennamen

1400 Gassen, Straßen und Plätze – auf den Punkt gebracht

Verlag Friedrich Pustet
Regensburg

Bibliografische Information der Deutschen Nationalbibliothek
Die Deutsche Nationalbibliothek verzeichnet diese Publikation in der Deutschen Nationalbibliografie; detaillierte bibliografische Daten sind im Internet über http://dnb.dnb.de abrufbar.

ISBN 978-3-7917-2908-4

Umschlaggestaltung: Heike Jörss, Regensburg
Umschlagmotive: Unser Dank gilt Peter Ferstl und Stefan Effenhauser von der Bilddokumentation der Stadt Regensburg für die Umschlagmotive
Bildnachweis: Fotolia.de: 28 (Otto Durst), 54 (Fotolyse), 102 (HandyGregor), 148 (Gina Sanders), 198 (Joshua Holznagel)
Satz: Vollnhals Fotosatz, Neustadt a. d. Donau
Druck und Bindung: Friedrich Pustet, Regensburg
Printed in Germany 2017

Weitere Publikationen aus unserem Programm finden Sie auf www.verlag-pustet.de
Kontakt und Bestellungen unter verlag@pustet.de

Inhalt

Vorwort

Auf den ersten Blick scheinen Straßennamen etwas höchst Banales zu sein oder jedenfalls etwas, das einfach nur eine rein praktische Bedeutung hat. Straßennamen dienen der Orientierung – für Besucher, für Lieferanten, für den Postboten. Eine Straße sollte deshalb nicht zwei Namen haben, und ein Name sollte nicht zweimal in derselben Stadt oder Gemeinde vorkommen; damit scheint alles gesagt zu sein, was es zum Thema zu sagen gibt.

Aber wie kommen Straßennamen eigentlich zustande? Wenn man diese Frage stellt, dann tut sich auf einmal ein weites Feld auf. Denn prinzipiell gibt es bei der Namensgebung zwei Möglichkeiten: Entweder haben sich die Benennungen in weit zurückliegender Vergangenheit durch Gebrauch und Gewohnheit einfach irgendwann eingebürgert, oder sie beruhen auf ganz bewusst gefassten Beschlüssen von Gremien wie Stadt- und Gemeinderäten. In beiden Fällen spielt Erinnerung eine zentrale Rolle; sie ist einmal weniger, einmal mehr reflektiert. Straßennamen verweisen immer auf etwas – auf frühere Einrichtungen und Zustände oder auf Dinge und Menschen, die bewusst im Gedächtnis behalten werden sollen.

Damit führt die Beschäftigung mit Straßennamen auf das spannende Gebiet der Erinnerungskultur; neben rein praktischer Orientierung geht es jetzt auch um so komplexe Dinge wie Traditionspflege, Eigenwahrnehmung, Selbstvergewisserung, kollektive Identität. Und man stellt fest: Straßennamen sind ein Spiegel von Gegenwart und Vergangenheit des Ortes, in dem sie verwendet werden.

Das ist in Regensburg nicht anders als anderswo. Wenn man sich die Namen der Straßen auf einem Stadtplan oder – wie hier – in einem Verzeichnis ansieht, kann man erkennen, wie die Stadt aufgebaut ist und wie sie früher aufgebaut war; man kann aber auch erkennen, wie sie sich selbst sieht und wie sie sich früher gesehen hat. Es gibt zum Beispiel Straßen, die zeigen, wie und wo einst alte Verkehrswege verlaufen sind – lange bevor all die modernen Erschließungsachsen, Autobahnzubringer und Ortsumgehungen entstanden sind. Es gibt Straßen, die auf längst nicht mehr bestehende Einrichtungen hindeuten, auf Schlösser und

Adelssitze, auf Getreidespeicher und Lagerstätten, auf Weinberge und Hopfenfelder. Überhaupt wird an vielen Stellen deutlich, wie anders vor allem die Randgebiete der heutigen Großstadt früher ausgesehen haben müssen. Das ist zwar eigentlich eine Binsenweisheit; trotzdem ist es immer wieder überraschend, mitten in einem Wohn- oder Gewerbegebiet auf einen „Waldweg", einen „Lehenackerweg" oder einen „Mühlweg" zu stoßen. Die ganze ländliche Vergangenheit mit ihren Dörfern und Weilern, Feldern und Wiesen wird hier lebendig. Und es bleibt nachvollziehbar, dass das Regensburg von heute aus vielen früher selbständigen Gemeinden zusammengesetzt ist, von denen jede ihre eigene Mitte, ihre eigenen Einrichtungen, auch ihr eigenes Selbstbewusstsein hatte und bisweilen noch hat.

In besonderer Weise von der Vergangenheit geprägt ist dabei natürlich die Altstadt. Hier steckt hinter beinahe jedem Straßennamen eine Geschichte, die oft über Jahrhunderte zurückreicht, bis in die Blütezeit Regensburgs im Mittelalter, manchmal auch bis in ihre Frühzeit unter den Römern. Die alten Märkte im Zentrum und die Schiffsanlegestellen an der Donau, die Unmenge kirchlicher Einrichtungen, das Alltagsleben mit seinen Handwerken und seinen Wirtshäusern – all das ist nicht nur Stein geworden, sondern hat auch Straßen ihre Namen gegeben.

Zu diesen traditionellen Straßennamen kommt – zweitens – die große Zahl derer, die erst vergeben wurden, als sich Regensburg im 19. und 20. Jahrhundert immer mehr vergrößerte. Hier liegen die Dinge komplett anders: Bei neuen Straßen kann nicht oder nur selten an Bestehendes oder Früheres angeknüpft werden; so ist der Weg frei für aktuellere Bezüge. Die Namen erzählen nichts über die Vergangenheit, aber dafür umso mehr über die Gegenwart, genauer gesagt: über die jeweilige Gegenwart, also über die Zeit, in der sie eingeführt wurden. Denn die Kriterien, nach denen bei der Auswahl verfahren wird, sind natürlich immer von der Zeit und den Zeitumständen abhängig. Ob also Straßen nach Generälen und Kriegshelden benannt werden oder nach Wissenschaftlerinnen und Frauenrechtlerinnen, nach Herrschern und Adeligen oder nach Widerständlern und KZ-Inhaftierten: Das hat durchaus einen gewissen Aussagewert über die Denkweisen und Befindlichkeiten verschiedener Epochen. Die Bandbreite in den Schwankungen des Zeitgeists ist dabei beträchtlich; schließlich gibt es neue Straßennamen, seit es neue Straßen gibt, also seit mehr als 200 Jahren. Genau das macht aber auch diese Art von Namen so interessant: Sie sind ebenfalls ein Spiegel – weniger dessen, was die Stadt war und ist, sondern mehr dessen, was sie dachte und denkt.

Hier gelangt man früher oder später an einen Punkt, wo die Straßennamen – jedenfalls manche von ihnen – mitunter ihre problematische Seite zeigen. Denn was passiert, wenn eine Sache oder eine Person, die man zu einer bestimmten Zeit zu ehren beschloss, zu einer anderen Zeit in Misskredit gerät, sei es objektiv durch neue Erkenntnisse, sei es subjektiv durch den zeitbedingten Wandel an Auffassungen und Wertmaßstäben? In besonders krassen Fällen greift man dann gewöhnlich zum Mittel der Umbenennung; schließlich sind Straßennamen ja immer auch eine Art Visitenkarte der Stadt. Nur: Nach welchen Kriterien entscheidet man, was ein „krasser Fall" ist? Nicht jeder ist so einfach zu klären, wie zum Beispiel jener der „Adolf-Hitler-Brücke", die nach 1945 schnell zur „Nibelungenbrücke" wurde. Letztendlich wird es in diesem Bereich immer Einzelfälle geben, die umstritten sind, je nach persönlicher Weltanschauung. Mit etwas Distanz betrachtet, könnte man aber durchaus sagen, dass das nicht das Schlechteste ist; schließlich werden so Gespräche und Diskussionen angeregt, die die Einwohner einer Stadt dazu bewegen können, über individuelle und kollektive Einschätzungen und Urteile, vielleicht ja auch über Fehleinschätzungen und Vorurteile nachzudenken.

Diese Aufgabe kann das vorliegende Buch *nicht* erfüllen. Es geht hier fast ausschließlich um Beschreibung, nicht um Bewertung. Und nachdem das Bewerten so nahe am Umbenennen liegt, ist in den allermeisten Fällen – von einigen besonders aussagekräftigen Beispielen abgesehen – auch darauf verzichtet worden, frühere Straßennamen aufzuführen; denn dies hätte die Notwendigkeit eingeschlossen, in jedem einzelnen Fall zu thematisieren, warum und wann sie durch neue ersetzt wurden. Das Ganze ist letztlich auch eine Frage der Quantität; schließlich gibt es in Regensburg Straßennamen, die bis weit ins Mittelalter zurückreichen und die zu vielen verschiedenen Zeiten viele verschiedene Namen getragen haben. Es soll also genügen, die annähernd 1400 aktuellen Straßennamen vorzustellen.

Hinweise zur Benutzung

Das vorliegende Buch folgt dem Straßenverzeichnis des „Adressbuchs 2016/17“ der Stadt Regensburg. Es übernimmt auch dessen Definition, was eine Straße mit offiziellem Namen ist (z. B. „Dechbettener Brücke“) und was nicht (z. B. „Steinerne Brücke“). Aufgrund der zahlreichen Neubaugebiete in Regensburg werden aktuell in relativ kurzen Abständen neue Straßennamen ausgewiesen. Das vorliegende Buch hat versucht, mit dieser Entwicklung Schritt zu halten, und erreicht etwa den Stand vom Frühjahr 2017.

Die Anordnung der Straßennamen ist alphabetisch. Bei historischen Persönlichkeiten ergeben sich in dieser Reihung beim Nachschlagen freilich erhebliche Inkonsequenzen, da die amtlichen Bezeichnungen mitunter sehr unterschiedlich sind. So gibt es Fälle, bei denen nur der Nachname genannt ist (z. B. „Hoppestraße“), bei anderen Vor- und Nachname (z. B. „Alfons-Auer-Straße“), bei wieder anderen auch die Funktionsbezeichnung (z. B. „Admiral-Scheer-Straße“). Besonders kompliziert ist es bei Adeligen: Manche tauchen nur mit dem Namen auf (z. B. „Lerchenfeldstraße“), andere mit Adelsprädikat (z. B. „Von-Schenck-Straße“) oder Adelstitel (z. B. „Freiherr-vom-Stein-Straße“). Ebenso werden akademische Titel manchmal weggelassen (z. B. „Killermannstraße“), manchmal hinzugefügt (z. B. „Dr.-Hipp-Straße“), manchmal mit dem Vornamen kombiniert (z. B. „Dr.-Johann-Meier-Straße“). Dennoch bleibt dieses Buch bei den amtlichen Benennungen der Straßen.

Die Artikel zu den einzelnen Straßennamen enthalten vor der jeweiligen Erläuterung des Namens zum Zweck der besseren Lokalisierung den amtlichen Stadtbezirk (in Gestalt der Kennziffer aus dem „Adressbuch“), den Stadtteil (nach allgemein üblichem Sprachgebrauch) und das Planquadrat (gemäß dem Stadtplan aus dem „Adressbuch“). Die Unterscheidung zwischen „Stadtteil“ und „amtlichem Stadtbezirk“ hängt damit zusammen, dass beide in etlichen Fällen nicht identisch sind. Während die Stadtbezirke rein verwaltungstechnische Einteilungen sind, orientieren sich die Stadtteile eher an gewachsenen historischen Bezügen, sind kleinteiliger und werden mehr im Alltagsleben verwendet. So liegt beispielsweise die „Annagasse“ offiziell im amtlichen Stadtbezirk „Großprüfening – Dechbetten – Königswiesen"; klarer ist jedoch die Zuordnung über den Stadtteil „Großprüfening". Oder: Die „Uhlandstraße" liegt im amtlichen Stadtbezirk „Westenviertel" bzw. – enger gefasst – im Stadtteil „Innerer Westen".

Die amtlichen Stadtbezirke tragen laut „Adressbuch" folgende Kennziffern:

1	Innenstadt
2	Stadtamhof
3	Steinweg – Pfaffenstein
4	Sallern – Gallingkofen
5	Konradsiedlung – Wutzlhofen
6	Brandlberg – Keilberg
7	Reinhausen
8	Weichs
9	Schwabelweis
10	Ostenviertel
11	Kasernenviertel
12	Galgenberg
13	Kumpfmühl – Ziegetsdorf – Neuprüll
14	Großprüfening – Dechbetten – Königswiesen
15	Westenviertel
16	Ober- und Niederwinzer – Kager
17	Oberisling – Graß
18	Burgweinting – Harting

In den Erläuterungen zu den einzelnen Straßennamen selbst wurde grundsätzlich Informationen mit einem konkreten Regensburg-Bezug etwas mehr Platz eingeräumt als Sachverhalten, die auch ohne Weiteres in einem Konversationslexikon nachschlagbar sind. Der Text zur „Goethestraße", beispielsweise, ist deshalb kürzer gehalten als der zur „Godinstraße".

Straßen und Gruppen

Bereits bei einem oberflächlichen Blick auf den Stadtplan kann man feststellen, dass die Namen vieler Straßen nicht einfach beliebig vergeben sind. Oft tauchen sie gruppenweise auf: In einem Stadtviertel geht es zum Beispiel hauptsächlich um Dichter und Schriftsteller, in einem anderen um Maler und Bildhauer, in einem dritten um Pflanzen aus der heimischen Flora und so weiter.

Dieser oftmals – keineswegs immer! – verfolgte Ansatz der Stadtplaner, Straßennamen in Gruppen zu organisieren, wird in diesem Buch bewusst aufgegriffen. Es umfasst zwei Verzeichnisse: das „Verzeichnis der Straßen" und das „Verzeichnis der Gruppen". Gehört ein Straßenname zu einer Gruppe, wird im entsprechenden Artikel im „Verzeichnis der Straßen" darauf verwiesen, und zwar mit einem Stichwort in Anführungszeichen. Ein Beispiel: Bei der „Klenzestraße" heißt es als erstes: → Gruppe „Bildende Künstler". Unter diesem Stichwort findet sich im „Verzeichnis der Gruppen" eine allgemeine Beschreibung, die für alle der Gruppe zugehörigen Straßen gilt. Dabei wurde besonders der Frage nachgegangen, *warum* eine bestimmte Gruppe in einem bestimmten Stadtteil liegt, ob und inwiefern sich irgendwelche historischen, geographischen oder sonstigen Gründe dafür erkennen lassen. Dies ist nicht in allen, aber doch in einer ganzen Reihe von Fällen möglich.

Das „Verzeichnis der Gruppen" ist – ebenso wie das „Verzeichnis der Straßen" – alphabetisch angeordnet. Die Stichwörter sind möglichst passend und prägnant gewählt und haben keinen amtlichen oder offiziellen Charakter.

In Gruppen wurden allerdings nur Straßennamen zusammengefasst, die sowohl *thematisch* als auch *räumlich* eine Einheit darstellen und auf diese Weise eine stadtplanerische Absicht erkennen lassen. Eine Gruppe bilden zum Beispiel die Schriftsteller-Straßen in der Ganghofersiedlung; *keine* Gruppe bilden hingegen die über das ganze Stadtgebiet verstreuten Flurnamen-Straßen („Am Gern", „Haidschlagweg", „Oberer Ehweg"). Sie sind meist historisch zu erklären, in diesem Fall aus Nutzungen und Besitzverhältnissen vergangener Zeiten; sie resultieren also nicht aus bewusster, auf Einheitlichkeit, Überschaubarkeit und Systematik bedachter Stadtplanung. Daraus folgt auch, dass es solche Gruppen in der Altstadt *nicht* gibt, da dort sämtliche Bezeichnungen einen historischen und keinen stadtplanerischen Bezug haben. So bilden zum Beispiel die zahlreichen nach Wirtshäusern oder Berufsständen benannten Straßen *keine* Gruppen.

Verzeichnis der Gruppen

„Bäume"
Im Wohngebiet der Margaretenau im Westenviertel sind einige Straßen nach Bäumen benannt. Ähnliche Viertel gibt es in fast jeder Stadt; ein Bezug zu den spezifischen örtlichen Gegebenheiten ist nicht erkennbar – allenfalls könnte man einen solchen über den früheren naturnahen Charakter der Gegend herstellen, wie er auch im Namen der Hauptstraße des Wohngebiets anklingt (→ Margaretenau).

„Bayerischer Wald 1: Regental"
Dort, wo die Chamer Straße in Gallingkofen anfängt, verweisen die Namen einiger Seitenstraßen – so wie die Straße selbst – auf die Zielrichtung der hier beginnenden Fernverbindung. Sie führt ins obere Regental; deshalb sind die Seitenstraßen nach dortigen Orten benannt.

„Bayerischer Wald 2: Vorwald"
Dort, wo die Chamer Straße an Wutzlhofen vorbeiführt, verweisen die Namen einiger Seitenstraßen auf Orte des Bayerischen Vorwalds, des Höhenzugs zwischen Donau- und Regental. In diese Richtung orientiert sich die Chamer Straße, sobald sie Regensburg verlässt.

„Bayerischer Wald 3: Hochwald"
Dort, wo die Alte Waldmünchener Straße quer durch Reinhausen führt, verweisen die Namen einiger Seiten- und Nebenstraßen – so wie die Straße selbst – auf die Zielrichtung der hier ehemals beginnenden Fernverbindung. Sie führte in den Bayerischen Wald; deshalb tauchen in ihrem Umkreis die Namen von Orten, Bergen und ehemaligen Adelsgeschlechtern der Region auf.

„Befreiungskriege“
Kurz vor dem Ende der Prüfeninger Straße sind einige Seitenstraßen nach Persönlichkeiten benannt, die während der deutschen Befreiungskriege gegen Napoleon (1813–1815) eine wichtige Rolle in Politik oder Militär spielten. Ein Bezug zu den spezifischen örtlichen Gegebenheiten ist nicht erkennbar.

„Berlin“
Kurz vor dem Ende der Landshuter Straße sind einige Seitenstraßen nach Berliner Stadtteilen benannt. Die Auswahlkriterien sind nicht ersichtlich; ein Bezug zu den spezifischen örtlichen Gegebenheiten ist nicht erkennbar.

„Bildende Künstler“
In Kumpfmühl, Königswiesen und Dechbetten tragen viele Straßen die Namen von Malern, Zeichnern, Bildhauern und Architekten. So wie die Bebauung aus ganz verschiedenen Zeiten stammt, stehen auch bei den Künstlern diverse Epochen und Stilrichtungen nebeneinander, ebenso Persönlichkeiten von „universellem“ und solche von mehr lokalem und regionalem Rang. Ähnlich zu den Vierteln der Komponisten und der klassischen Schriftsteller (→ Gruppe „Komponisten und Musiker“, → Gruppe „Schriftsteller 1“) geht es hier eher um ein bestimmtes Bildungsideal; ein Bezug zu den spezifischen örtlichen Gegebenheiten ist jedenfalls nicht erkennbar.

„Blumen“
An der Grenze zwischen Kasernenviertel und Galgenberg östlich und westlich des Unterislinger Wegs sind einige Straßen nach Blumen benannt. Ähnliche Viertel gibt es fast in jeder Stadt; ein Bezug zu den spezifischen örtlichen Gegebenheiten ist nicht erkennbar.

„Burgweinting 1: Dorf“
Burgweinting war noch vor wenigen Jahrzehnten ein kleines Dorf, das 1977 zusammen mit einigen anderen (→ Gruppe „Graß – Burg und Dorf“, → Gruppe „Oberisling und St. Emmeram“) nach Regensburg eingemeindet wurde. Seine Existenz reicht allerdings weit zurück; um 790 wurde es erstmals erwähnt. Damals

schrieb man „Wihmuntingen“, was auf die „Gründung eines Mannes namens Wihmund“ hindeutet; der Zusatz „Burg“ kam erst viel später dazu, zur Unterscheidung von anderen gleichnamigen Dörfern. Im alten Ortskern erinnern noch etliche Straßennamen an das einstige dörfliche Leben.

„Burgweinting 2: Flurnamen“

Seit der Eingemeindung 1977 ist Burgweinting um ein Vielfaches gewachsen; aus dem einstigen Dorf ist ein moderner Stadtteil der Großstadt Regensburg geworden. In mehreren Etappen wurden planmäßig Neubaugebiete angelegt; die Fachleute sprechen von der „Entwicklungsmaßnahme Burgweinting“, die eine der größten in ganz Deutschland ist. Die einzelnen Schritte des Ausbaus lassen sich auch an den Straßennamen erkennen, die nach jeweils unterschiedlichen Leitmotiven vergeben wurden. In der ersten Phase orientierte man sich – ohne sonderlich viel Kreativität – an der unterschiedlichen Länge der Straßen, an Flurnamen oder an der landschaftlichen Umgebung.

„Burgweinting 3: Frauen“

Die zweite Phase der Namengebung in den Neubaugebieten von Burgweinting fällt in die Zeit, als man verstärkt über „Frauenquoten“ nachdachte. Auch bei Straßennamen, die an berühmte Persönlichkeiten erinnern, überwiegen nämlich traditionell Männer. Und so hat man versucht, in einem Viertel ganz bewusst ausschließlich verdienstvolle Frauen zu berücksichtigen. Es finden sich Namen aus verschiedensten Zeiten, von verschiedenster Herkunft, einige Regensburgerinnen und viele Nicht-Regensburgerinnen in buntem Nebeneinander, mit der Gemeinsamkeit eines ausgesprochen selbstbestimmten Lebens. Ein Bezug zu den spezifischen örtlichen Gegebenheiten ist nicht erkennbar.

„Burgweinting 4: Feldfrüchte“

Im Nordosten der Neubaugebiete von Burgweinting sind die Straßen nach Feldfrüchten benannt. Hinweise auf frühere landwirtschaftliche Nutzung am heutigen Regensburger Stadtrand findet man zwar auch anderswo (→ Gruppe „Harting – ein Dorf“); aber hier gibt es noch einen weiteren konkreten Grund für die Auswahl der Namen: Bei archäologischen Grabungen

(→ Gruppe „Burgweinting 5: Vor- und Frühgeschichte“) fand man die Spuren von insgesamt vier römischen Gutshöfen, sogenannten „villae rusticae“; einer davon ist unmittelbar westlich des Baugebiets, als Bodendenkmal in eine Grünfläche integriert, sichtbar und erlebbar. So lag es nahe, bei den Namen der benachbarten Straßen Bezüge zur Landwirtschaft der Römer herzustellen – wenn auch die Feldfrüchte teils erst aus späterer Zeit stammen.

„Burgweinting 5: Vor- und Frühgeschichte“

Im Zusammenhang mit der Anlage verschiedener Neubaugebiete in Burgweinting wurden und werden jeweils vor Baubeginn umfangreiche archäologische Grabungen abgehalten. Dadurch bestätigte sich, was Fachleute schon aufgrund von früheren, punktuellen Untersuchungen vermuteten: Das fruchtbare und wasserreiche Gelände entlang des Aubachs bot den Menschen bereits in vor- und frühgeschichtlicher Zeit ideale Lebensbedingungen. Über die Jahrzehnte (die Grabungen laufen seit 1994) wurde eine Fülle von Funden gemacht, die von der Steinzeit über die der Kelten, Römer und Bajuwaren bis ins Mittelalter reichen; sie belegen 5000 Jahre einer kontinuierlichen Besiedlung. Der jüngste Teil der Neubaugebiete greift diesen Aspekt in den Straßennamen auf und erinnert an römische Götter, vergangene Kulturen, dokumentierte Personen und ähnliches mehr.

„Burgweinting 6: Frauen“

Der Bauabschnitt der „Entwicklungsmaßnahme Burgweinting“, der aktuell im äußersten Nordwesten des Stadtteils erst im Entstehen begriffen ist, greift bei der Benennung der Straßen erneut den Gedanken auf, vor allem an verdienstvolle Frauen zu erinnern. Das Auswahlkriterium ist – anders als beim ersten Burgweintinger Frauen-Viertel (→ Gruppe „Burgweinting 3: Frauen“) – ein jeweils eindeutiger Regensburg-Zusammenhang. Ein Bezug zu den spezifischen örtlichen Gegebenheiten ist nicht erkennbar.

„Deutsche Nation“

Die heutige Konradsiedlung wurde zur Zeit des Nationalsozialismus geplant und gebaut; sie war deutschlandweit ein Modellprojekt für sozialen Wohnungsbau – unter ideologischem Vorzeichen. Initiator war der damalige Oberbürgermeister Dr. Otto Schottenheim, nach dem das Viertel als „Schottenheim-Siedlung" seinen Namen bekam. Gemäß der nationalsozialistischen Blut-und-Boden-Ideologie wurden die Straßen des Neubaugebiets nach Orten und Landstrichen benannt, die außerhalb des damaligen Deutschen Reichs lagen, aber dennoch als „deutsch" angesehen wurden, sowie nach Städten, die am Ende des Ersten Weltkriegs 1919 im Friedensvertrag von Versailles hatten abgetreten werden müssen. Zusätzlich erinnerte man an Schauplätze bedeutender Schlachten des Ersten Weltkriegs. Anders als im Fall der zur gleichen Zeit entstandenen „Göring-Heim-Siedlung" (→ Gruppe „Jagdflieger im Ersten Weltkrieg", → Gruppe „Schriftsteller 2") wurde hier nach dem Ende des Nationalsozialismus nur die Siedlung umbenannt, aber nicht ihre Straßen – ganz im Gegenteil: Mit der Vorstellung, dass Deutschland durch den Zweiten Weltkrieg in Gestalt der verlorenen Ostgebiete sowie durch die deutsche Teilung weitere Einbußen erlitten habe, an die die Erinnerung wachzuhalten sei, knüpfte man bei der Benennung neuer Straßen eher an die alte Tradition an, anstatt sie zu überwinden. So sind die Straßennamen in der Konradsiedlung ein besonders interessantes Beispiel für das Fortleben eines bestimmten Zeitgeists über politische Umbrüche hinweg und als solches von hoher historischer Aussagekraft.

„Donaustädte"

Die Donau ist zu allen Zeiten die Lebensader Regensburgs gewesen, für den Verkehr, für den Handel, für die gesamte Wirtschaft; sie hat auch die Richtung vorgegeben, in die man sich hauptsächlich orientierte, nämlich flussabwärts nach Niederbayern, nach Österreich und in die Länder Südosteuropas. Parallel zur Donau lief eine Ausfallstraße aus der Stadt, die nach dem nächstgelegenen größeren Ort am Fluss benannt war (→ Straubinger Straße). Im Zuge der Entwicklung eines weitläufigen Hafen-, Industrie- und Gewerbegebiets ließ man sich deshalb bei zahlreichen Straßennamen von weiteren Donaustädten inspirieren, fast bis hin zur Mündung ins Schwarze Meer (und in einem Fall von einer Stadt an einem Nebenfluss der Donau, nämlich Landau an der Isar). Mehr auf näher gelegene Städte am Fluss dagegen konzentrierte man sich im Wohngebiet am Hohen Kreuz.

„Eisenindustrie in der Oberpfalz"
Die Oberpfalz war schon frühzeitig eine Region, in der Eisenerz gefördert und verarbeitet wurde; man spricht vom „Ruhrgebiet des Mittelalters". Nach einer Periode der Stagnation im 17. und 18. Jahrhundert folgte ein neuer Aufschwung: 1853 wurde die Maxhütte gegründet, die Zug um Zug mehrere Standorte aufbaute. An dieser zweiten Blütezeit der oberpfälzischen Eisenindustrie nahm Regensburg weniger Anteil; im Mittelalter und in der frühen Neuzeit dagegen war die Stadt ein wichtiger Handels- und Umschlagplatz für Eisen gewesen. An alte und neue Standorte der Eisenindustrie verweisen einige Straßen in Brandlberg. Ein Bezug zu den spezifischen örtlichen Gegebenheiten ist nicht erkennbar.

„Entdecker, Erfinder, Firmengründer"
Das Industrie- und Gewerbegebiet im Osten Regensburgs ist in den letzten Jahrzehnten kontinuierlich gewachsen. Planmäßig wird hier auf modernste Technologien gesetzt; sie sollen die wirtschaftliche Entwicklung der Stadt langfristig sichern. Die neu angelegten Straßen verweisen oft mit ihren Namen – manchmal in direktem Bezug zu ansässigen Firmen – auf große Entdecker, Erfinder und Firmengründer aus der Vergangenheit, gewissermaßen als Ansporn für die Zukunft.

„Flieger und Flugzeugbauer"
Im Westen Regensburgs – damals noch weit außerhalb des bebauten Stadtgebiets gelegen – entstand ab 1936 eine Fabrik der „Messerschmitt Flugzeugwerke AG". Auf dem Weg zum modernen Wirtschaftsstandort war dies der erste große Schritt; tausende von Arbeitsplätzen wurden geschaffen. Andererseits entwickelte sich Regensburg damit – der Aufrüstungspolitik des nationalsozialistischen Regimes entsprechend – zu einem bedeutenden Standort der deutschen Rüstungsindustrie. Die Folgen zeigten sich wenige Jahre später: Im Zweiten Weltkrieg, am 17. August 1943, legten US-amerikanische Bomber das Werk in Schutt und Asche; hunderte von Menschen starben. Vom Flugzeugwerk ist nichts geblieben; erhalten haben sich nur die Namen der umliegenden Straßen, die an prominente Flieger und Flugzeugbauer erinnern. (Vgl. → Gruppe „Jagdflieger im Ersten Weltkrieg", → Gruppe „Schriftsteller 2".)

„Flüsse in Bayern"
Die Stadtteile Weichs und Reinhausen liegen an Donau und Regen. Von dieser Topographie ausgehend lag es nahe, bei der Entwicklung von Neubaugebieten und Erschließungswegen zwischen und hinter den alten Ortskernen viele Straßen nach anderen direkten oder indirekten Seitenflüssen der Donau zu benennen. Die Auswahl ist dabei nicht willkürlich, sondern regional motiviert; die Namen verweisen allesamt auf Flüsse und Bäche in Bayern.

„Frauen aus Regensburgs Vergangenheit"
Etliche der Straßen in der Siedlung Westheim scheinen auf den ersten Blick nach beliebigen weiblichen Vornamen benannt zu sein. Auf den zweiten Blick fällt auf, dass es sich dabei durchgängig um traditionelle, auf die Vergangenheit verweisende Namen handelt. Und bei noch genauerem Hinsehen lassen sich alle auf prominente, aus hochadeligen Familien stammende Frauen zurückführen, die zu unterschiedlichen Zeiten auf unterschiedliche Art und Weise direkt oder indirekt mit Regensburg in Verbindung gebracht werden können. Ein Schwerpunkt liegt auf den Zeiten, als Regensburg Haupt- und Residenzstadt bayerischer Herzöge und teilweise deutscher Könige und Kaiser war, ein anderer auf den Glanzzeiten der Fürsten von Thurn und Taxis im 19. Jahrhundert. Ein Bezug zu den spezifischen örtlichen Gegebenheiten ist nicht erkennbar.

„Germanisch-deutsche Volksstämme"
Im südlichen Kasernen- und Galgenbergviertel sind einige Straßen nach alten deutschen bzw. germanischen Volksstämmen benannt. Die Namen erinnern an die frühe deutsche Geschichte, die man zu Zeiten der „vaterländischen" Gesinnung des späten 19. Jahrhunderts gerne mit der der alten Germanen in Verbindung brachte. Indirekt, vom Zeitgeist her, ist eine thematische Verbindung zu der gleichzeitig entstehenden militärischen Infrastruktur in der unmittelbaren Nachbarschaft vorstellbar (→ Gruppe „Militär und Militärs").

„Graß – Burg und Dorf"
Das älteste, was sich in Graß nachweisen lässt, ist eine mittelalterliche Burganlage, die im 12. Jahrhundert erstmals erwähnt wurde. Die Schreibweise damals war „Grazze", was „Gebüsch, Gehölz" be-

deutet und auf die umgebende Flora hindeutet. Besitzer der Burg waren im Lauf der Zeit die Herren von Graß, die Regensburger Patrizierfamilie Löbl und der Deutsche Orden. Im Dreißigjährigen Krieg wurde sie zerstört und danach nicht wieder aufgebaut. Erhalten geblieben sind Reste von Mauer und Graben sowie die einstige Burgkapelle, die heutige Pfarrkirche St. Michael. Um die Burg herum siedelten sich Bauern an; ein kleines Dorf entstand. Zusammen mit den Nachbargemeinden (→ Gruppe „Oberisling und St. Emmeram") wurde es 1977 nach Regensburg eingemeindet.

„Gründerzeit"
Jahrhundertelang endete das bebaute Gebiet Regensburgs mit den mittelalterlichen Stadtmauern. Erst aufgrund von neuen wirtschaftlichen Impulsen seit dem Anschluss an das Eisenbahnnetz 1859 wuchs die Stadt, und es wurden planmäßig im Westen und im Osten Neubaugebiete erschlossen – zunächst in Gestalt von repräsentativen Villenvierteln für das gehobene Bürgertum, das die Enge der Altstadt hinter sich lassen wollte. Eines von ihnen, das bis heute seinen Charakter bewahrt hat und als Ensemble unter Denkmalschutz steht, entstand ab 1875 östlich der Altstadt, wo eine bisherige Sackgasse (→ Minoritenweg) stadtauswärts verlängert wurde. Sie erhielt den Namen „Reichsstraße", in Anlehnung an die Gründung des Deutschen Reichs 1871, auf die man damals, in der sogenannten „Gründerzeit", voller Stolz und Selbstbewusstsein blickte. Passend dazu wurden andere Straßen im Viertel nach Schlachten im Deutsch-Französischen Krieg von 1870/71 benannt, der der Reichsgründung vorausgegangen war. Ähnliche Bezüge finden sich auch an anderen Bezeichnungen in der Umgebung (→ Dachauplatz, → Von-der-Tann-Straße, → Friedenstraße).

„Harting – ein Dorf"
Harting war früher ein kleines Dorf ziemlich weit außerhalb von Regensburg; erst durch die letzte Etappe der Eingemeindungen im Jahr 1977 wurde es ein Teil der Stadt. Seine Ursprünge gehen weit zurück; Ende des 9. Jahrhunderts wird es bereits erwähnt. „Gründung eines Mannes namens Harto", so erklärt die Forschung den Dorfnamen. Es hatte alles, was früher zu einem Dorf gehörte: einen Bach, der für Wasser sorgte, Bauern, die das Land bewirtschafteten, ein Kloster, nämlich St. Emmeram, dem der

meiste Grund und Boden gehörte, eine kleine Kirche, die St. Koloman geweiht war, und einen großen Gutshof. Von den alten Gebäuden ist nicht viel übrig geblieben; aber die Straßennamen, sowohl im Ortskern als auch in Neubaugebieten außen herum, erinnern an das Leben von früher. Vor allem haben sich zahlreiche Flurnamen erhalten, die an den einst ländlichen und landwirtschaftlichen Charakter erinnern.

„Holz und Holzverarbeitung"
Der Regen diente jahrhundertelang zum Transport von Holz, das im Bayerischen Wald geschlagen und flussabwärts nach Regensburg gebracht wurde; dort, an der Mündung des Regens in die Donau, befanden sich am Ufer verschiedene Lagerplätze. Zwei Straßennamen belegen das noch heute: die „Holzgartenstraße" in Reinhausen und Weichs sowie die Straße „Am Holzhof" in Steinweg. Nördlich des „Holzhofs", auf beiden Seiten der Lappersdorfer Straße, haben etliche Straßen, die in neuerer Zeit angelegt worden sind, dazu passend Namen bekommen, die im engeren oder weiteren Sinn mit Holz, dessen Verarbeitung und verwandten Gewerben zu tun haben.

„Jagdflieger im Ersten Weltkrieg"
Bei der Anlage der „Göring-Heim-Siedlung" für Arbeiter des Messerschmitt-Werks in den 1930er-Jahren (→ Gruppe „Schriftsteller 2") wurden einige Straßen – passend zur Flugzeugproduktion bei Messerschmitt (→ Gruppe „Flieger und Flugzeugbauer") und zum damals herrschenden Zeitgeist – nach „heldenhaften", nämlich im Kampf gefallenen, Jagdfliegern des Ersten Weltkriegs benannt. Interessanterweise scheint man sich nach dem Ende des Nationalsozialismus an diesen Benennungen nicht weiter gestört zu haben; so blieben die Namen, insgesamt nur drei, auf Dauer bestehen – im Gegensatz zu der sehr viel größeren Anzahl von Straßen in der Siedlung, wo der offensichtliche Bezug zu NS-Prominenten verschwinden musste. Aus heutiger Sicht könnte man diese Entscheidung durchaus hinterfragen.

„Katholisches Regensburg"
Regensburg, seit dem frühen Mittelalter Sitz eines Bischofs, ist zu allen Zeiten ein Zentrum der katholischen Kirche und des katho-

lischen Lebens gewesen. An herausragende Persönlichkeiten aus diesem Kontext erinnern verschiedene Straßen in Kumpfmühl und am Rand des Galgenbergs. Ein Bezug zu den spezifischen örtlichen Gegebenheiten ist nicht erkennbar.

„Komponisten und Musiker"
Straßen, die nach großen, allseits bekannten Komponisten der klassischen Musik benannt sind, nach Mozart, Beethoven, Schubert und anderen, gibt es in vielen Städten; hier spiegelt sich ein – heute vielleicht etwas antiquiert anmutendes – bildungsbürgerliches Ideal (→ Gruppe „Schriftsteller 1", → Gruppe „Bildende Künstler"). Vor diesem Hintergrund hat auch Regensburg zwischen der Galgenbergstraße und dem Unterislinger Weg sein Viertel der Komponisten und Musiker bekommen. Zwecks Lokalkolorit hat es sich dabei natürlich angeboten, unter die großen Namen von Welt auch einige eher regionale Berühmtheiten aufzunehmen. Ein Bezug zu den spezifischen örtlichen Gegebenheiten ist nicht erkennbar.

„Künstlerinnen"
Ein neues Wohnviertel zwischen Brandlberg und der Eisenbahntrasse in Richtung Norden erhält aktuell Straßennamen, die an Künstlerinnen aus verschiedenen Sparten, meist mit Regensburg-Bezug, erinnern. Hinter der Auswahl steht der in jüngster Zeit öfters angewandte Grundsatz, den Anteil von Frauen unter den Straßennamensträgern zu erhöhen (→ Gruppe „Burgweinting 3: Frauen", → Gruppe „Burgweinting 6: Frauen"). Ein Bezug zu den spezifischen örtlichen Gegebenheiten ist nicht erkennbar.

„Militär und Militärs"
Die Errichtung zweier großer Kasernenanlagen an der Landshuter Straße in den Jahren 1891 und 1909 – die eine, östlich der Straße gelegene für das seit 1859 in Regensburg stationierte und zuvor im ehemaligen Minoritenkloster (→ Minoritenweg) ansässig gewesene 11. Bayerische Infanterie-Regiment „Von der Tann" (→ Von-der-Tann-Straße), die andere, westliche für das 1909 hierher verlegte 2. Bayerische Chevauxlegers-Regiment „Taxis", also eine Kavallerie-Einheit – prägte die Entwicklung des gesamten Südostens der Stadt für annähernd 100 Jahre: Das „Kasernenviertel" entstand. In den

1930er-Jahren kamen vier weitere Kasernen hinzu; sie alle wurden erst in jüngster Zeit aufgelöst und umgenutzt. Es lag nahe, in einem Viertel, das so nachhaltig vom Militär geprägt war, für die Straßen Namen auszuwählen, die damit in engem Zusammenhang standen; deshalb finden sich um die einstigen Kasernen herum Erinnerungen an Generäle und Admiräle aus Kaisers Zeiten, an Standortkommandeure und Standorteinrichtungen, an Kriegsschauplätze und Kriegshelden. Ganze Kapitel deutscher Militärgeschichte werden hier lebendig – nach manchem Geschmack vielleicht zu lebendig …

„Mittelalter in Regensburg"
Regensburg war im Mittelalter eine der bedeutendsten Städte Deutschlands. In der Wirtschaft: Regensburg dominierte den Fernhandel; die tonangebenden Bürger- und Patrizierfamilien waren mächtig, stolz und selbstbewusst. In der Politik: Regensburg war Hauptstadt von Bayern und Residenzstadt von dessen Herzögen, teilweise sogar von deutschen Königen und Kaisern. An einige Namen aus dieser glanzvollen Zeit erinnern verschiedene Straßennamen im Wohnviertel Königswiesen-Süd bis hinauf nach Ziegetsdorf. Assoziativer Anknüpfungspunkt könnte die Nähe zum einstigen Gutshof Königswiesen (→ Königswiesenweg) gewesen sein.

„Mittelgebirge in Mitteleuropa"
Im Wohngebiet am Sallerner Berg sind die meisten Straßen nach Gebirgszügen in Deutschland und Mitteleuropa benannt. Die Namengebungen sind mit der topographischen Lage am Berghang in Verbindung zu bringen.

„Nibelungen"
Im südlichen Kumpfmühl tragen einige Straßen die Namen von Figuren aus der Nibelungensage. (Die Gruppe ist topographisch etwas gespalten, da sich dazwischen die Straßen mit Namen aus der → Gruppe „Thurn und Taxis 2: Hofgarten" befinden.) Ein Bezug zu den spezifischen örtlichen Gegebenheiten ist nicht erkennbar, oder nur ein ganz allgemeiner: Auf ihrem Weg von Worms am Rhein an den Hof König Etzels sollen die Nibelungen die Donau in der Nähe von Regensburg überquert haben. Deshalb gibt es hier auch eine „Nibelungenbrücke".

„Oberisling und St. Emmeram“

Das kleine Dorf Oberisling, nach Regensburg eingemeindet 1977, ist sehr alt; sein Name, in frühester Form „Isiningen“ geschrieben, geht auf das frühe Mittelalter zurück und deutet auf die „Gründung eines Mannes namens Isino“ hin. Jahrhundertelang gehörten im Dorf der meiste Grund und Boden und seine Erträge dem Kloster St. Emmeram; dies geht auf eine Schenkung durch einen Adeligen kurz vor dem Jahr 1000 zurück. Die Beziehung endete erst, als das Kloster 1802/10 säkularisiert wurde, und ist an einigen Straßennamen bis heute ablesbar: Im alten Ortskern erinnern sie an Einrichtungen und Traditionen aus Klosterzeiten; im Neubaugebiet an Persönlichkeiten, die mit dem Kloster verbunden waren.

„Pfalz und Nachbarregionen“

Die Dörfer Sallern und Gallingkofen gehörten – wie große Teile der Oberpfalz – vom 14. bis ins 17. Jahrhundert nicht zu Bayern, sondern zum Kurfürstentum Pfalz – Ergebnis der Landesteilung von 1329 innerhalb der in beiden Ländern regierenden Familie der Wittelsbacher. Deshalb gibt es in Gallinghofen eine kleine Straße, die „Kurpfälzer Weg“ heißt. Vor diesem Hintergrund hat ein Neubauviertel in der Nachbarschaft, auf der anderen Seite des Regens in Steinweg, den Namen „Pfälzer Siedlung“ erhalten. Die dortigen Straßen sind nach der Pfalz und einigen Nachbarregionen benannt.

„Politiker des demokratischen Deutschland und Bayern“

In einem geschlossenen Neubaugebiet in Königswiesen-Süd tragen einige Straßen die Namen wichtiger „Gründerväter“ (und eines ihrer Ahnen, nämlich Otto Wels’) aus der Zeit des demokratischen Neuaufbaus in Deutschland und Bayern nach 1945. Ähnliche Viertel gibt es in vielen Städten; ein Bezug zu den spezifischen örtlichen Gegebenheiten ist nicht erkennbar.

„Prüfening – Kloster und Schloss“

Am alten Verbindungsweg von Regensburg nach Prüfening und weiter in Richtung Franken und Nürnberg (→ Am Prebrunntor) wurde 1109 das Benediktinerkloster St. Georg gegründet; die ersten Mönche zogen 1114 ein. Das Kloster erlebte zwei Blütezeiten: im 12. Jahrhundert als Stätte der Buchmalerei und im

18. Jahrhundert als Ort der Naturwissenschaften. Nach der Säkularisation 1803 ging der Komplex in Privatbesitz über und wechselte mehrfach den Eigentümer; 1899 wurde er vom Fürsten von Thurn und Taxis erworben und zur Sommerresidenz umgewandelt – nachdem die alte in Donaustauf abgebrannt war. Letzter Bewohner aus der fürstlichen Familie war Pater Emmeram, der hier, allerdings ohne Erfolg, erneut ein Kloster errichten wollte. Nach seinem Tod 1994 standen die Gebäude eine Zeitlang leer; 2002 nahm eine Montessori-Schule ihren Betrieb auf. Im Umfeld beziehen sich zahlreiche Straßennamen auf den geschichtsträchtigen Ort.

„Römische Götter"

Am Ziegetsberg bestand in römischer Zeit ein Heiligtum zu Ehren des Gottes Merkur. Schon damals führte hier die Fernstraße vorbei, die Regensburg, das römische Legionslager, mit Augsburg, der Provinzhauptstadt, verband (→ Augsburger Straße). Am Wegesrand stand das Heiligtum, gedacht und genutzt als ein Ort, an dem man Merkur, dem Gott der Wege und der Reisenden, seine Verehrung erweisen konnte. In der Nähe des ehemaligen Standorts sind deshalb einige der modernen Straßen nach römischen Göttern benannt, nach Merkur natürlich und nach anderen, die im übertragenen Sinn ebenfalls etwas mit Reise, Bewegung, Durch- und Übergang zu tun haben.

„Schriftsteller 1"

Mit den klassischen Schriftstellern – Goethe, Schiller und so weiter – ist es wie mit den Komponisten (→ Gruppe „Komponisten und Musiker") und den Künstlern (→ Gruppe „Bildende Künstler"): Straßen, die ihre Namen tragen, finden sich fast überall in Deutschland. Die Schriftsteller-Viertel entstanden häufig im 19. Jahrhundert, als die Städte in großem Stil zu wachsen begannen, und waren oft gut bürgerlich geprägt; die Auswahl der Straßennamen passte damals perfekt zu den Bildungsstandards und -ansprüchen einer Zeit, in der Bildung noch ein Standesprivileg und Distinktionsmerkmal war. In Regensburger befindet sich das Schriftsteller-Viertel im mittleren Bereich der Prüfeninger Straße, stadtauswärts des Stadtparks, und geht in seinen Anfängen genau auf diese Zeit zurück.

„Schriftsteller 2"

Die heutige Ganghofersiedlung ist in den 1930er-Jahren als Siedlung für die Beschäftigten im Messerschmitt-Werk (→ Gruppe „Flieger und Flugzeugbauer") entstanden. Hintergrund der Werksansiedlung war damals die nationalsozialistische Politik von Wirtschaftsförderung durch Aufrüstung und Kriegsvorbereitung. Insofern wurde die zugehörige Siedlung auch und vor allem unter ideologischen Aspekten konzipiert. (Die Einheitlichkeit der Häuser zum Beispiel ist bis heute gut erkennbar.) Das schlug sich auch bei den Namen nieder: Die Siedlung als Ganzes wurde nach Hermann Göring, dem Minister für Luftfahrt, „Göring-Heim-Siedlung" genannt; die Straßen listeten lebende und tote NS-Größen auf (→ Richard-Wagner-Straße) oder auch „Helden" aus dem Ersten Weltkrieg (→ Gruppe „Jagdflieger im Ersten Weltkrieg"). Nach dem Ende des Nationalsozialismus wurden die Siedlung als Ganzes und die meisten ihrer Straßen umbenannt, und zwar hauptsächlich nach Schriftstellern des 19. Jahrhunderts, vor allem aus dem Bereich der süddeutsch-bayerisch-österreichischen Heimatliteratur (die offensichtlich als politisch komplett unverdächtig galten). Bei der Anlage neuerer Wohnviertel stadtauswärts der Ganghofersiedlung in Ziegetsdorf und Neuprüll setzte man die Tradition der Schriftsteller-Straßen fort; teilweise tauchen hier aber auch modernere und deutlich „politischere" Namen auf.

„Schwabelweis und St. Emmeram"

Das ehemalige Dorf Schwabelweis, nach Regensburg eingemeindet 1924, wird im frühen 9. Jahrhundert erstmals erwähnt; der Name deutet auf ein Dorf („Wihs" = Dorf, → Weichser Weg) hin, das von einem Mann namens Swabilo gegründet wurde. Grund und Boden und die Erträge daraus gehörten vom Mittelalter bis zur Säkularisation 1802/10 zum größten Teil dem Kloster St. Emmeram, zu einem kleineren Teil dem Bischof von Regensburg. Das Kloster war auch für die Seelsorge zuständig. Etliche Straßennamen verweisen deshalb auf Einrichtungen und Persönlichkeiten aus dessen Geschichte.

„Städte in der Oberpfalz"

Im äußersten Norden Regensburgs, zwischen Wutzlhofen und Haslbach, haben einige neu angelegte Straßen in den letzten Jahren

Namen bekommen, die auf Städte in der Oberpfalz verweisen. Die Benennung nach Orten aus der näheren und weiteren Umgebung findet sich gleich nebenan auch an anderen Stellen (→ Gruppe „Bayerischer Wald 2: Vorwald", → Gruppe „Traditionelle Industriestädte in Nordostbayern"). Dort gibt es dafür konkrete Anknüpfungspunkte; bei den Oberpfalz-Städten fehlen diese. Es ist deshalb anzunehmen, dass es sich bei der neuen Namenswahl einfach nur um eine mehr oder weniger freie Assoziation mit den alten Namen handelt, die sich eben auch auf regionale Orte beziehen.

„Städte in Franken"
Entlang der Alten Nürnberger Straße und der Frankenstraße verweisen die Namen einiger Seitenstraßen (so wie die der Hauptstraßen selbst) auf die Zielrichtung des früher wie heute hier beginnenden Fernverkehrs. Er führte und führt nach Nürnberg und ins Fränkische; deshalb sind die Seitenstraßen nach dortigen Städten benannt.

„Thurn und Taxis 1: Schloss"
Die Familie der Fürsten von Thurn und Taxis ist seit der Mitte des 18. Jahrhunderts in Regensburg präsent. Im 19. Jahrhundert entstand auf dem Grund des ehemaligen Klosters St. Emmeram das fürstliche Schloss – seither der dominierende Gebäudekomplex am südlichen Rand der Altstadt. In der Umgebung sind verschiedene Straßen nach der Familie und ihren Angehörigen benannt.

„Thurn und Taxis 2: Hofgarten"
Südlich des alten Ortskerns von Kumpfmühl befand sich am Ende des 19. und zu Beginn des 20. Jahrhunderts ein Hofgarten mit Hofgärtnerei, der der Familie der Fürsten von Thurn und Taxis gehörte. In den 1930er-Jahren entstand hier eine kleine Wohnsiedlung. Als Erinnerung an die Vergangenheit erhielt eine der neu angelegten Straßen den Namen „Hofgartenstraße"; die anderen benannte man nach den ersten Fürsten von Thurn und Taxis, die in Regensburg residierten.

„Thurn und Taxis 3: Rennplatz"
An der Prüfeninger Straße lag früher eine Pferderennbahn, die ab 1907 von der Familie der Fürsten von Thurn und Taxis betrieben

wurde. Das Gelände wurde in den 1990er-Jahren bebaut; der alte Name ist jedoch geläufig geblieben. Hier und in der näheren Umgebung verweisen einige Namen auf diesen Ort des gesellschaftlichen Lebens der Jahrhundertwende.

„Traditionelle Industriestädte in Nordostbayern"

In Haslbach, einem der großen Industrie- und Gewerbegebiete Regensburgs, sind die meisten Straßen nach Städten in Nordostbayern benannt, in denen seit dem 19. Jahrhundert bestimmte traditionelle Industrien ansässig sind oder waren. Dazu gehören vor allem die Porzellan- und die Textilindustrie.

„Vögel"

In Reinhausen sind einige wenige – genau genommen: drei – Straßen nach heimischen Vogelarten benannt. Ein Bezug zu den spezifischen örtlichen Gegebenheiten ist nicht erkennbar.

„Wald und Flur"

Der Stadtteil Keilberg, weitab vom Zentrum gelegen und wegen seiner Lage auf einer Anhöhe deutlich vom Rest der Stadt abgeschieden, wirkt auch heute noch fast wie ein eigenes kleines Dorf, wie eine ländliche Idylle. Dazu passend sind viele Straßen nach heimischer Flora, nach Bäumen, Sträuchern und anderen Pflanzen benannt. Besonders zahlreich sind verschiedene Beerensorten vertreten – was sicher damit zusammenhängt, dass Keilberg ein traditionelles Anbaugebiet von Erdbeeren ist.

„Widerstand"

In den Neubaugebieten von Prüfening gibt es – neben der Benennung nach alten Flurnamen, berühmten Regensburgern, Persönlichkeiten des Protestantismus und so weiter – einige Straßen, die speziell nach Vertretern aus dem Regensburger (und, in Gestalt von Kurt Schumacher, aus dem deutschen) Widerstand gegen den Nationalsozialismus benannt sind. Ein Bezug zu den spezifischen örtlichen Gegebenheiten ist nicht erkennbar.

Am Römling

Verzeichnis der Straßen

Abensstraße (8, Weichs, G 7)
→ Gruppe „Flüsse in Bayern".

Abt-Adalbert-Straße (17, Oberisling, G 12)
→ Gruppe „Oberisling und St. Emmeram". Adalbert, Abt des Klosters St. Emmeram 1149–1177. Er bestätigte 1177 den Bauern von Oberisling ihre Rechte.

Ackersegenweg (18, Burgweinting, I 11)
→ Gruppe „Burgweinting 4: Feldfrüchte".

Adalbert-Stifter-Straße (13, Ganghofersiedlung, E 10/11)
→ Gruppe „Schriftsteller 2". Adalbert Stifter (1805–1868), Schriftsteller in der Tradition der Romantik.

Adlergasse (1, Altstadt, F 8c)
In der Straße war um die Wende vom 18. zum 19. Jh. eine Familie namens Adler ansässig. Die genaue Lage des Anwesens ist unbekannt; wegen der Kürze der Straße und weil auf ihrer Nordseite Teile des Dominikanerklosters St. Blasius lagen (→ Predigergasse), kommen dafür aber nur zwei Gebäude auf der Südseite, die jetzt zu einem zusammengefasst sind (heute: Adlergasse 1), in Frage.

Admiral-Hipper-Straße (11, Kasernenviertel, G 9/10)
→ Gruppe „Militär und Militärs". Franz (ab 1916 Ritter von) Hipper (1863–1932), Offizier und Admiral der deutschen Marine. Während des Ersten Weltkriegs war er an der Seeschlacht am Skagerrak 1916 beteiligt.

Admiral-Scheer-Straße (11, Kasernenviertel, G 9)
→ Gruppe „Militär und Militärs". Reinhard Scheer (1863–1928), Offizier und Admiral der deutschen Marine. Während des Ersten Weltkriegs war er Kommandant in der Seeschlacht am Skagerrak 1916.

Adolf-Schmetzer-Straße (10, Ostenviertel, G/H 8)
Adolf Schmetzer (1854–1943), gebürtig aus Frankfurt am Main, kam in jungen Jahren nach Regensburg und war von 1896 bis 1924 Stadtbaurat und Leiter des Stadtbauamts. Schmetzer hat in Regensburg sichtbare Spuren hinterlassen, so in Gestalt einiger von ihm entworfener Neubauten (z. B. Albrecht-Altdorfer-Gymnasium, Von-der-Tann-Schule, Pestalozzi-

schule) sowie v. a. durch einen für seine Zeit erstaunlich behutsamen Umgang mit der historischen Bausubstanz der Altstadt, exemplarisch zu sehen an der Verbreiterung des Zugangs zur Steinernen Brücke für die Straßenbahn unter gleichzeitiger Bewahrung des Brückturms.

Adolph-Kolping-Straße (1, Altstadt, F 8b/d)
Adolph Kolping (1813–1865) war als junger Mann Schuster, später besuchte er das Gymnasium, studierte und wurde katholischer Pfarrer und Theologe. Seine aus eigener Erfahrung gewonnenen Erkenntnisse über die menschenunwürdigen Lebensbedingungen wandernder Handwerksgesellen veranlassten ihn, in vielen Orten katholische Gesellenvereine, später „Kolpingfamilien" genannt, zu gründen; aus ihrem Zusammenschluss entwickelte sich das „Kolpingwerk". In Regensburg wurde ein Gesellenverein 1852 gegründet; im folgenden Jahr erwarb er in der Nähe der Eisernen Brücke ein eigenes Haus, das in der Folge um benachbarte Immobilien erweitert wurde. Nach fast völliger Zerstörung durch Bomben im Zweiten Weltkrieg entstand 1950 ein großer Neubau, das heutige Kolpinghaus. Die Straße, die unter ihm hindurchführt, trägt den Namen seines Initiators.

Ägidiengang (1, Altstadt, F 8c)
Der Ägidiengang war früher ein Weg, der vom → Ägidienplatz an der Westseite des Gebäudekomplexes des Deutschen Ordens unmittelbar an der Stadtmauer entlang ein Stück nach Süden und hinter den Ordensgebäuden nach Osten lief. Nur dieser letzte Teil ist heute eine öffentliche Straße; der Teil an der Stadtmauer gehört zum Gelände des Altersheims St. Josef am Ägidienplatz. (Vgl. → St.-Leonhards-Platz.)

Ägidienplatz (1, Altstadt, F 8c)
An der Südseite des Platzes befand sich eine Einrichtung des Deutschen Ritterordens, „Kommende" oder „Komturei" genannt, mit der zugehörigen Kirche St. Ägidius. Die Ordensgebäude lagen zunächst westlich, ab dem 18. Jh. zusätzlich auch östlich von der Kirche und hießen „Altes" und „Neues Deutsches Haus". Die Einrichtung wurde 1210 gegründet und 1809 aufgelöst. Das „Alte Deutsche Haus" beherbergt heute das Altersheim St. Josef, das „Neue Deutsche Haus" Verwaltungseinrichtungen der Regierung der Oberpfalz.

Äußere Wiener Straße (10, Ostenviertel, K/L/M 8/9)
→ Gruppe „Donaustädte". Fortsetzung der → Wiener Straße stadtauswärts.

Agnes-Miegel-Weg (18, Burgweinting, I 12)
→ Gruppe „Burgweinting 3: Frauen". Agnes Miegel (1879–1964), Journalistin und Schriftstellerin. Wegen ihres starken thematischen Bezugs zu ihrer Heimat Ostpreußen wurde sie „Mutter Ostpreußens" genannt und galt nach 1945 – trotz ihrer vorherigen Nähe zum Nationalsozialismus – als Identifikationsfigur für Heimatvertriebene und ihre Verbände.

Agnesstraße (15, Westheim, C 7)
→ Gruppe „Frauen aus Regensburgs Vergangenheit". Agnes (ca. 1025–1077), zweite Gattin König bzw. Kaiser Heinrichs III., der auch Herzog von Bayern war.

Agricolaweg (15, Äußerer Westen, D 8)
Die Familie Agricola (der ursprüngliche Name dürfte wohl „Bauer" gewesen sein) stammte ursprünglich aus der Oberpfalz, aus der Gegend um Amberg. Georg Agricola (1530–1575) war in Amberg Rektor des Gymnasiums und Stadtarzt; in diesem Amt folgte ihm sein Sohn Johann Georg (1558–1633). Als Amberg und die Oberpfalz im Dreißigjährigen Krieg wieder katholisch wurden, zog die evangelische Familie in die evangelische Freie Reichsstadt Regensburg um. Andreas Wilhelm Agricola (1625–1684) war hier Ratsherr und Leiter des Almosenamts. Sein älterer Sohn Christoph Ludwig (1665–1724) wurde zu einem in ganz Europa tätigen Maler, sein jüngerer Sohn Georg Andreas (1672–1738) war als Arzt und daneben auch als Botaniker in Regensburg tätig.

Ahornweg (6, Keilberg, L 6)
→ Gruppe „Wald und Flur".

Akazienweg (6, Keilberg, L 5)
→ Gruppe „Wald und Flur".

Albergerstraße (4, Gallingkofen, F 5)
Die adelige Familie der Alberger herrschte im 15. und 16. Jh. in → Gallingkofen als Teil der Hofmark Sallern.

Alberichstraße (13, Kumpfmühl, E/F 10)
→ Gruppe „Nibelungen".

Albertstraße (1, Innenstadt, F 9)
→ Gruppe „Thurn und Taxis 1: Schloss". Albert von Thurn und Taxis (1867–1952), amtierender Fürst 1888–1952, Ehemann von Fürstin Margarete (→ Margaretenstraße). Ehrenbürger der Stadt Regensburg 1950.

Albertus-Magnus-Platz (1, Altstadt, F 8c)
An der Ostseite des Platzes liegt die Kirche St. Blasius des ehemaligen Dominikanerklosters (→ Predigergasse). In ihm lebte als Mönch von 1237 bis 1240 eine der bedeutendsten Persönlichkeiten, die der Orden jemals hervorgebracht hat: Albertus Magnus (ca. 1200–1280), der als mittelalterlicher Universalgelehrter bekannt geworden ist. Zu Regensburg hat er sogar einen doppelten Bezug: Nach seiner Zeit als Mönch war er von 1260 bis 1262 nochmals in der Stadt, diesmal als Bischof.

Albertus-Magnus-Straße (12, Galgenberg, F 10)
Die zentrale Erschließungsachse der Universität greift den Namen von Albertus Magnus auf, der auch in der Altstadt präsent ist. Dort geht es um ihn als Mönch des Dominikanerordens (→ Albertus-Magnus-Platz), hier als einen der bedeutendsten Universalgelehrten des Mittelalters. Aus katholischer Sicht gilt er laut offizieller päpstlicher Deklaration von 1941 als Patron der Naturwissenschaften.

Alemannenstraße (11, Kasernenviertel, H 10)
→ Gruppe „Germanisch-deutsche Volksstämme".

Alexander-Ferdinand-Straße (13, Kumpfmühl, E 10)
→ Gruppe „Thurn und Taxis 2: Hofgarten". Alexander Ferdinand von Thurn und Taxis (1704–1773), amtierender Fürst 1739–1773, Prinzipalkommissar am Immerwährenden Reichstag in Frankfurt 1743–1745 und in Regensburg 1748–1773.

Alfons-Auer-Straße (11/12, Kasernenviertel/Galgenberg, G 9/10)
Alfons Auer (1857–1910), gebürtig aus Aholfing/Niederbayern, war von 1903 bis 1910 Zweiter Bürgermeister und 1910 kurzzeitig Oberbürgermeister von Regensburg. Er starb nach wenigen Monaten im Amt.

Alfons-Bayerer-Straße (15, Prüfening, B 8)
→ Gruppe „Widerstand". Alfons Bayerer (1885–1940), gebürtig aus Gergweis/Niederbayern, ab 1920 in Regensburg, Politiker (SPD), Mitglied des Bayerischen Landtags 1923–1933. Während der NS-Zeit war er jahrelang im Zuchthaus. Er starb kurz nach seiner Freilassung an den Folgen der Haft.

Alfons-Goppel-Straße (18, Burgweinting, K 12)
Alfons Goppel (1905–1991) war Politiker (CSU) und von 1962 bis 1978 Ministerpräsident von Bayern. Er wurde in → Reinhausen geboren, das damals noch nicht zu Regensburg gehörte. Ehrenbürger der Stadt Regensburg 1975.

Alfons-Sigl-Straße (6, Keilberg, L 5/6)
Alfons Sigl (1887–1932) war nach der Fertigstellung der Kirche St. Michael 1930 der erste Pfarrer von Keilberg, dessen nördlicher Teil vorher zur Pfarrei Irlbach und der südliche zur Pfarrei Tegernheim gehört hatte. – Bezug: Die Straße verläuft in der Nähe der Kirche St. Michael von Keilberg.

Alice-Salomon-Weg (18, Burgweinting, I 12)
→ Gruppe „Burgweinting 3: Frauen". Alice Salomon (1872–1948), Sozialpädagogin, Frauenrechtlerin. Salomon setzte sich v. a. für die Wertschätzung und Professionalisierung sozialer Berufe ein, die besonders von Frauen ausgeübt wurden.

Alkoferstraße (10, Ostenviertel, H 9)
Die Familie Alkofer stammte ursprünglich aus Österreich; als dort die Gegenreformation stattfand, zog sie 1600 nach Regensburg um. Adam Alkofer († 1650) war Beisitzer im städtischen Bauamt. In der zweiten Hälfte des 18. Jhs. erwarb die Familie das nach ihr benannte „Alkofersche Haus" am Haidplatz, das später ein Teil des Thon-Dittmer-Palais wurde (heute: Haidplatz 8). Franziska Alkofer initiierte eine soziale Stiftung; dieser „Franziska-Alkofer-Nachlass" ist heute in die „Regensburger Wohltätigkeitsstiftung" integriert. (Vgl. → Fahrbeckgasse.)

Altdorferplatz (1, Altstadt, F 8d)
Der Platz entstand erst in den 1930er-Jahren im Zusammenhang mit dem Abbruch des Nord-, West- und Südflügels des mittelalterlichen Herzogshofs (→ Alter Kornmarkt). Die dadurch entstandene Freifläche wurde in der Folge – ohne konkreten Bezug – nach dem Regensburger Künstler und Stadtbaumeister Albrecht Altdorfer (→ Altdorferstraße) benannt.

Altdorferstraße (15, Innerer Westen, D/E 7)
Albrecht Altdorfer (ca. 1480–1538) war Künstler, nämlich Maler und Grafiker, gleichzeitig aber auch Politiker, Mitglied des Äußeren und Inneren Rats von Regensburg und Stadtbaumeister. Er ist der berühmteste Künstler, den Regensburg hervorgebracht hat. Sein bekanntestes

Werk, die „Alexanderschlacht“, befindet sich in der Alten Pinakothek in München.

Alte Manggasse (1, Altstadt, F 8c)
In einem Anwesen der Straße befand sich ab 1462 eine „Mang“, eine maschinelle Vorrichtung zum Glätten von Stoffen und Tuchen. Genutzt wurde sie weniger von Privatleuten, sondern von Tuchmachern und Färbern. Eine Vorgängereinrichtung gab es ab 1358 an der Südseite des heutigen Bismarckplatzes, eine Nachfolgereinrichtung entstand 1665 an der Donau in der Nähe des heutigen Villaparks. Die *alte* Mang schlug sich dementsprechend auch im Straßennamen nieder. – Mit der Kirche St. Mang in Stadtamhof (→ Andreasstraße) hat der Name übrigens nichts zu tun.

Alte Nürnberger Straße (3, Steinweg/Pfaffenstein, E/F 7)
Der Fernverkehr nach Norden verließ Regensburg jahrhundertelang über die Steinerne Brücke, durchquerte Stadtamhof und Steinweg und teilte sich am Fuß des Dreifaltigkeitsbergs in eine nordöstliche Route (→ Schwandorfer Straße) und eine westliche Route. Sie ging bis in die nächste große Stadt, nach Nürnberg. Heute wird ihr Verlauf innerhalb des Stadtgebiets durch moderne Verkehrsachsen wie die Autobahntrasse und die Frankenstraße unterbrochen und erst jenseits davon wieder sichtbar (→ Nürnberger Straße). Wegen ungünstiger topographischer Gegebenheiten im Bereich des Pfaffensteiner Hangs, wo das Ufer sehr steil ist, gelang es erst um 1500, die Straße überhaupt anzulegen. Vorher, im Mittelalter, verlief der Weg nach Nürnberg über Prüfening und die dortige Donaufähre (→ Am Prebrunntor, → Prüfeninger Straße, → Hochweg, → Fährenweg).

Alte Straubinger Straße (10, Ostenviertel, H/I 9)
Bei der Eisenbahnunterführung macht der Verlauf der Straubinger Straße einen Bogen nach Süden. Früher verlief sie hier in gerader Linie etwas weiter nördlich. Wegen permanenter Hochwassergefahr in diesem Bereich wurde sie um 1900 verlegt; das verbliebene Stück der alten Trasse erhielt den heutigen Namen. (Vgl. → Straubinger Straße.)

Alte Waldmünchener Straße (7, Reinhausen, G 6/7)
Von der alten Ausfallstraße aus Regensburg nach Norden (→ Schwandorfer Straße, → Amberger Straße) zweigte unmittelbar nach der Regenbrücke zwischen Steinweg und Reinhausen die Fernverbindung nach Nordosten in Richtung Waldmünchen ab. Heute ist davon nur noch das allererste Teilstück erhalten. (Vgl. → Chamer Straße.)

Altenthal (18, Burgweinting, K 12)
→ Gruppe „Burgweinting 2: Flurnamen". Hier: Verweis auf die Topographie.

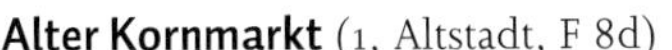

Alter Kornmarkt (1, Altstadt, F 8d)
Hier fand traditionell der Getreidemarkt statt, bis er um 1830 auf den Haidplatz verlegt wurde – deshalb der Zusatz „*Alter*". Dieser Name wird jedoch der ursprünglichen Bedeutung des Platzes in keiner Weise gerecht; denn ausgerechnet hier befand sich im Mittelalter jahrhundertelang die Residenz, die „Pfalz" der bayerischen Herzöge, teilweise sogar von deutschen Königen und Kaisern. Bauliche Überreste davon sind im Westen und Süden der Herzogshof, der Römerturm und die Alte Kapelle (→ Kapellengasse). Einst erstreckten sich die Pfalzgebäude wohl komplett um den Platz herum, so dass er eigentlich ein riesiger Innenhof war. Als Regensburg 1245 zur Freien Reichsstadt wurde, verlagerte sich der Herrschaftsmittelpunkt von hier zum Rathaus (→ Rathausplatz).

Altheimerweg (15, Innerer Westen, D 7)
Josef Altheimer (1860–1913), gebürtig aus Aystetten bei Augsburg/Schwaben, war von 1891 bis 1912 Lehrer für Kunsterziehung am Alten Gymnasium (heute: Albertus-Magnus-Gymnasium). Neben seinem Beruf war er auch künstlerisch tätig als Maler zwischen Spätromantik und Impressionismus.

Altmannstraße (11, Kasernenviertel, H 9)
Die Familie Altmann gehörte zu den bedeutenden Patrizierfamilien im mittelalterlichen Regensburg. Sie wohnte im 15. Jh. in einem stattlichen Haus am Haidplatz (heute: Haidplatz 1, → Neue-Waag-Gasse) und im 16. Jh. gleich gegenüber in dem nach ihr benannten „Altmannschen Haus" (heute: Neue-Waag-Gasse 2).

Altmühlstraße (7, Reinhausen, G/H 6/7)
→ Gruppe „Flüsse in Bayern".

Am alten Schlachthof (10, Ostenviertel, H 8)
Das Fleischhaus und der Fleischmarkt befanden sich früher mitten in der Stadt, nahe beim Fischmarkt (→ Schmerbühl). Aus Gründen der Hygiene beschloss die Stadt Regensburg 1886, weit außerhalb, am damaligen östlichen Stadtrand, einen neuen, großzügigen Schlachthof zu errichten; er wurde 1888 in Betrieb genommen. Nach seiner Stilllegung in den 1990er-Jahren entsteht aktuell auf dem Gelände das „Ma-

rina Quartier“ mit Wohn- und Gewerbeeinheiten sowie einem Veranstaltungsgelände.

Am alten Schlag (17, Graß, E 12)
→ Gruppe „Graß – Burg und Dorf“. Flurname mit Verweis auf die ländliche und land- bzw. forstwirtschaftlich genutzte Umgebung.

Am Bach (17, Leoprechting, E 12)
Die Straße liegt am sog. „Islinger Mühlbach“ (→ Bollandweg). Der Bach beginnt ein Stück westlich von Leoprechting und fließt östlich über Ober- und Unterisling nach Burgweinting; dort mündet er in den Aubach (→ Aubachweg).

Am Bergl (18, Burgweinting, I 12)
→ Gruppe „Burgweinting 2: Flurnamen“. Hier: Verweis auf die Topographie.

Am Beschlächt (1, Oberer/Unterer Wöhrd, F 8a/b)
„Beschlächte“ (von „beschlagen“) heißen die charakteristischen massiven Verstärkungen im unteren Bereich der Pfeiler der Steinernen Brücke, die sie früher bei Hochwasser und insbesondere bei Eisstoß schützen sollten. An einer Stelle ist ein Beschlächt in beiden Richtungen zu einem Damm verlängert worden, der die beiden Donauinseln, den Oberen und den Unteren Wöhrd (→ Wöhrdstraße), miteinander verbindet. Dies geschah weniger, um einen begehbaren Weg zu schaffen, sondern um den Abfluss des Donauwassers aus dem Südarm zwischen den beiden Inseln in den Nordarm (wie man es noch heute beobachten kann, wenn der Damm bei Hochwasser überflutet wird) zu verhindern. Hintergrund dieser Maßnahme war die Konkurrenz zwischen der Freien Reichsstadt und dem Land Bayern um den Handel auf dem Fluss. Die Regensburger wollten den Bayern im wahrsten Sinne des Wortes das Wasser abgraben und den Nordarm der Donau, der auch vom bayerischen → Stadtamhof aus zugänglich war, für die Schifffahrt unbenutzbar machen. (Vgl. → Wehrlochweg.)

Am Biopark (12, Galgenberg, E/F/G 11)
Die Straße durchquert den Campus der Universität in der Nähe des Bioparks. Er verbindet Forschung und Unternehmertum im Bereich der Biotechnologie und ist deshalb bewusst auf dem Gelände der Universität angesiedelt.

Am Blumenrain (15, Prüfening, B 8)
Der Flurname verweist auf die frühere ländliche und naturnahe Umgebung nördlich des Dorfs → Großprüfening.

Am Brandlberg (6, Brandlberg, I/K 5/6)
Das ehemalige Dorf Brandlberg, das früher zur Gemeinde Schwabelweis gehörte, wurde zusammen mit dieser 1924 nach Regensburg eingemeindet. Wie bei anderen Eingemeindungen bewahrt die einstige Haupt- oder Dorfstraße den Namen des Orts fort. Der Name weist darauf hin, dass die Ansiedlung durch Brandrodung einer bewaldeten Anhöhe entstanden ist.

Am Brennofen (18, Burgweinting, H/I 11)
→ Gruppe „Burgweinting 5: Vor- und Frühgeschichte“. Im archäologischen Areal von Burgweinting fanden sich als besonders interessante Objekte zwei Brennöfen zur Herstellung von Keramik, einer aus keltischer und einer aus römischer Zeit.

Am Brixener Hof (1, Altstadt, F 8d)
In einem Gebäude an der Westseite der Straße (heute: Am Brixener Hof 6) befand sich im frühen Mittelalter der repräsentative Sitz des Bischofs von Brixen, die er als standesgemäße Residenz bei Besuchen in der Haupt- und Residenzstadt Regensburg (→ Alter Kornmarkt) nutzen konnte. (Vgl. → Salzburger Gasse.) Der Straßenname wurde in dieser Form allerdings erst 1975 eingeführt, zu Ehren der Regensburger Partnerstadt Brixen; davor war die Straße ein Teil der → Schäffnerstraße.

Am Brückenbasar (2, Stadtamhof, F 7)
Als Regensburg und Stadtamhof noch zwei getrennte Städte waren, gehörte die Steinerne Brücke in Gänze zu Regensburg – einschließlich eines Brückenkopfs am nördlichen Donauufer mit einem Turm in der Mitte und Wachgebäuden rechts und links; dahinter kam ein Graben mit Zugbrücke: die Grenze zu Stadtamhof und Bayern. Die militärische Infrastruktur wurde bei der Schlacht von 1809 (→ Österreicherweg) zerstört, in der Folge entstanden Ladengeschäfte, die von der Gestaltung her die Hauptstraße von Stadtamhof optisch abrunden sollten. Das Ganze erhielt 1906 seinen leicht orientalisch anmutenden Namen.

Am Brückenfuß (2, Stadtamhof, F 7)
Die etwas tiefer liegende Straße zeichnet ein Stück des Grabens nach, mit dem der Brückenkopf der Freien Reichsstadt am Nordende der Steinernen Brücke zeitweise aus Gründen der Verteidigung umgeben war (→ Am Brückenbasar).

Am Buchenfeld (13, Neuprüll, E 11)
Der Flurname verweist auf die ehemals ländliche und land- bzw. forstwirtschaftlich genutzte Umgebung in der Nähe der Siedlung → Neuprüll.

Am Dreifaltigkeitsberg (3, Steinweg, F 6/7)
Auf der Anhöhe nördlich von Steinweg, dem östlichsten Ausläufer der Winzerer Höhe (→ Auf der Winzerer Höhe), errichteten die Bewohner von Stadtamhof und Steinweg zu Zeiten der Pest, die 1713/14 letztmalig im Regensburger Raum wütete, eine Kirche der Heiligen Dreifaltigkeit. Seit ihrer Einweihung 1715 wurde die Anhöhe, die zuvor „Geiersberg" oder „Osterberg" geheißen hatte (→ Geiersbergweg, → Osterbergweg), zunehmend nach der Kirche benannt.

Am Eisenbahndamm (8, Weichs, I 7)
Die Straße zweigt am Ostrand von Weichs von der Donaustaufer Straße ab und führt unmittelbar an der 1859 angelegten Eisenbahntrasse, die von Regensburg in Richtung Norden führt, südwärts bis zur Donau.

Am Europakanal (2, Steinweg/Pfaffenstein, E/F 7)
Die unbebaute Freifläche zwischen Stadtamhof und Steinweg (→ Am Protzenweiher) wird seit den 1970er-Jahren von einem Kanal mit Schleuse durchschnitten; so kann die moderne Donauschifffahrt das Hindernis der Steinernen Brücke mit ihren engen Bögen und breiten Pfeilern (→ Am Beschlächt) umfahren. Der Kanal ist Teil der europäischen Wasserstraße des Rhein-Main-Donau-Kanals.

Am Feuerwehrhaus (6, Keilberg, L 5)
Die Straße zweigt am Gebäude der Feuerwehr von Keilberg von der Keilberger Hauptstraße ab.

Am Flachlberg (5, Konradsiedlung, H/I 6)
In der leicht hügeligen Gegend besaß ein gewisser Hans Flachl, Bürger von Stadtamhof, im 17. Jh. ein Grundstück. Ab 1935 entstand hier der zweite Bauabschnitt der Konradsiedlung (→ Harthofkapellenplatz, → Im Reichen Winkel, → Sandgasse, → Gruppe „Deutsche Nation").

Am Flachsfeld (18, Burgweinting, I 11)
→ Gruppe „Burgweinting 4: Feldfrüchte".

Am Gern (4, Sallern, G 6)
Der Flurname verweist auf den besonderen Zuschnitt eines – vermutlich landwirtschaftlich genutzten – Grundstücks („Gern" = Spitze, Zwickel).

Am Gries (2, Stadtamhof, F/G 7)
„Gries“ ist die alte Bezeichnung für ein flaches, sandiges Ufer am Rand eines Flusses; dieses Charakteristikum trifft auf die Umgebung der Straße perfekt zu. Von hier aus war die Donau leicht erreichbar; deshalb siedelten sich vor allem Fischer und Schiffsleute an. Der Preis, den sie dafür zahlten, waren regelmäßige Überflutungen ihrer Häuser selbst bei kleineren Hochwassern.

Am Gutshof (18, Harting, M 12)
→ Gruppe „Harting – ein Dorf“. Hier, gleich neben der Kirche (→ St.-Koloman-Weg), also mitten im alten Dorfkern, befand sich der einstige Gutshof von Harting. Er gehörte zuletzt der Familie Kirsch-Puricelli (→ Puricellistraße).

Am Hochbehälter (3, Pfaffenstein, E/F 7)
Nördlich der Straße befindet sich das älteste Exemplar eines Hochbehälters für die moderne Wasserversorgung von Regensburg aus den 1870er-Jahren. Nachdem aufgrund des Bevölkerungswachstums im 19. Jh. die Brunnstuben westlich (→ An der Brunnstube) und südlich der Stadt nicht mehr genügend Wasser lieferten, wurden neue ergiebige Quellen in der Nähe einer alten Mühle nördlich von Sallern (→ „Bei der Sallermühle“) erschlossen. Um den nötigen Druck in den Leitungen zu erzeugen, musste das Wasser zunächst in einen Hochbehälter auf der Winzerer Höhe gepumpt werden.

Am Hölzl (6, Keilberg, L 5)
Der Flurname verweist auf die – früher wie heute – ländliche und land- bzw. forstwirtschaftlich genutzte Umgebung.

Am Holzhof (3, Steinweg, F 6/7)
Hier, nahe der Mündung des Regens in die Donau, befand sich eine historische Lagerstätte für Holz, das auf dem Regen vom Bayerischen Wald nach Regensburg geflößt wurde (→ Holzgartenstraße, → Gruppe „Holz und Holzverarbeitung“).

Am Judenfeld (7, Reinhausen, G 6)
Die mittelalterliche jüdische Gemeinde von Regensburg (→ Neupfarrplatz) besaß im Lauf der Zeit verschiedene Friedhöfe außerhalb der Stadt; einer davon lag beim Dorf Sallern (→ Sallerergasse). Nach ihrer Vertreibung aus Regensburg 1519 fanden einige Juden in Sallern Zuflucht, bis sie 1755 auch von dort ausgewiesen wurden.

Am Judenstein (1, Altstadt, E 8b)
An der Westseite der Straße befindet sich das repräsentative Gebäude der Kreuzschule; an dessen Nordostecke ist ein mittelalterlicher jüdischer Grabstein (mit stark verwitterten hebräische Schriftzeichen) eingemauert. Er stammt noch vom Vorgängerbau der Schule, dem Wohnhaus des Regensburger Künstlers und Stadtbaumeisters Albrecht Altdorfer (→ Altdorferstraße, → Altdorferplatz). Dieser war in seiner Eigenschaft als Stadtrat aktiv an der Vertreibung der Juden 1519 (→ Neupfarrplatz) beteiligt; als danach die Wohnhäuser und der Friedhof der Juden zerstört wurden, stellte er einen der Grabsteine als Trophäe bei sich zu Hause auf. Ähnliche „Judensteine" gibt es in der Altstadt an mehreren Stellen.

Am Katzenbühl (18, Harting, M 12)
→ Gruppe „Harting – ein Dorf". Flurname mit Verweis auf die Lage an einem kleinen Hügel („Bühel" = Hügel).

Am Keilstein (6, Keilberg, L 6)
Die Straße verläuft auf den Höhen des Keilsteins, des südlichen Bereichs der Hochfläche von Keilberg (→ Keilberger Hauptstraße).

Am Keilsteiner Hang (9, Schwabelweis, K/L/M 7)
Die Straße verläuft nördlich von Schwabelweis (→ Gruppe „Schwabelweis und St. Emmeram") am Südhang des Keilsteins (→ Am Keilstein) bis zur Tegernheimer Schlucht (→ Tegernheimer Schluchtweg). Das Gelände wurde traditionell zum Anbau von Wein genutzt (→ Weinbergstraße).

Am Königshof (1, Altstadt, F 8d)
Hier bestand zur Zeit, als Regensburg Haupt- und Residenzstadt war (→ Alter Kornmarkt), ein geschlossener Komplex königlichen Besitzes, der sog. „Latron", mit einem Wirtschaftshof im Bereich der heutigen Gasse. (Vgl. → Königsstraße.)

Am Kreuzhof (10, Ostenviertel, M 9/10)
Hier befand sich einst ein Gutshof, der seit dem 13. Jh. dem Kloster Heilig Kreuz gehörte (→ Kreuzgasse). Teil des Gutshof war eine Kapelle, die sich bis in die Zeit um 1160 zurückdatieren lässt. Zu Zeiten der Kreuzzüge diente sie mehrfach als Sammelstelle großer Heere.

Am Kumpfmühler Kastell (13, Kumpfmühl, E 9)
Die Straße zeichnet den ungefähren Verlauf der einstigen westlichen Befestigungsanlagen des ältesten römischen Militärstützpunkts im

Raum Regensburg nach, des Kastells einer Kohorte, einer kleineren Einheit der römischen Armee. Es wurde um 80 n. Chr. auf einer Anhöhe mit Blick auf die Donau, die die Grenze zu den feindlichen Germanen war, errichtet und um 170 n. Chr. bei einem Überfall der Germanen in den sog. „Markomannenkriegen" zerstört. Als Reaktion stationierten die Römer eine größere Einheit ihrer Armee, eine Legion, an der Grenze; der neue Stützpunkt, fertig gestellt im Jahr 179 n. Chr., lag in der Ebene direkt am Fluss. Aus ihm entwickelte sich die spätere Stadt Regensburg.

Am Mittelmünster (1, Altstadt, F 8d)
Die Freifläche des Jesuitenplatzes, das Areal des Parkhauses am Petersweg und alle Häuser östlich davon bis zur Fröhlichen-Türken-Straße bildeten früher den Komplex des Benediktinerinnenklosters Mittelmünster St. Paul. Es wurde im Jahr 983 von Bischof Wolfgang (→ St.-Wolfgang-Straße) gegründet, der damit den adeligen Stiftsdamen von Nieder- (→ Niedermünstergasse) und Obermünster (→ Obermünsterstraße) ein Musterbeispiel streng klösterlichen Lebens vor Augen stellen wollte. Ganz bewusst wurde deshalb bei der Namensgebung auf die beiden älteren Einrichtungen verwiesen. Die Intentionen des Gründers erfüllten sich langfristig nicht; als die Zahl der Bewohnerinnen immer weiter zurückging, wurde das Kloster 1588 wieder aufgelöst. (Vgl. → Jesuitenplatz.)

Am Mühlbach (13, Kumpfmühl, E 9/10)
Der Vitusbach, der von Prüll aus nordwärts fließt (→ Am Vitusbach), trieb in Kumpfmühl (→ Kumpfmühler Straße) seit Menschengedenken eine Mühle an. Sie stellte ihren Betrieb 1919 ein; im Zweiten Weltkrieg wurden die Gebäude 1944 bei einem Bombentreffer restlos zerstört und durch Neubauten ersetzt (heute: Gutenbergstraße 7).

Am Mühlberg (4, Gallingkofen, G 4/5)
Der Flurname verweist auf die topographische Lage. Östlich der ehemaligen Sallermühle am Regen (→ Bei der Sallermühle) befindet sich eine kleine Anhöhe, die nach der Mühle benannt ist.

Am Nordheim (5, Konradsiedlung, H 5/6)
Als ab 1936 der dritte Bauabschnitt der Konradsiedlung entstand (→ Im Reichen Winkel, → Gruppe „Deutsche Nation"), befand sich im Bereich der Straße die nördliche Bebauungsgrenze des neuen Stadtgebiets. Die jenseits davon gelegenen Wohngebiete entstanden erst zu einem späteren Zeitpunkt.

Am Ölberg (1, Altstadt, F 8c)
Die Straße führt an einem kleinen Vorgarten im Areal des ehemaligen Dominikanerklosters (→ Predigergasse) vorbei. Dort befand sich früher, spätestens seit dem 17. Jh., vermutlich mit der Schauseite zur Straße eine Holzskulptur, die eine Ölberg-Szene mit betendem Christus und schlafenden Jüngern im Garten Gethsemane darstellte. Reste der Skulptur befinden sich heute im Innenbereich, nämlich im Kreuzgang des einstigen Klosters.

Am Ostbahnhof (10, Ostenviertel, I 10)
Der Ostbahnhof, an der Eisenbahnlinie nach Landshut und München gelegen, wird heute nicht mehr für den Personen-, sondern nur für den Güterverkehr genutzt. In dieser Funktion spielt er eine wichtige Rolle bei der Anbindung des Industrie- und Gewerbegebiets im Stadtosten (→ Gruppe „Entdecker, Erfinder, Firmengründer").

Am Peterstor (1, Altstadt, F 8d)
Das Peterstor, benannt nach der früher nahegelegenen Kapelle Weih St. Peter ein Stück stadtauswärts (→ St.-Peters-Weg), war schon in römischer Zeit der Ausgang aus Regensburg in Richtung Süden; damals hieß er „Porta Decumana". Hier begann die Fernverbindung nach Augsburg (→ Augsburger Straße); im Mittelalter kam die nach Landshut hinzu (→ Landshuter Straße). Für beide Routen gab es ab dem Mittelalter zwei Alternativen: Richtung Augsburg konnte man die Stadt auch durch das Jakobstor und Richtung Landshut durch das Ostentor verlassen.

Am Pfaffensteiner Hang (3, Pfaffenstein, E/F 7)
Dort, wo das Nordufer der Donau am steilsten und am schroffsten ist, befand sich das kleine Dorf Pfaffenstein. Ebenso wie weiter westlich (→ Winzersteig) wurde hier Wein angebaut. Viele Weinberge gehörten kirchlichen Einrichtungen, z. B. dem Bischof und dem Kloster St. Emmeram; so kam der Name zustande, der 1320 erstmals erwähnt wurde. Pfaffenstein wurde 1924 nach Regensburg eingemeindet.

Am Pflanzgarten (15, Prüfening, A/B 9)
In einem Anwesen der Straße (heute: Am Pflanzgarten 18) befindet sich (und befand sich wohl auch früher schon) eine Gärtnerei.

Am Prebrunntor (1, Altstadt, E 8a)
Das Prebrunntor, benannt nach der westlich benachbarten Siedlung Prebrunn (→ Prebrunnstraße), war, zusammen mit dem Jakobstor, der traditionelle Stadtausgang in westlicher Richtung. An beiden Stellen

begannen nicht nur die Wege nach Prüfening (→ Hochweg, → Prüfeninger Straße), sondern ursprünglich vor allem auch die Fernverbindung nach Franken und Nürnberg. Sie verlief im Mittelalter über Prüfening und die dortige Donaufähre (→ Fährenweg); erst um 1500 wurde sie auf das nördliche Donauufer verlegt (→ Alte Nürnberger Straße). In der Folge verlor das Prebrunntor seine Bedeutung; im 17. Jh., während des Dreißigjährigen Kriegs, wurde es aus verteidigungstechnischen Gründen vermauert. Der alte Ausgang wurde zur Sackgasse (→ Hundsumkehr); die heutige Straße aus der Altstadt heraus verläuft ein kleines Stück weiter südlich.

Am Protzenweiher (2, Stadtamhof, F 7)
Zwischen Stadtamhof und Steinweg gab es früher eine unbebaute Fläche, die bewusst freigehalten wurde, weil sie fast ständig sumpfig und auch schon bei kleineren Hochwassern des Regen überflutet war. In dem feuchten Gelände lebten zahlreiche Kröten („Protz" = Kröte). Heute verläuft hier der Seitenkanal der Donau (→ Am Europakanal).

Am Römling (1, Altstadt, F 8a)
Der „Römling" war früher der Name eines Hauses, nämlich des hintersten, an dem sich die Straße zur Metgeber- und zur St.-Albans-Gasse aufteilt (heute: St.-Albans-Gasse 12/14). Das Haus hatte allerdings nichts mit den Römern zu tun, sondern ließ wegen seines länglichen Grundrisses mit der schmalen Vorderseite, die man beim Blick in die Straße hinein als erstes sah, an einen Streifen, einen Riemen, in alter Sprache „Riemling" denken. Hieraus wurde in dialektgefärbter Aussprache „Römling". Der Hausname wurde später zum Straßennamen.

Am Sallerner Berg (4, Sallerner Berg, G 6)
Der Flurname verweist auf den markanten Berg, der sich unmittelbar östlich des Dorfes Sallern (→ Sallerergasse) erhebt.

Am Sandberg (4, Sallerner Berg, G 6)
Der östliche Teil des Sallerner Bergs (→ Am Sallerner Berg) wurde früher „Sandberg" genannt. Auch der Name „Galgenberg" ist überliefert, weil auf der Anhöhe ein Galgen stand, der von den bayerischen Justizbehörden in Stadtamhof bzw. Weichs (→ Weichser Schloßgasse) betrieben wurde. An den Südhängen in Richtung Reinhausen wurde Hopfen (→ Hopfengartenweg) und sogar Wein (→ Weinzierlstraße) angebaut.

Am Schallern (1, Altstadt, F8a)
Zu Zeiten, als die Donau die Lebensader Regensburgs war, befanden sich am Fluss abschnittsweise die Anlegestellen für bestimmte Sparten von Händlern und ihre Schiffe (→ Holzländestraße, → Am Weinmarkt, → Am Wiedfang, → Donaulände). Gleichzeitig verlief dort aber auch ein Teil der Stadtmauer. Damit die an Land gebrachten Waren weiter stadteinwärts transportiert werden konnten, gab es in der Mauer – neben Türen und Toren für die Menschen – verschiedentlich Durchreichen, Luken, „Schalter" für die Güter.

Am Schindergraben (4, Gallingkofen, F/G 4)
Hier war früher ein „Schinder" ansässig. Schinder (auch als „Abdecker" oder „Wasenmeister" bezeichnet) waren für die Beseitigung und Verwertung von Tierkadavern zwecks Herstellung von Fett, Leim, Seife und anderem zuständig. Wegen der Geruchsbelästigung und der Ansteckungsgefahr lebten und arbeiteten sie grundsätzlich am Rand bestehender Siedlungen, oft an alten Hohlwegen; ihr Beruf galt als unehrenhaft. (Vgl. → Schelmengraben.)

Am Schmiedberg (4, Gallingkofen, G 5)
Der Flurname verweist auf die topographische Lage am Hang des Sallerner Bergs, wo ein Grundstück vermutlich im Besitz eines Schmieds war.

Am Schulbergl (1, Altstadt, F 8a)
An der Ostseite der Straße (heute: Am Schulbergl 7) wurde 1868/69 ein neues großzügiges städtisches Schulhaus errichtet; heute befindet sich hier ein Kinderhort. Die Schule verlieh der Straße, die am oberen Ende des Abhangs zur Donau hin liegt, ihren Namen; sie selbst wurde allerdings nach der Gasse, die auf der anderen Seite entlangläuft, „Engelburgerschule" genannt.

Am Singrün (1, Altstadt, E 8a/b)
Im Bereich des kleinen Platzes muss es früher irgendwo eine immergrüne Pflanze („sin" = immer) gegeben haben. Zu denken wäre etwa an eine Hausfassade, die mit Efeu bedeckt war. Der Hausname könnte später zum Straßennamen geworden sein, wie es in der Altstadt öfter zu beobachten ist (→ Am Römling, → Vor/Hinter der Grieb, → Zur Schönen Gelegenheit).

Am Stärzenbach (1, Altstadt, G 8c)
Der Stadtbach, der Regensburg durchquerte (→ Obere/Untere Bachgasse), hatte einen westlichen (→ Weißgerbergraben) und einen öst-

lichen Abzweiger. In einem Teilstück war die Gasse so eng, dass der Wasserlauf mit begeh- und befahrbaren Platten bedeckt werden musste („Stärzen", von „starr", = Platten).

Am Vitusbach (13, Kumpfmühl, E 10)
Im Vorgarten einer der Mönchszellen des ehemaligen Klosters St. Vitus in Prüll (→ Karthaus-Prüll) befindet sich die gefasste Quelle eines kleinen Bachs; als nächstes fließt er unter der ehemaligen Pfarrkirche des Klosters hindurch, die zu einem Wohnhaus umgebaut ist (heute: Ludwig-Thoma-Straße 16); deshalb wird er „Vitusbach" genannt. Anschließend folgt die Straße seinem Verlauf hinunter nach Kumpfmühl. Dort trieb er früher eine Mühle an (→ Am Mühlbach), danach führt er über die Altstadt (→ Obere/Untere Bachgasse) in die Donau. Der Bach ist heute fast durchgehend kanalisiert; die Wassermenge ist durch Bodenversiegelung im Quellgebiet sehr stark zurückgegangen.

Am Vogelberg (4, Gallingkofen/Ödenthal, G 3/4)
Der Flurname verweist auf den – früher wie heute – ländlichen und naturnahen Charakter der Umgebung und auf die topographische Lage. Zwischen Gallingkofen und Ödenthal befindet sich eine kleine Anhöhe, Vogelberg genannt.

Am Vogelherd (6, Keilstein, K/L 6)
Der Flurname verweist auf den – früher wie heute – ländlichen und naturnahen Charakter der Umgebung.

Am Weichser Anger (8, Weichs, G 7/8)
Der Flurname stammt aus der Zeit, als hier am Ufer der Donau in Weichs nach einer großen Hochwasserkatastrophe 1737 eine Holzstatue von St. Johannes Nepomuk, dem Schutzheiligen gegen Wasserschäden, aufgestellt wurde (→ Johannisstraße).

Am Weinmarkt (1, Altstadt, F 8a) → *Info* S. 46
Zu Zeiten, als die Donau die Lebensader Regensburgs war, befanden sich am Fluss abschnittsweise die Anlegestellen für bestimmte Sparten von Händlern und ihre Schiffe. Im Bereich des heutigen Eisernen Stegs (der erst aus dem 19. Jh. stammt) gaben die Weinhändler den Ton an. Hier wurden Weinfässer an Land gebracht, verkauft und im nahegelegenen Weinstadel eingelagert oder weitertransportiert. (Vgl. → Weingasse, → Holzländestraße, → Am Wiedfang, → Donaulände.)

DONAU UND DONAUSCHIFFFAHRT

Man kann in jedem Geschichtsbuch nachlesen, dass der Handel und die Handelsschifffahrt auf der Donau für Regensburg früher von allergrößter Bedeutung waren und die außergewöhnliche Rolle der Stadt im wirtschaftlichen Bereich mitbegründeten. Trotzdem ist es erstaunlich und verblüffend, wenn man hier und da auch heute noch konkrete Hinweise sieht, welche weitreichenden Auswirkungen das im alltäglichen Leben hatte. Im Bereich von Organisation und Logistik zum Beispiel: Offensichtlich waren auf dem Fluss so viele Händler und so viele Schiffe unterwegs, dass man ordnend eingreifen und einzelnen Sparten einzelne Uferzonen zuweisen musste. Die Holzlände, die Weinlände mit dem Weinstadel, der Salzstadel: Das sind deutliche Anzeichen dafür, dass es in der Tat um Regelung und Entzerrung ging – einfach deswegen, weil sonst das große Chaos ausgebrochen wäre. Beim Blick auf die heutigen Zustände am Donauufer ist das alles kaum vorstellbar – allenfalls im Bereich des Donaumarkts und weiter flussabwärts, wo sich im Sommer von Jahr zu Jahr mehr Kreuzfahrtschiffe in langer und manchmal sogar schon doppelter Reihe drängen. Und wo prompt aktuell auch wieder der Ruf nach Regelung und Begrenzung laut wird ...

Am Wiedfang (1, Altstadt, F 8a/b)
Zu Zeiten, als die Donau die Lebensader Regensburgs war, befanden sich am Fluss abschnittsweise die Anlegestellen für bestimmte Sparten von Händlern und ihre Schiffe. Oberhalb der Steinernen Brücke wurde zeitweise Holz an Land gebracht und gelagert („Wied" = Holz; „Fang", eigentlich „Fand", von „finden", = Fund-/Lagerplatz). Dass man später „Wiedfang" oder sogar „Windfang" schrieb, scheint darauf hinzudeuten, dass die ursprüngliche Bedeutung des Namens irgendwann nicht mehr verstanden wurde. Möglicherweise lässt sich daraus eine schon frühzeitig erfolgte Verlegung der Holz-Anlegestelle ableiten. Dies würde gut mit der Tatsache zusammenpassen, dass es ein Stück weiter flussaufwärts die „Holzländestraße" gibt – was dann die Bezeichnung für den neueren Standort im Vergleich zum älteren wäre. (Vgl. → Holzländestraße, → Am Weinmarkt, → Donaulände.)

Am Winterhafen (1, Unterer Wöhrd, G 8a/b)
Am östlichen Ende der Straße bestand von 1856 bis 1910 ein Hafen (und eine Werft, → Werftstraße) der „Ersten Kaiserlich-Königlich Privilegierten Donau-Dampfschifffahrtsgesellschaft" aus Österreich, die im 19. Jh. eine von Regensburg bis Wien führende Schifffahrtslinie be-

trieb. (Das Verwaltungsgebäude der Gesellschaft ist gegenüber an der Donaulände erhalten.) Im Winter wurde der Schiffsverkehr eingestellt; ein Teil der Flotte blieb in Regensburg. Der Hafen wurde im Zusammenhang mit der Eröffnung des Luitpold-Hafens (→ Prinz-Ludwig-Straße) geschlossen, das Hafenbecken erst 1967 zwecks Anlage eines Parkplatzes verfüllt.

Am Wurzgarten (8, Weichs, G 7)
Der Flurname verweist auf die frühere ländliche und – von den Gärtnern von Weichs (→ Gärtnerstraße) – landwirtschaftlich genutzte Umgebung („Wurz“ = Wurzelgemüse, hier v. a. in Gestalt von Rettich, → Weichser Radiweg).

Am Zieget (13, Ziegetsdorf, D 11)
Der Flurname verweist auf die frühere naturnahe Umgebung mit dichtem Baumbestand auf den Anhöhen des Ziegetsbergs („Zige“ = Kiefer, „Ziget“ = Kiefernwald). Durch die Entstehung der Siedlung Ziegetsdorf (→ Ziegetsdorfer Straße) hat sich der Charakter der Gegend stark verändert.

Amberger Straße (4/7, Reinhausen/Sallern/Gallingkofen, F/G 3/4/5/6)
Der Fernverkehr nach Norden verließ Regensburg jahrhundertelang über die Steinerne Brücke, durchquerte Stadtamhof und Steinweg und teilte sich am Fuß des Dreifaltigkeitsbergs in eine westliche (→ Alte Nürnberger Straße) und eine nordöstliche Route. Sie führte über die Regenbrücke zwischen Steinweg und Reinhausen und dann am Regen entlang in die Oberpfalz bis nach Amberg (und Schwandorf, → Schwandorfer Straße). (Vgl. → Chamer Straße, → Alte Waldmünchener Straße.)

Amperstraße (7, Reinhausen, H 6)
→ Gruppe „Flüsse in Bayern“.

Amselweg (7, Reinhausen, G 6)
→ Gruppe „Vögel“.

An den Klostergründen (15, Prüfening, B 8)
→ Gruppe „Prüfening – Kloster und Schloss“. Das Kloster Prüfening hatte hier Grundbesitz, der landwirtschaftlich genutzt wurde.

An den Weichser Breiten (8, Weichs, H 7)
Der Flurname verweist auf die frühere ländliche und – vom Gutshof bzw. von den Gärtnern von Weichs (→ Gärtnerstraße) – landwirtschaftlich genutzte Umgebung.

An der Brunnstube (14, Dechbetten, B/C9)
An der Straße befindet sich in einem Häuschen eine gefasste Quelle, deren Wasser früher über lange Leitungen nach Regensburg geführt und dort in die öffentlichen Brunnen eingespeist wurde. Diese externe Wasserversorgung wurde in den Jahren 1548 bis 1551 eingerichtet und war im Sinne der Hygiene eine entscheidende Verbesserung im Vergleich zum vorher üblichen System, aus Ziehbrunnen mitten in der Stadt Grundwasser zu schöpfen, das durch Abfälle aller Art stark verunreinigt war. Die Quellfassung und die Leitungen wurden wiederholt erneuert; das jetzige Gebäude der Brunnstube stammt aus dem Jahr 1650. (Vgl. → Am Hochbehälter.)

An der Ebenbreiten (18, Harting, M 12)
→ Gruppe „Harting – ein Dorf“. Flurname mit Verweis auf die Lage in flachem Gelände (im Gegensatz zu einem kleinen Hügel nebenan, → Am Katzenbühl).

An der Etz (13, Ziegetsdorf, D 11)
Der Flurname verweist auf die frühere ländliche und landwirtschaftlich genutzte Umgebung am Nordhang des Ziegetsbergs („Etz“ = Weide). Durch die Entstehung der Siedlung Ziegetsdorf (→ Ziegetsdorfer Straße) hat sich der Charakter der Gegend stark verändert.

An der Hülling (1, Altstadt, F 8c)
An der Stelle, wo der Vitusbach von Süden kommend (→ Am Vitusbach, → Am Mühlbach) die Altstadt erreichte, gab es unmittelbar innerhalb der Stadtmauer ein steinernes Becken, in dem das Wasser zum Tränken und Reinigen von Pferden sowie zum Löschen von Bränden gesammelt wurde („Hülle“ = Pfütze, Lache, Wasserstelle).

An der Irler Höhe (10, Hohes Kreuz, I 9)
Die Straße ist der erste Teil einer Abzweigung, die früher von der Straubinger Straße zu dem kleinen Dorf → Irl führte. Topographisch verlief sie, verglichen mit der Hauptstraße, in etwas weiterer Entfernung zur Donau und somit auf etwas höherem Niveau.

An der Iselrinne (11, Kasernenviertel, G 10)
Die Iselrinne war ein kleiner Wasserlauf am östlichen Abhang des Galgenbergs. Im Bereich des Pürkelguts (→ Pürkelgutweg, → Einhauser Straße) mündete er in den dortigen Pürkelgutgraben, einen anderen Bach, und mit ihm zusammen schließlich in die Donau.

An der Klosterbreite (14, Dechbetten, B/C 9)
→ Gruppe „Prüfening – Kloster und Schloss". Das ehemalige Kloster Prüfening liegt in unmittelbarer Nachbarschaft.

An der Kreuzbreite (13, Neuprüll, E 11)
Der Flurname verweist auf die Lage an einer der alten Burgfriedenssäulen, die das Territorium, das der Freien Reichsstadt Regensburg außerhalb der Stadtmauern gehörte, vom Land Bayern abgrenzten (→ Burgfriedenweg). Manche Säulen waren gestalterisch an Grenzsteine angelehnt, manche an Feldkreuze. Die einst hier stehende Säule ist – im Gegensatz zu manchen anderen – nicht erhalten.

An der Schauergrube (6, Keilberg, K 5/6)
Im porösen Kalkstein auf der Hochfläche von Keilberg (→ Keilberger Hauptstraße) gab es zahlreiche natürliche Vertiefungen und Aushöhlungen; hinzu kamen von Menschenhand gemachte Gruben, wo Eisenerz (→ Eisenerzweg) und Kaolin (→ Schlemmhüttenweg) abgebaut wurden. Eine dieser Gruben, vielleicht eine, die aufgelassen und halb verfallen war, hat bei Passanten offenbar Unbehagen hervorgerufen.

An der Schergenbreite (8, Weichs, I 7)
Ein „Scherge" ist nach altem Sprachgebrauch ein Büttel, ein Gerichts- oder auch Henkersassistent. Der Flurname, der an einer Gegend am Ostrand von Weichs haftet, verweist möglicherweise auf die frühere Anwesenheit eines Henkersknechts, der aufgrund seines unehrenhaften Berufs am Rand der Ortschaft lebte (→ Am Schindergraben, → Schelmengraben). Seine Funktion wiederum könnte mit dem Landrichter im Schloss von Weichs zusammenhängen (→ Weichser Schloßgasse), der für die Hinrichtung der von ihm zum Tod verurteilten Schwerverbrecher am Galgenberg nördlich von Reinhausen (→ Am Sandberg) entsprechendes Personal brauchte.

An der Schierstadt (2, Stadtamhof, F 7)
„Schierstadt" war der Name eines Gutshofs, über dessen Verkauf im Jahr 981 eine Urkunde vorliegt; bei der Lokalisierung des Kaufobjekts wird erstmals → Stadtamhof genannt. Der Name weist möglicherweise auf den ursprünglichen Besitzer des Gutshofs aus dem germanischen

Volk der Skiren hin. Ebenso auf Vermutungen angewiesen ist man bei der genauen Topographie des Orts. Der heutige Straßenname wurde erst zur nachträglichen Erinnerung an die „Schierstadt" geschaffen und sagt über deren ursprünglichen Standort nichts aus.

An der Schillerwiese (15, Innerer/Äußerer Westen, D 7)
Auf einer mit Bäumen bestandenen Wiese an der Donau fand 1905, anlässlich seines 100. Todestages, eine Gedenkfeier für den Schriftsteller Friedrich Schiller (→ Schillerstraße) statt. Bei dieser Gelegenheit erhielt das Gelände, das einst als Weidefläche genutzt und deshalb „Kuhwiese" genannt worden war, einen neuen, passenderen Namen.

An der Stadlbreiten (18, Harting, M 12)
→ Gruppe „Harting – ein Dorf". Flurname mit Verweis auf die Lage an einem Stadel, einem Lagerhaus, das möglicherweise zum nahegelegenen Gutshof gehört hat (→ Am Gutshof).

Andreasstraße (2, Stadtamhof, F 7)
An der Nordseite der Straße liegt die Kirche mit dem Doppelpatrozinium St. Andreas und St. Mang. Sie ist die Pfarrkirche von Stadtamhof; früher war sie außerdem auch die Kirche eines Augustinerchorherrenstifts, das von 1139 bis 1803 bestand (→ Gebhardstraße). Die Gebäude des Klosters wurden nach der Säkularisation 1803 vom bayerischen Staat als Bezirks- und später Landratsamt genutzt; heute befindet sich hier die Kirchenmusikschule bzw. seit 2001 „Hochschule für katholische Kirchenmusik und Musikpädagogik". – Der Straßenname erinnert zudem an einen der bedeutendsten Chorherren des Stifts, den Geschichtsschreiber Andreas. Er lebte im 15. Jh.; sein wichtigstes Werk ist eine „Chronik der bayerischen Fürsten".

Angerweg (17, Leoprechting, E 12)
Der Flurname verweist auf die – früher wie heute – ländliche und landwirtschaftlich genutzte Umgebung.

Anna-von-Schaden-Straße (6, Brandlberg, I 5)
→ Gruppe „Künstlerinnen". Anna von Schaden (1763–1834), gebürtig aus Ebelsberg/Oberösterreich, Pianistin und Komponistin. Sie wirkte hauptsächlich in Mannheim; nach der Trennung von ihrem Ehemann lebte sie von 1793 bis zu ihrem Tod in Regensburg.

Annagasse (14, Großprüfening, A 9)
Die Straße zweigt von der Hauptstraße von → Großprüfening schräg gegenüber der kleinen Kirche St. Anna ab. Sie wurde 1487/88 auf

Initiative des Klosters Prüfening (→ Gruppe „Prüfening – Kloster und Schloss") vom damaligen Dombaumeister Matthäus Roritzer (→ Roritzerstraße) errichtet. Organisatorisch gehört sie heute zur Pfarrei St. Bonifaz in Prüfening.

Annahofstraße (15, Prüfening, B 8/9)
Das Gebiet des heutigen Wohnviertels Prüfening war bis ins 20. Jh. hinein unbebautes, landwirtschaftlich genutztes Gelände. Ein Gastwirt aus dem Dorf → Großprüfening legte 1929 hier einen Bauernhof mit Pferdezucht an, den er nach dem Vornamen seiner Frau „Annahof" nannte. Mit zunehmender Bebauung wurde der Hof aufgegeben und in eine Gaststätte mit Biergarten umgewandelt. Auch sie existiert heute nicht mehr.

Anzengruberstraße (13, Ganghofersiedlung, E 11)
→ Gruppe „Schriftsteller 2". Ludwig Anzengruber (1839–1889), österreichischer Volks- und Heimatschriftsteller.

Arberstraße (7, Reinhausen, G 6)
→ Gruppe „Bayerischer Wald 3: Hochwald". Berg im Bayerischen Wald.

Ardennenstraße (5, Konradsiedlung, H 5)
→ Gruppe „Deutsche Nation". Gebirgszug im südlichen Belgien, Schauplatz wichtiger Schlachten im Ersten (und Zweiten) Weltkrieg.

Argonnenstraße (5, Konradsiedlung, H 5)
→ Gruppe „Deutsche Nation". Gebirgszug im nordöstlichen Frankreich, Schauplatz wichtiger Schlachten im Ersten Weltkrieg.

Arndtstraße (15, Innerer Westen, D 8)
→ Gruppe „Schriftsteller 1". Ernst Moritz Arndt (1769–1860), Schriftsteller der Romantik.

Arnulf-Enders-Straße (3, Steinweg, F 6)
Arnulf Enders (1922–1978) war Leiter des Betriebs „Stadtwerke Regensburg" der Stadt Regensburg. Auf seine Initiative hin erfolgten 1975 die Umwandlung der Stadtwerke in die „Stadtwerke Regensburg GmbH (SWR)" und 1976 die Gründung der „Regensburger Energie- und Wasserversorgung AG & Co KG (REWAG)". – Bezug: In der Nähe befindet sich der älteste Hochbehälter der modernen Regensburger Wasserversorgung (→ Am Hochbehälter).

Arnulfsplatz (1, Altstadt, E 8b/F 8a)
Wie in der Altstadt vielfach üblich, wurde der Platz ursprünglich nach seiner Lage, in diesem Fall in der Nähe des Schottenklosters St. Jakob (→ Jakobstraße, → Schottenstraße), als „Unterer Jakobsplatz“ bezeichnet; abgetrennt vom Bau des Theaters folgte südwärts, in etwas weiterer Entfernung von der Donau, der „Obere Jakobsplatz“ (→ Bismarckplatz). Im Jahr 1872 wurde er nach Herzog Arnulf von Bayern († 937, reg. 907–937) umbenannt. Die Wahl des neuen Namens geschah vor dem historischen Hintergrund, dass Arnulf im Jahr 920 seine größer werdende Haupt- und Residenzstadt Regensburg (→ Alter Kornmarkt) in Richtung Westen mit einer neuen Stadtmauer umgeben ließ; sie verlief an der Ostseite des Platzes und von dort hinunter zur Donau (→ Weißgerbergraben). Das Viertel noch weiter westlich entstand erst später und wurde um 1300 als „Westnerwacht“ in die Befestigungsanlagen integriert. (Vgl. → Ostengasse.)

Arrasstraße (11, Kasernenviertel, H 10)
→ Gruppe „Militär und Militärs“. Stadt im Artois/Nordfrankreich, Schauplatz wichtiger Schlachten im Ersten Weltkrieg.

Arzberger Straße (4, Haslbach, H 3)
→ Gruppe „Traditionelle Industriestädte in Nordostbayern“. Arzberg/Oberfranken, Standort der Porzellanindustrie.

Asamstraße (13, Kumpfmühl, E 9)
→ Gruppe „Bildende Künstler“. Cosmas Damian Asam (1686–1739), Maler und Architekt des Barock und des Rokoko. Egid Quirin Asam (1692–1750), Stuckateur und Bildhauer des Barock und des Rokoko. Die Gebrüder Asam arbeiteten oft eng zusammen, zeitweise auch in Regensburg, hier z. B. bei der Barockisierung der Kirche St. Emmeram (→ Emmeramsplatz).

Assmannstraße (15, Äußerer Westen, C 8)
→ Gruppe „Flieger und Flugzeugbauer“, mit indirektem Bezug. Richard Assmann (1845–1918), Meteorologe, Begründer der Aerologie, der Höhenwetterkunde, Erforscher der Stratosphäre. Assmanns Forschungen zur Atmosphäre waren von großer Bedeutung für die Anfänge der Luftfahrt.

Asternweg (12, Galgenberg, G 10)
→ Gruppe „Blumen“.

Aubachweg (18, Burgweinting, I 11)
→ Gruppe „Burgweinting 1: Dorf". Die Straße liegt am Aubach, der durch Burgweinting fließt. Er entspringt in den Wäldern südlich von Pentling und mündet bei Irl (→ Bachackerweg) in die Donau.

Auerbacher Straße (4, Haslbach, I 3)
→ Gruppe „Traditionelle Industriestädte in Nordostbayern". Auerbach/Oberpfalz, Standort der Eisenerzförderung und Textilindustrie.

Auergasse (1, Altstadt, F 8c)
In der Straße war eine Familie namens Auer ansässig. Die genaue Lage des Anwesens ist unbekannt; sie ist aber vermutlich eher im nördlichen Teil der Straße zu lokalisieren, da die südliche Hälfte bis ins 19. Jh. einen eigenen Namen trug. Die Familie ist übrigens nicht mit der berühmten mittelalterlichen Patrizierfamilie Auer zu verwechseln; diese hatte ihr Haus in der Gasse Am Römling (heute: Am Römling 12), die früher ihrerseits „Auergasse" hieß.

Auf der Grede (2, Stadtamhof, F 7)
Eine „Grede" ist eine breite, befestigte Stufe an der Vorderseite eines Hauses oder, allgemeiner, ein befestigter Steig. Einen solchen, in Gestalt einer Kaimauer, gab es in Stadtamhof an der Donau genauso wie auf der Regensburger Seite des Flusses; die heutige naturnahe Ufergestaltung stammt erst aus viel späterer Zeit. Auch Stadtamhof lebte schließlich vom Donauhandel und brauchte eine ähnliche Infrastruktur wie sie in der Altstadt noch zu erkennen ist (→ Am Weinmarkt, → Am Wiedfang, → Holzländestraße, → Donaulände) oder wie sie sich ein Stück weiter flussabwärts am Stadtamhofer Salzstadel abzeichnet (→ Salzgasse).

Auf der Platte (14, Dechbetten, C 9)
Die Platte ist ein Hügel zwischen Dechbetten und Goßprüfening. An seinen Hängen fand Land- und Forstwirtschaft statt (→ Bergackerweg, → Haidschlagweg, → Holzbergweg), offensichtlich auch Weinanbau (→ Dechbettener Weinberg). Hier entsprang ein kleiner Bach (→ Lohackerstraße, → Lohgrabenstraße). Außerdem bot sich ein guter Blick ins Donautal (→ Zur Schönen Aussicht).

Auf der Winzerer Höhe (3/16, Steinweg/Pfaffenstein/Nieder-/Oberwinzer/Kager, B/C/D/E/F 6)
Die Straße führt auf dem Grat der Anhöhe entlang, die unmittelbar nördlich der Donau von Steinweg bis nach Kager verläuft. Die klima-

Gesandtenstraße

tisch begünstigten Südhänge der Anhöhe waren früher das klassische Weinanbaugebiet von Regensburg (→ Winzersteig).

A

Aufeldstraße (10, Ostenviertel, H 9)
Der Flurname verweist auf die frühere Topographie der Gegend als naturnahe, wasserreiche, teilweise landwirtschaftlich genutzte Aue in Donaunähe – ein großer Kontrast zur heutigen Situation mit Ausfallstraßen, Gewerbegebieten und Hafenanlagen. (Vgl. → Auweg.)

Augsburger Straße (13/17, Kumpfmühl/Ganghofersiedlung/Königswiesen-Süd/Ziegetsdorf/Graß, D/E 10/11/12)
Die Straße ist die wahrscheinlich älteste Ausfallstraße und Fernverbindung von Regensburg; sie führte schon in römischer Zeit vom Militärlager Regensburg („Castra Regina") in die Provinzhauptstadt Augsburg („Augusta Vindelicorum") (→ Gruppe „Römische Götter"). Damals verließ der Verkehr Regensburg am Südtor, der „Porta Decumana". Im Mittelalter stand an der gleichen Stelle das Peterstor (→ Am Peterstor); alternativ wurde das Jakobstor genutzt (→ Jakobsstraße). Heute trägt die Straße ihren Namen erst südlich von Kumpfmühl.

Augustenstraße (15, Innerer Westen, E 8/9)
Als in der „Gründerzeit" nach 1870 westlich und östlich der Altstadt neue Wohnviertel entstanden (→ Gruppe „Gründerzeit"), wurden u. a. auch die seinerzeitigen Herrscher und Herrscherfamilien verewigt. Hier: Augusta, Ehefrau des deutschen Kaisers Wilhelm I. (1811–1890). (Vgl. → Luitpoldstraße, → Wilhelmstraße, → Wittelsbacherstraße.)

Augustinergasse (1, Altstadt, F 8c)
Die Straße führt vom → Augustinerplatz an der Westseite des ehemaligen Klosters der Augustiner-Eremiten entlang und biegt dann westwärts um in Richtung Obere Bachgasse.

Augustinerplatz (1, Altstadt, F 8c)
Der Platz befindet sich südlich hinter dem ehemaligen Kloster St. Salvator der Augustiner-Eremiten. Es wurde 1267 gegründet und 1802/10 im Zuge der Säkularisation aufgelöst. Die Kirche, an der Nordseite des Klosters zum Neupfarrplatz hin gelegen, blieb Eigentum des bayerischen Staats und wurde 1838 wegen Baufälligkeit abgerissen; an ihrer Stelle entstanden drei Wohn- und Geschäftshäuser (heute: Neupfarrplatz 15 und 16, Obere Bachgasse 1). Die Klostergebäude gingen in private Hände und werden heute als Gastwirtschaft genutzt.

Auhölzlweg (17, Leoprechting, E/F 13)
Der Flurname verweist auf die – früher wie heute – ländliche, wasserreiche und land- bwz. forstwirtschaftlich genutzte Umgebung.

Aureliaweg (18, Burgweinting, I 12)
→ Gruppe „Burgweinting 3: Frauen". Aurelia war, nach einer in Regensburg Anfang des 14. Jhs. entstandenen Legende, die Tochter eines französischen Königs. Sie wollte ihr Leben Gott weihen, floh deshalb vom Hof, als sie verheiratet werden sollte, kam nach Regensburg und verbrachte den Rest ihrer Tage – 52 Jahre! – in einer kleinen Klause beim Kloster St. Emmeram.

Aussiger Straße (5, Konradsiedlung, H 5)
→ Gruppe „Deutsche Nation". Stadt im Sudetenland (Staat: Tschechien) mit (ehemals) deutscher Bevölkerung und deutscher Vergangenheit. Heutiger Name: Ústí nad Labem.

Auweg (10, Ostenviertel, H/I 8)
Der Flurname verweist auf die frühere Topographie der Gegend als naturnahe und wasserreiche Aue in Donaunähe – ein großer Kontrast zur heutigen Situation mit Ausfallstraßen, Gewerbegebieten und Hafenanlagen. (Vgl. → Aufeldstraße.)

Azaleenweg (6, Keilberg, L 5)
→ Gruppe „Wald und Flur".

Babostraße (10, Ostenviertel, G 8)
Die Babonen (auch Pabonen oder Paponen oder Popponen geschrieben) waren eine adelige Familie des frühen und hohen Mittelalters mit umfangreichen Besitzungen im bayerischen Donaugau und Nordgau (heute: Niederbayern und Oberpfalz). Ein Mitglied der Familie, Babo I., erhielt von Kaiser Otto II., der von 973 bis 983 regierte, das Amt eines Burggrafen von Regensburg verliehen, eine Art lokale Vertretung des Herrschers in einer Zeit, als Regensburg noch eine königliche und kaiserliche Stadt war (→ Alter Kornmarkt). Die Familie behielt dieses Amt bis zum Aussterben ihrer beiden Linien 1185 und 1196; danach ging es an die Herzöge von Bayern.

Bacchusweg (16, Oberwinzer, B 6)
Die Weinsorte „Bacchus" verweist auf den traditionell und auch heute noch stattfindenden Weinanbau in Niederwinzer, Oberwinzer und Kager (→ Winzersteig). Der griechische Weingott ist hier als Namensgeber *nicht* gemeint, da auch die benachbarten Straßen nach Wein-

sorten benannt sind (→ Dornfelderstraße, → Kernerstraße, → Müller-Thurgau-Straße, → Silvanerstraße).

Bachackerweg (10, Irl, L/M 10)
Der Flurname verweist auf die ländliche und landwirtschaftlich genutzte Umgebung sowie auf die Nähe zum Aubach (→ Aubachweg), der unweit von hier in die Donau mündet.

Badener Weg (3, Pfälzer Siedlung, F 6)
→ Gruppe „Pfalz und Nachbarregionen".

Badstraße (1, Oberer Wöhrd, E 8b/F 8a)
Die Straße verläuft am Südufer der Donauinsel Oberer Wöhrd (→ Wöhrdstraße). Dort befanden sich im 19. Jh. die ältesten Badeanstalten Regensburgs. Gebadet wurde damals in einzelnen Badehäuschen, selbstverständlich mit strenger Geschlechtertrennung.

Bäckergasse (2/3, Steinweg, F 7)
In der Straße waren vermutlich ein oder mehrere Bäcker ansässig.

Bahnhofstraße (1, Innenstadt, F 9)
Regensburg wurde 1859 an das Eisenbahnnetz angeschlossen. Der Bahnhof entstand südlich außerhalb der Altstadt; zur Anbindung wurde die → Maximilianstraße ein Stück verlängert. (Vgl. → Im Güterbahnhof, → Ladehofstraße.)

Bajuwarenstraße (11, Kasernenviertel, G/H 10/11)
→ Gruppe „Germanisch-deutsche Volksstämme".

Baltenstraße (5, Konradsiedlung, I 4/5)
→ Gruppe „Deutsche Nation". Baltikum: Region an der Ostsee (Staaten: Litauen, Lettland, Estland) mit deutscher Vergangenheit.

Balwinusstraße (13, Kumpfmühl, E 9)
→ Gruppe „Bildende Künstler". Paldwein, Glasmaler des 14. Jhs. aus Regensburg.

Bamberger Straße (2, Pfaffenstein, E 7)
→ Gruppe „Städte in Franken".

Barbara-Blomberg-Straße (18, Burgweinting, H 11)
→ Gruppe „Burgweinting 6: Frauen". Barbara Blomberg (1527–1597), Tochter eines Regensburger Handwerkers, wurde berühmt als Geliebte Kaiser Karls V. bei seinem Besuch in Regensburg 1546 und als Mutter

seines unehelichen Sohns Don Juan de Austria, des Siegers in der Seeschlacht von Lepanto 1571. Ihre späteren Jahre verbrachte sie in Brüssel und in Spanien; dort führte sie ein – nach damaligen Maßstäben – freies und unabhängiges Leben.

Barbara-Popp-Straße (9, Schwabelweis, K 7)
Barbara Popp (1802–1870), gebürtig aus Hirschau/Oberpfalz, seit 1817 in Regensburg, war eine Malerin, die – für eine Frau ihrer Zeit sehr ungewöhnlich – eine klassische Ausbildung an der Kunstakademie in München durchlaufen hatte. Sie gehörte künstlerisch der Schule der Nazarener an; in Regensburg hatte sie enge Kontakte zum „Sailerkreis" (→ Sailerstraße); ihre Kunst war in erster Linie religiös ausgerichtet. – Bezug: Die Straße liegt im Viertel mit Straßennamen, die einigen Regensburger Malern gewidmet sind (→ Ludwig-von-Andok-Straße).

Barbinger Straße (10, Irl, M 10)
Die Straße führt von → Irl in Richtung Barbing. Durch die Anlage von Gewerbegebieten und Umgehungsstraßen erreicht sie nicht mehr direkt ihren Zielort.

Bauergässel (1, Altstadt, G 8c)
Vielleicht war in der Straße früher eine Familie namens Bauer ansässig; vielleicht verweist die Bezeichnung aber auch nur auf die zahlreichen Kräuter- und Gemüsebauern, die in der Umgebung wohnten (→ Kirschgässchen, → Röhrlgässel, → Silbernagelgasse). Überliefert ist, dass sich an der Ostseite der Straße ursprünglich unbebaute Gartengrundstücke befanden.

Baumburgerstraße (10, Ostenviertel, H 8)
Die Familie Baumburger gehörte zu den bedeutenden Patrizierfamilien im mittelalterlichen Regensburg. Sie wohnte im 14. Jh. in einem Haus am Watmarkt (heute: Watmarkt 4) mit einem der eindrucksvollsten Geschlechtertürme, dem nach ihr benannten „Baumburger-Turm".

Baumhackergasse (1, Altstadt, F 8a)
Die Herkunft des Namens ist unklar. Vielleicht war in der Straße früher eine Familie namens Baumhacker ansässig; vielleicht verweist die Bezeichnung auf Handwerker, die Bäume oder Holz bearbeiteten. Möglicherweise ist aber auch beides zutreffend: Eine Berufsbezeichnung könnte zu einem Familiennamen geworden sein – ähnlich wie im Fall der → Metgebergasse.

Bayerwaldstraße (3, Steinweg, F 7)
Die Straße ist ein Teilstück, nämlich die nördliche Auffahrt, der in den 1960er-Jahren geplanten, aber nicht in die Tat umgesetzten „Bayerwaldbrücke", die den Europakanal, Stadtamhof und die Donau mit dem Unteren Wöhrd überqueren und am Donaumarkt in der Altstadt enden hätte sollen. Ein zweites, ähnliches Brückenprojekt weiter westlich war das der „Oberpfalzbrücke"; von ihr wurde ein Teil, die Überbrückung des Kanals, tatsächlich gebaut. (Vgl. → Donaumarkt.)

Bedelgasse (8, Weichs, G 7)
Möglicherweise war hier eine Familie Bedel ansässig oder hatte Grundbesitz in der Gegend.

Beethovenstraße (12, Galgenberg, F/G 9)
→ Gruppe „Komponisten und Musiker". Ludwig van Beethoven (1770–1827), Komponist der Klassik.

Behnergäßchen (1, Altstadt, F 8a)
Im Eckhaus zur Engelburgergasse (heute: Engelburgergasse 18) befand sich im 18. und 19. Jh. eine Brauerei mit Gaststätte der Familie Behner. Im Hinterhaus mit Ausrichtung zum Weißgerbergraben lag eine große Bierhalle; heute wird sie als Kino genutzt.

Bei der Anhalt (7, Reinhausen, I 7)
Die Straße verläuft am ehemaligen Haltepunkt „Regensburg Walhallastraße" an der 1859 angelegten Eisenbahntrasse, die von Regensburg in Richtung Norden führt (→ Am Eisenbahndamm). Der Haltepunkt wurde 1984 geschlossen; eine Wiedereröffnung ist vage in Planung.

Bei der Rinnen (3, Steinweg, F 6)
Der Flurname verweist auf die Rinnen einer ehemaligen offenen hölzernen Wasserleitung vom Dreifaltigkeitsberg nach Steinweg.

Bei der Sallermühle (4, Gallingkofen, F 4)
Ein Stück nordwärts von Sallern (→ Sallerergasse) und dem zugehörigen Dorf → Gallingkofen befand sich unmittelbar am Regen eine alte Mühle; das Gebäude (heute: Bei der Sallermühle 19) ist noch erhalten. Das Gelände ist auch wegen seiner Wasserquellen interessant (→ Am Hochbehälter).

Bei der Schanze (14, Großprüfening, A 9)
Zur Zeit der Römer bestand hier ein kleines Kastell, ein militärischer Außenposten des großen Legionslagers Castra Regina im Bereich der

Altstadt. Von den Befestigungsanlagen waren noch jahrhundertelang sichtbare Reste vorhanden; deshalb trug die Gegend lange den traditionellen Flurnamen „Schanzacker“ oder „Schanzwiese“. (Vgl. → Hochweg.)

Beim Roten Kreuz (4, Gallingkofen, G 4/5)
Der Flurname verweist auf die Lage an einem ehemaligen farbigen Wegzeichen oder Flurkreuz. (Vgl. → Rothmahlweg.)

Belgrader Straße (10, Ostenviertel, I 9)
→ Gruppe „Donaustädte“.

Benediktinerinnengang (1, Altstadt, F 8d)
Der Weg wurde erst beim Neubau des Parkhauses am Petersweg angelegt. Sein Name erinnert an das einst hier bestehende Benediktinerinnenkloster St. Paul (→ Am Mittelmünster).

Benediktusweg (15, Prüfening, A 8/9)
→ Gruppe „Prüfening – Kloster und Schloss“. Benediktus von Nursia (ca. 480–547) war der Begründer des nach ihm benannten Benediktinerordens. – Bezug: Das Kloster Prüfening gehörte ebenfalls zu diesem Orden.

Benzstraße (11, Kasernenviertel, H/I 10/11)
→ Gruppe „Entdecker, Erfinder, Firmengründer“. Carl Benz (1844–1929), Ingenieur, Konstrukteur erster Kraftfahrzeuge, Gründer der Firma Benz & Cie., später Daimler-Benz AG, heute Daimler AG.

Beraiterweg (1, Altstadt, E 8d/F 8c)
Im Eckhaus zum Wiesmeierweg (heute: Wiesmeierweg 2) befand sich der sog. „Beraiterhof“, eine Art Rechnungsstelle („raiten“ = rechnen) des Almosenamts der Freien Reichsstadt Regensburg.

Berchinger Straße (5, Wutzlhofen, H 4)
→ Gruppe „Städte in der Oberpfalz“.

Bergackerweg (14, Dechbetten, C 9)
Die Hänge der „Platte“ (→ Auf der Platte) in Richtung Dechbetten wurden früher land- bzw. forstwirtschaftlich genutzt. (Vgl. → Haidschlagweg, → Holzbergweg.)

Bergfeldweg (6, Keilberg, K/L 5)
Der Flurname verweist auf die topographische Lage auf der Hochfläche von Keilberg (→ Keilberger Hauptstraße).

B

Bergstraße (7, Reinhausen, G 6)
Die Straße führte früher von Reinhausen nordostwärts auf die Anhöhen des Sallerner Bergs (→ Am Sallerner Berg), genauer gesagt auf dessen östlichen Teil, den Sandberg (→ Am Sandberg). Dort befand sich der Galgen der bayerischen Justizbehörden in Stadtamhof bzw. Weichs; außerdem wurde an den Südhängen Wein und Hopfen angebaut (→ Weinzierlstraße, → Hopfengartenweg). Ein Zugang auf den Berg war also gleich aus mehreren Gründen erforderlich.

Berliner Straße (5, Konradsiedlung, H 5)
→ Gruppe „Deutsche Nation". Deutsche Hauptstadt, von der deutschen Teilung betroffen (gewesen).

Bernhard-Suttner-Weg (13, Königswiesen-Süd, D 11)
→ Gruppe „Politiker des demokratischen Deutschland und Bayern". Bernhard Suttner (1907–1983), Mitglied des Stadtrats von Regensburg (BVP) bis 1933 und (CSU) nach 1945, Mitglied des bayerischen Landtags 1958–1966 und 1969–1970, Mitglied des bayerischen Senats 1972–1979.

Bernhardstraße (17, Oberisling, G 12)
→ Gruppe „Oberisling und St. Emmeram". Ein gewisser Bernhard wird um 1082/83 als Einwohner von Oberisling und Untertan des Klosters St. Emmeram erwähnt.

Bertastraße (15, Westheim, C 7)
→ Gruppe „Frauen aus Regensburgs Vergangenheit". Berta (1051–1087), erste Ehefrau König bzw. Kaiser Heinrichs IV., der auch Herzog von Bayern war.

Bertoldstraße (1, Altstadt, F 8d/G 8c)
An der Südseite der Straße befindet sich der Komplex des ehemaligen Minoritenklosters St. Salvator (→ Minoritenweg). Hier lebte und wirkte als eine der bedeutendsten Persönlichkeiten der Klostergeschichte der Mönch Bertold, genannt „Bertold von Regensburg" (ca. 1200–1272). Als Volksprediger reiste er durch ganz Europa und fand massenhaft Zuhörer. Seinen Lebensabend verbrachte er wiederum in seinem Heimatkloster; nach seinem Tod wurde er in der Minoritenkirche begraben.

Bertolt-Brecht-Weg (13, Neuprüll, E 11)
→ Gruppe „Schriftsteller 2". Bertolt Brecht (1898–1956), Schriftsteller mit sozialistischem Bezug.

Beskidenstraße (5, Konradsiedlung, H 5)
→ Gruppe „Deutsche Nation". Gebirgszug an der Grenze zwischen Polen und der Slowakei, Schauplatz wichtiger Schlachten im Ersten Weltkrieg.

Biendlweg (17, Oberisling, G 12)
Möglicherweise war hier eine Familie Biendl ansässig oder hatte Grundbesitz in der Gegend.

Bienenheimweg (10, Ostenviertel, G 9)
Das „Bienenheim" ist eine kleine Wohnsiedlung, die 1903 angelegt wurde. Die Umgebung war damals noch sehr naturnah, mit entsprechender Flora und Fauna. (Vgl. → Blumenstraße.)

Biersackgasse (14, Großprüfening, A 9)
Die Familie Biersack gehörte seit alters zu den Bewohnern des Dorfs → Großprüfening. Der Name ist am Ort heute noch vertreten.

Birkenschlagweg (17, Graß, E 12)
→ Gruppe „Graß – Burg und Dorf". Flurname mit Verweis auf die ländliche und land- bzw. forstwirtschaftlich genutzte Umgebung.

Birkenstraße (15, Margaretenau, D 8/9)
→ Gruppe „Bäume".

Bischof-Hartwich-Straße (4, Gallingkofen, F/G 5)
In einer Urkunde Bischof Hartwichs von Sponheim, der von 1155 bis 1164 amtierte, wird im Jahr 1161 zum ersten Mal eine Kirche in Sallern (→ Sallerergasse) erwähnt – die heutige Kirche Maria Himmelfahrt.

Bischof-Konrad-Straße (12/13, Galgenberg/Kumpfmühl, F 9)
→ Gruppe „Katholisches Regensburg". Im Mittelalter gab es insgesamt sieben Bischöfe namens Konrad (→ Heimbergstraße). Der bedeutendste war Konrad von Teisbach und Frontenhausen, Bischof von Regensburg 1204–1226, Kanzler König Philipps (→ König-Philipp-Weg) 1205–1208. In Regensburg gilt er als der Stifter des St. Katharinen-Spitals (→ St.-Katharinenplatz).

Bischof-von-Henle-Straße (13, Kumpfmühl, F 9)
→ Gruppe „Katholisches Regensburg". Franz Anton Henle (1851–1927), als Antonius von Henle Bischof von Regensburg 1906–1927. Er errichtete im stetig wachsenden Regensburg seiner Zeit acht neue Pfarreien. Ehrenbürger der Stadt Regensburg 1923.

Bischof-von-Senestrey-Straße (13, Kumpfmühl, F 10)
→ Gruppe „Katholisches Regensburg". Ignatius von Senestrey (1818–1906), Bischof von Regensburg 1858–1906. Er war weit über die Stadt hinaus bedeutend als eine der Führungspersönlichkeiten des „Ultramontanismus" im Kulturkampf der katholischen Kirche gegen das Deutsche Reich zu Zeiten Bismarcks.

Bischof-Wittmann-Straße (13, Kumpfmühl, E 9/10)
→ Gruppe „Katholisches Regensburg". Georg Michael Wittmann (1760–1833), Professor am Lyceum (der späteren Philosophisch-Theologischen Hochschule) 1788–1804, Dompfarrer 1804–1829, Weihbischof und Generalvikar 1829/30–1832, Bischof von Regensburg 1832–1833. Wie sein Vorgänger Sailer (→ Sailerstraße) gehörte auch er zu den wichtigsten Vertretern der katholischen Erneuerungsbewegung um die Wende des 18. zum 19. Jh.

Bismarckplatz (1, Altstadt, E 8d/F 8c)
Wie in der Altstadt vielfach üblich, wurde der Platz ursprünglich nach seiner Lage, in diesem Fall in der Nähe des Schottenklosters St. Jakob (→ Jakobstraße, → Schottenstraße), als „Oberer Jakobsplatz" bezeichnet; abgetrennt vom Bau des Theaters folgte nordwärts, in Richtung Donau, der „Untere Jakobsplatz" (→ Arnulfsplatz). Im Zusammenhang mit der deutschlandweiten Bismarck-Begeisterung am Ende des 19. Jhs. wurde er 1885 dem Reichsgründer und -kanzler Otto von Bismarck (1815–1898) gewidmet, der an sich mit Regensburg nicht viel zu tun hat. Zehn Jahre später, 1895, wurde Bismarck zusätzlich auch noch zum Ehrenbürger der Stadt Regensburg ernannt.

Blaue-Lilien-Gasse (1, Altstadt, F 8a)
In einem Anwesen der Straße (heute: Blaue-Lilien-Gasse 4) befand sich vom 17. Jh. an das Gasthaus „Zur Blauen Lilie". Das alte Wirtshausschild, das von der Fassade in die Gasse hinausragt, ist noch erhalten.

Blaue-Stern-Gasse (1, Altstadt, F 8c)
In einem Anwesen der Straße an der Ecke zur Oberen Bachgasse (heute: Blaue-Stern-Gasse 3) befand sich vom 17. bis ins frühe 19. Jh. das Gasthaus „Zum Blauen Stern".

Blumenstraße (10, Ostenviertel, G/H 9)
Als die Straße Ende des 19. Jhs. angelegt wurde und 1903 ihren Namen bekam, war die Umgebung noch sehr naturnah, mit entsprechender Flora und Fauna. (Vgl. → Bienenheimweg.)

Bocksbergerstraße (13, Kumpfmühl, E 9/19)
→ Gruppe „Bildende Künstler". Johann Melchior Bocksberger (1525/35–1587), Maler und Zeichner der Renaissance. Er wirkte 1573–1574 und 1585–1587 in Regensburg und war v. a. als Fassadenmaler tätig. Erhalten ist das Gemälde „David und Goliath" am Goliathhaus (→ Goliathstraße).

Bodenwöhrstraße (6, Brandlberg, I 5/6)
→ Gruppe „Eisenindustrie in der Oberpfalz". Traditioneller Standort der Eisenverhüttung ab dem 15. Jh. Bodenwöhr trägt bis heute einen Hammer und einen Schlegel in seinem Wappen. Ein Ortsteil heißt „Blechhammer", ein anderer „Erzhäuser".

Böhmerwaldstraße (4, Sallerner Berg, G 6)
→ Gruppe „Mittelgebirge in Mitteleuropa".

Boelckestraße (13, Ganghofersiedlung, D/E 10)
→ Gruppe „Jagdflieger im Ersten Weltkrieg". Oswald Boelke (1891–1916), Begründer der Taktik des Luftkampfs im Krieg.

Boessnerstraße (15, Äußerer Westen, D 7/8)
Die Familie Boessner gehörte zu den bedeutenden Patrizierfamilien im Regensburg des 18. und 19. Jhs. Als erster wird 1708 Johann Ulrich Boessner genannt; er war in späteren Jahren Stadtrat und mehrfach Stadtkämmerer. Sein Sohn Sigmund Georg Ulrich (1726–1800) übte die gleichen Funktionen aus. Dessen Sohn Heinrich Johann Thomas (1766–1845) war Diplomat am Immerwährenden Reichstag, Polizeidirektor und Mitglied der Landesdirektion im Fürstentum Regensburg 1803–1810 (→ Dalbergstraße), zuletzt, als Regensburg bayerisch geworden war (→ Maximilianstraße), Mitglied der Regierung der Oberpfalz 1810–1841. Sein Sohn Christian Ludwig (1797–1880) schließlich war ebenfalls im Staatsdienst tätig, daneben aber auch Maler, der das Regensburg seiner Zeit in topographisch sehr detaillierten Bildern festhielt.

Bogenstraße (13, Kumpfmühl, D/E 9/10)
Die Straße ist bogenförmig und wird ungefähr in ihrer Mitte von einer gequert, die geradlinig verläuft. Im Stadtplan ergibt sich so ein Bild, das an Pfeil und Bogen erinnert. (Vgl. → Pfeilstraße.)

Bollandweg (17, Unterisling, G/H 12)
In Unterisling gab es früher eine Mühle an dem vorbeifließenden und nach ihr benannten „Islinger Mühlbach" (→ Am Bach). Im 18. Jh. war

sie im Besitz eines Müllers aus der Familie Bolland. (Vgl. → Mühlweg, → Hinterer Mühlweg).

B

Bonifatiusweg (15, Prüfening, B 8/9)
→ Gruppe „Prüfening – Kloster und Schloss". Bonifatius (um 673–754) war einer der bedeutendsten Missionare des frühen Mittelalters, der v.a. im Bereich des heutigen Deutschland tätig war. Vor seiner Missionstätigkeit war er Mönch und Abt in einem Benediktinerkloster in England. – Bezug: Das Kloster Prüfening gehörte ebenfalls zu diesem Orden.

Bozener Straße (5, Konradsiedlung, H/I 5)
→ Gruppe „Deutsche Nation". Stadt in Südtirol (Staat: Italien) mit deutscher Bevölkerung und deutscher Vergangenheit.

Brahmsstraße (12, Galgenberg, G 9/10)
→ Gruppe „Komponisten und Musiker". Johannes Brahms (1833–1897), Komponist der Romantik.

Brandenburger Straße (5, Konradsiedlung, H 5)
→ Gruppe „Deutsche Nation". Mitteldeutsche Region, von der deutschen Teilung betroffen (gewesen).

Brandlberger Straße (5/7, Reinhausen/Konradsiedlung, H/I 6)
Die Straße führt von Reinhausen in Richtung Brandlberg (→ Am Brandlberg). Durch die Eisenbahntrasse ist der direkte Weg zum Zielort heute unterbrochen.

Brauergasse (3, Steinweg, F 7)
In der Straße waren vermutlich ein oder mehrere Brauer ansässig.

Brennbergstraße (5, Wutzlhofen, H/I 4/5)
→ Gruppe „Bayerischer Wald 2: Vorwald". Brennberg, Gemeinde im Landkreis Regensburg/Oberpfalz.

Brennesstraße (7, Reinhausen, G 6/7)
→ Gruppe „Bayerischer Wald 3: Hochwald". Einöde im Bayerischen Wald, heute Ortsteil der Gemeinde Bayerisch Eisenstein.

Brentanostraße (13, Ganghofersiedlung, E 10)
→ Gruppe „Schriftsteller 2". Clemens Brentano (1778–1842), Schriftsteller der Romantik.

Brittingstraße (13, Ziegetsdorf, D 11)
→ Gruppe „Schriftsteller 2". Georg Britting (1891–1964), bayerischer Volks- und Heimatschriftsteller. Er war gebürtiger Regensburger und beschrieb in mehreren seiner Werke das Leben in der Stadt.

Brombeerweg (6, Keilberg, L 5)
→ Gruppe „Wald und Flur".

Bromberger Straße (5, Konradsiedlung, H 5/6)
→ Gruppe „Deutsche Nation". Stadt in der ehemaligen preußischen Provinz Posen, von Deutschland im Friedensvertrag von Versailles an Polen abgetreten. Heutiger Name: Bydgoszcz.

Bruderwöhrdstraße (10, Ostenviertel, G 8)
Auf der Höhe der Straße gab es in der Donau früher eine kleine Insel, den „Bruderwöhrd". Der Name deutet darauf hin, dass sie in Beziehung zu einem der „Bruderhäuser", der früheren Sozialeinrichtungen, gestanden hat, vielleicht zum Leprosenhaus St. Niklas (→ St.-Niklas-Straße) oder zum Pesthof auf dem Unteren Wöhrd, die beide ganz in der Nähe lagen, vielleicht aber auch zum Almosenamt der Freien Reichsstadt, dem auf der Insel einige Grundstücke gehörten.

Brücklmaierweg (17, Leoprechting, F 12/13)
Ein Bauer namens Brücklmaier errichtete auf seinem Anwesen (heute: Brücklmaierweg 8) eine Kapelle.

Brückstraße (1, Altstadt, F 8b)
Die Straße bindet die Steinerne Brücke an die innerstädtischen Verkehrswege an. Vergleicht man ihren Zuschnitt mit ihrem Pendant auf der anderen Seite der Donau in Gestalt der Hauptstraße von → Stadtamhof, dann drängt sich der Befund auf, dass die Brückstraße, eng und schmal, wie sie ist, schon *vor* dem Brückenbau (1135–1146) existiert haben muss, während auf der anderen Seite erst *nach* dem Bau der Brücke passend zu ihrer Größe eine ebenso großzügige Verlängerung geplant und gebaut wurde.

Brüxer Straße (5, Konradsiedlung, H 5)
→ Gruppe „Deutsche Nation". Stadt im Sudetenland (Staat: Tschechien) mit (ehemals) deutscher Bevölkerung und deutscher Vergangenheit. Heutiger Name: Most.

Brunhildstraße (13, Kumpfmühl, F 10)
→ Gruppe „Nibelungen".

Brunhuberstraße (12, Galgenberg, F 9/10)
Dr. August Brunhuber (1851–1928), gebürtig aus Burghausen/Oberbayern, war Augenarzt und eröffnete 1877 in Regensburg zunächst eine Praxis, 1881 dann eine Augenklinik. Er interessierte sich sehr für Geologie und wurde zu einem lokalen Spezialisten auf diesem Gebiet. Ab 1900 war er Vorsitzender des Naturwissenschaftlichen Vereins.

Brunnensteg (6, Keilberg, L 5)
Im Bereich der Straße lag früher einer von zwei Brunnen der Siedlung Keilberg (→ Silberweiherweg). Sie waren in Betrieb, bis Keilberg 1925, also erst sehr spät, an die Regensburger Wasserleitung angeschlossen wurde.

Brunnholzweg (4, Haslbach/Ödenthal, H 3)
Der Flurname verweist auf die – früher wie heute – ländliche, wasserreiche und land- bzw. forstwirtschaftlich genutzte Umgebung.

Brunnleite (1, Altstadt, E 8b)
In der Nähe der platzartigen Freifläche bildete das Donauufer früher eine Einbuchtung aus, mit einer Landzunge zum eigentlichen Flussbett hin; in der Bucht konnten Flöße anlanden. Es gab also eine kleine, nahezu abgetrennte Wasserfläche („Brunn" = Wasser) am unteren Ende des zur Donau hin leicht abfallenden Geländes („Leite" = Berghang).

Brunnstraße (17, Graß, D/E 12)
→ Gruppe „Graß – Burg und Dorf". Im Bereich der Straße gab es einen Brunnen, der von den Burg- und Dorfbewohnern genutzt wurde.

Buchenstraße (15, Margaretenau, D 9)
→ Gruppe „Bäume".

Budapester Straße (10, Ostenviertel, H/I 8)
→ Gruppe „Donaustädte".

Büechlgasse (9, Schwabelweis, K 7)
Der Unternehmer Andreas Büechl (1852–1931) übernahm 1900 ein kurz zuvor gegründetes Kalkwerk mit Standort westlich von Schwabelweis, wo am Keilsteiner Hang Kalk (→ Jurastraße) abgebaut und über die nahe gelegene Eisenbahnlinie abtransportiert wurde. In derselben Zeit entstanden auch andere Kalkwerke (→ David-Funk-Straße, → Michelerstraße, → Kalkwerkstraße).

Bühelnstraße (18, Harting, M 12)
→ Gruppe „Harting – ein Dorf". Flurname, der darauf verweist, dass hier schon zu Beginn des 18. Jhs. bei archäologischen Grabungen Hügelgräber aus vorgeschichtlicher Zeit gefunden wurden („Bühel" = Hügel).

Bukarester Straße (10, Ostenviertel, K 8/9)
→ Gruppe „Donaustädte".

Burgfriedenweg (14, Dechbetten, C 9) → *Info unten*
Der Weg liegt ganz in der Nähe der einstigen Grenze des sog. „Burgfriedens" der Freien Reichsstadt Regensburg. Darunter verstand man einen schmalen Streifen Land außerhalb der Mauern, der sich halbkreisförmig südlich um die Stadt zog. Jenseits davon lag das Land Bayern. Der Grenzverlauf war mit Steinsäulen markiert, von denen einige noch an Ort und Stelle erhalten sind. Die Grenzen waren so definiert, dass sämtliche Dörfer im Umkreis von Regensburg – im vorliegenden Fall: Dechbetten – nicht zur Freien Reichsstadt gehörten; die einzige Ausnahme war Prebrunn (→ Prebrunnstraße). (Vgl. → An der Kreuzbreite, → Stadtfeldweg, → Mauttafelstraße, → Irlmauth.)

DER BURGFRIEDEN

Als Regensburg 1245 zur Freien Reichsstadt wurde, gab es lange keine festgelegten Grenzen zum bayerischen Umland. Das Mittelalter definierte Herrschaft mehr auf Menschen bezogen, weniger auf Gebiete. So sah sich der Rat der Stadt im Inneren als Obrigkeit über die Bürger; daneben gab es andere Personengruppen, die dem Bischof von Regensburg oder dem Herzog von Bayern unterstanden. Andererseits wollte die Stadt aus strategischen Gründen auch außerhalb der Mauern Kontrolle gewinnen, um gegenüber ihrem mächtigen Nachbarn, dem Land Bayern, zu bestehen; und dort wollte man genau das nach Möglichkeit verhindern. Nach langem Hin und Her einigte man sich 1496 auf einen Grenzvertrag, der deutlich zeigte, wie damals die Machtverhältnisse lagen: Regensburg bekam ein eigenes Territorium; verglichen mit dem anderer Freier Reichsstädte war es jedoch kaum der Rede wert. Im Süden ein Halbkreis um die Mauern herum, mit ein paar Wiesen und Feldern; im Norden die beiden Donauinseln Oberer und Unterer Wöhrd und ansonsten der Fluss als Grenze: Das war alles. Trotzdem legte die Stadt großen Wert darauf, dass ihre Obrigkeit in diesem sogenannten „Burgfrieden" respektiert wurde. Grenzsteine markierten den Verlauf; einmal im Jahr wurden sie vom Stadtrat in einem festgelegten Ritual offiziell abgeschritten. Der Burgfrieden verlor erst seine Bedeutung, als Regensburg 1810 wieder ein Teil von Bayern wurde.

Burgunderstraße (11, Kasernenviertel, G/H 10)
→ Gruppe „Germanisch-deutsche Volksstämme".

Burgweg (17, Graß, E 12)
→ Gruppe „Graß – Burg und Dorf". Unmittelbar östlich der Straße befand sich die Burg von Graß.

Burgweintinger Straße (18, Harting, K/L/M 11/12)
Die Straße führt von Harting (→ Gruppe „Harting – ein Dorf") nach Burgweinting (→ Gruppe „Burgweinting 1: Dorf"). Ihre zweite Hälfte heißt – aus umgekehrter Perspektive – Hartinger Straße.

Camille-Claudel-Straße (9, Schwabelweis, K 7)
Camille Claudel (1864–1943) war eine Malerin und Bildhauerin aus Frankreich, Schülerin und Partnerin von Auguste Rodin. – Bezug: Die Straße liegt im Viertel mit Straßennamen, die einigen Regensburger Malern gewidmet sind (→ Ludwig-von-Andok-Straße). Ein besonderer Zusammenhang mit Regensburg liegt in diesem Fall allerdings nicht vor.

Carl-Maria-von-Weber-Straße (12, Galgenberg, F/G 10)
→ Gruppe „Komponisten und Musiker". Carl Maria von Weber (1786–1826), Komponist der Romantik.

Carl-Orff-Weg (14, Dechbetten, C 9)
Carl Orff (1895–1982) war Dirigent und Komponist in München. Sein bekanntestes Werk sind die „Carmina Burana" von 1937. Als Musikpädagoge entwickelte er neue Instrumente und integrierte rhythmische Elemente und Improvisation ins Musizieren.

Carl-Thiel-Straße (12, Galgenberg, G 9/10)
→ Gruppe „Komponisten und Musiker". Carl Thiel (1862–1939), Komponist, Lehrer und Professor für katholische Kirchenmusik in Berlin. Nach seiner Pensionierung war er ab 1927 Dozent und ab 1930 bis zu seinem Tod ehrenamtlicher Direktor der Kirchenmusikschule in Regensburg (→ Andreasstraße). (Vgl. → Haberlstraße, → Proskestraße.)

Carlstraße (15, Innerer Westen, E 8)
Johann Carl (1587–1665) war Ingenieur und Baumeister in Nürnberg. Während des Dreißigjährigen Kriegs wurde er von 1627 bis 1631 nach Regensburg gerufen, um die Befestigungsanlagen der Stadt zu verstärken. In der gleichen Zeit erbaute er die Dreieinigkeitskirche als neue evangelische Pfarrkirche.

Caroline-Herschel-Straße (18, Harting, L/M 11)
→ Gruppe „Entdecker, Erfinder, Firmengründer". Caroline Herschel (1750–1848), Astronomin, Schwester und Assistentin von Wilhelm Herschel, dem Entdecker des Planeten Uranus, aber auch eigenständige Forscherin, Entdeckerin mehrerer Kometen.

Cecilie-Vogt-Weg (18, Burgweinting, I 12)
→ Gruppe „Burgweinting 3: Frauen". Cecilie Vogt (1875–1962), Medizinerin und Neurologin. Sie gilt als eine der Wegbereiterinnen für Frauen in der Wissenschaft; so wurde sie z. B. als erste Frau für den Nobelpreis für Medizin nominiert.

Ceresweg (18, Burgweinting, H 12)
→ Gruppe „Burgweinting 5: Vor- und Frühgeschichte". Ceres, römische Göttin der Fruchtbarkeit.

Chamer Straße (4/5, Gallingkofen/Wutzlhofen/Haslbach, F/G/H/I 4/5)
Von der alten Ausfallstraße aus Regensburg nach Norden (→ Schwandorfer Straße, → Amberger Straße) zweigte bei Gallingkofen die Fernverbindung nach Nordosten in Richtung Cham ab. (Vgl. → Alte Waldmünchener Straße.)

Charles-Lindbergh-Straße (15, Äußerer Westen, C 8/9)
→ Gruppe „Flieger und Flugzeugbauer". Charles Lindbergh (1902–1974), US-amerikanischer Flieger, der 1927 als erster allein und ohne Zwischenlandung den Atlantik überquerte.

Christine-Friedlein-Straße (6, Brandlberg, I 5)
→ Gruppe „Künstlerinnen". Christine Friedlein (1862–1938), gebürtig aus Regensburg, Opernsängerin, hauptsächlich am Großherzoglichen Hoftheater in Karlsruhe tätig. Nach ihrem Abschied von der Bühne verfasste sie Memoiren unter dem Titel „Erinnerungsblätter"; sie enthalten zahlreiche amüsante Künstleranekdoten.

Christliebstraße (10, Ostenviertel, H 8/9)
Georg Christlieb, später Ritter Georg von Christlieb († 1925) war Tabakfabrikant und Direktor der Regensburger Filiale der Schnupftabakfabrik Bernard. Er amtierte 1909–1918 als Präsident der Industrie- und Handelskammer Regensburg. Heinrich Christlieb (1861–1936) war Großhändler und Stadtrat von Regensburg.

Clara-Schumann-Straße (15, Innerer Westen, E 9)
Clara Schumann, geborene Wieck (1819–1896), heiratete 1840 den Komponisten Robert Schumann und war auch selbst als Pianistin und Komponistin tätig.

Clausewitzstraße (15, Äußerer Westen, C 9)
→ Gruppe „Befreiungskriege". Carl von Clausewitz (1780–1831), preußischer General, Militärreformer und Militärtheoretiker („Vom Kriege", 1832).

Clermont-Ferrand-Allee (15, Innerer/Äußerer Westen, C/D 7/8)
In den letzten Jahrzehnten wurden markante Ausfall- und Umgehungsstraßen nach Regensburger Partnerstädten benannt, in diesem Fall eine Hauptverkehrsachse im Stadtwesten. Clermont-Ferrand ist seit 1969 die Partnerstadt in Frankreich. (Vgl. → Odessa-Ring, → Pilsen-Allee.)

Coburger Straße (4, Haslbach, H/I 3/4)
→ Gruppe „Traditionelle Industriestädte in Nordostbayern". Coburg/Oberfranken, Standort der keramischen und der Textilindustrie.

Colmarer Straße (5, Konradsiedlung, H 6)
→ Gruppe „Deutsche Nation". Stadt im Elsass, von Deutschland im Friedensvertrag von Versailles an Frankreich abgetreten.

Coulmiersstraße (10, Ostenviertel, G 8)
→ Gruppe „Gründerzeit". Die Schlacht von Coulmiers, einer Stadt in der Nähe von Orléans, fand am 9. November 1870 statt. Die Schlacht wurde auf Seiten der deutschen Truppen von einem bayerischen Armeekorps unter General Ludwig Freiherr von und zu der Tann (→ Von-der-Tann-Straße) geschlagen – und als eine der wenigen im Deutsch-Französischen Krieg verloren.

Cranachweg (14, Königswiesen, C/D 9/10)
→ Gruppe „Bildende Künstler". Lucas Cranach (1472–1553), Maler und Grafiker der Renaissance.

D.-Martin-Luther-Straße (1, Altstadt/Innenstadt, F 8d/9)
Der Teil der Straße, der in der Altstadt vom Dachauplatz südwärts führt, war ursprünglich eine Sackgasse, die an der Stadtmauer endete, und wurde wie der Platz selbst nach dem hier gelegenen ehemaligen Kloster der Klarissen „Klarenanger" genannt (→ Dachauplatz). Im 19. Jh. wurde die Straße in die Neubaugebiete jenseits der Altstadt verlängert und 1935 als Ganzes nach dem Theologen und Reformator Martin

Luther (1483–1546) benannt. Damit wurde an prominenter Stelle daran erinnert, dass Regensburg in seiner Vergangenheit als Freie Reichsstadt über 250 Jahre lang evangelisch gewesen war. (Das „D." steht für „Doktor der evangelischen Theologie", der im Gegensatz zu den anderen Doktortiteln nicht mit „Dr." abgekürzt wird.)

Dachauplatz (1, Altstadt, F 8d)
Am Standort des Parkhauses befand sich einst das Kloster der Klarissen; gegründet um 1230, wurde es in der Schlacht von Regensburg 1809 zerstört (→ Maximilianstraße, → Kapuzinergasse). Der Platz bzw. die Straße neben dem Kloster (dessen Gebäude auch auf der heutigen Freifläche des Dachauplatzes standen) hieß passend dazu „Klarenanger". Nachdem die Klarissen verschwunden waren und sich in der Nachbarschaft, im ehemaligen Minoritenkloster (→ Minoritenweg), eine Kaserne angesiedelt hatte, diente der größer gewordene Platz für Exerzierübungen der Soldaten und wurde „Kasernenplatz" genannt. Zu Zeiten der nationalen Begeisterung in Folge der Gründung des Deutschen Reichs 1871 (→ Gruppe „Gründerzeit") erhielt er die Bezeichnung „Moltkeplatz", nach dem preußischen General Helmuth von Moltke, der einen großen Anteil an den siegreichen Kriegen vor der Reichsgründung hatte. (Einen ähnlichen Fall gibt es gleich in der Nachbarschaft, → Von-der-Tann-Straße.) Diese nationalistischen und militaristischen Assoziationen führten dazu, dass der Platz nach 1945 in bewusstem Kontrast den Opfern des Nationalsozialismus gewidmet wurde, von denen viele, gerade die, die aus Regensburg stammten, im Konzentrationslager Dachau in Haft gewesen waren. Ein konkreter Anlass für die Umbenennung war auch die Tatsache, dass auf dem Platz selbst wenige Tage vor Kriegsende noch einmal drei Menschen von den Nazis ermordet worden waren (→ Dr.-Johann-Maier-Straße, → Lottnerstraße, → Zirklstraße).

Dänzergasse (1, Altstadt, F 8c)
In einem Anwesen der Straße (heute: Dänzergasse 6) war um die Wende vom 18. zum 19. Jh. ein Schuhmacher namens Johann Sebastian Tänzer ansässig.

Dahlienweg (11, Kasernenviertel, G/H 10/11)
→ Gruppe „Blumen".

Daimlerstraße (11, Kasernenviertel, H 9/10)
→ Gruppe „Entdecker, Erfinder, Firmengründer". Gottlieb Wilhelm Daimler (1834–1900), Ingenieur, Konstrukteur erster Fahrzeuge,

Gründer der Firma Daimler-Motoren-Gesellschaft, später Daimler-Benz AG, heute Daimler AG.

Dalbergstraße (15, Innerer Westen, E 8)
Karl Theodor von Dalberg (1744–1817), gebürtig aus Herrnsheim bei Worms/Pfalz, machte als Angehöriger einer der angesehensten hochadeligen Familien in Deutschland eine klassische Karriere in der katholischen Kirche und wurde 1802 Erzbischof und Kurfürst von Mainz. Im Zusammenhang mit den politischen Umstrukturierungen durch den Reichsdeputationshauptschluss wurde er 1802 nach Regensburg versetzt; dort wurde für ihn das „Fürstentum Regensburg" geschaffen. Sein umfassendes Modernisierungsprogramm hinterließ in der Stadt bleibende Spuren. Dalbergs Herrschaft in Regensburg endete, als 1810 sein Mentor Napoleon die Stadt als Belohnung für geleistete Kriegshilfe an den König von Bayern gab (→ Maximilianstraße); Dalberg bekam ersatzweise das „Großherzogtum Frankfurt". Er verlor seine Herrschaft mit dem Sturz Napoleons 1813, blieb aber Bischof von Regensburg und verbrachte deshalb hier von 1814 bis 1817 seinen Lebensabend.

Damaschkeweg (11, Kasernenviertel, H 10)
Auf dem Gelände unmittelbar stadtauswärts der ehemaligen Kavallerie-Kaserne (→ Kavalleriestraße) wurde eines der ersten Bauprojekte des soziale Wohnungsbaus in Regensburg in der Zeit der Weimarer Republik realisiert. Damals, nach dem Ende des Ersten Weltkriegs, nach Revolution und Einführung der Demokratie, stand überall der Gedanke einer Bodenreform und der Schaffung von Wohnraum für einfache Menschen hoch im Kurs. Einer der Vorkämpfer dieser Ideen war der Pädagoge und Volkswirtschaftler Adolf Damaschke (1865–1935). (Vgl. → Georg-Herbst-Straße, → Hans-Hayder-Straße.)

Dandlstraße (2, Stadtamhof, F 7)
Martin Dandl (1815–1895), Dompropst, Generalvikar in Regensburg 1879–1889, engagierte sich stark für die Belange des St. Katharinen-Spitals (→ St.-Katharinen-Platz).

Danziger Freiheit (5, Konradsiedlung, I 5)
→ Gruppe „Deutsche Nation". Stadt im ehemaligen Westpreußen, von Deutschland im Friedensvertrag von Versailles abgetreten und zur „Freien Stadt" umgewandelt, 1945 an Polen. Heutiger Name: Gdańsk.

David-Funk-Straße (9, Schwabelweis, K 7)
Der Unternehmer David Funk (1841–1901) übernahm 1872/76 ein bereits bestehendes Kalkwerk mit Standort westlich von Schwabelweis, wo am Keilsteiner Hang Kalk (→ Jurastraße) abgebaut und über die nahe gelegene Eisenbahnlinie abtransportiert wurde. In derselben Zeit entstanden auch andere Kalkwerke (→ Büechlgasse, → Michelerstraße, → Kalkwerkstraße).

Dechbetten (14, Dechbetten, C 9)
Das ehemalige Dorf Dechbetten wurde um 870 erstmals erwähnt – damals als Zelle eines Eremiten unter dem Namen „Dehtapeta", was so viel wie „fromme Gebete" bedeutet – und 1938 nach Regensburg eingemeindet. Wie bei anderen Eingemeindungen bewahrt eine Straße den Namen des Orts fort.

Dechbettener Brücke (13/14, Königswiesen, D 9)
Am heutigen Ende der Dechbettener Straße führt eine Brücke über die Eisenbahntrasse und mit einem kurzen Verbindungsstück zur nächsten Ausfallstraße in Richtung Westen; so kommt man heute indirekt nach Dechbetten (→ Dechbettener Straße).

Dechbettener Straße (15, Innerer Westen, D/E 8/9)
Die Straße führt von Regensburg westwärts in Richtung → Dechbetten. Durch die Eisenbahn- und die Autobahntrasse sowie moderne Ausfallstraßen ist die direkte Verbindung heute unterbrochen.

Dechbettener Weinberg (14, Dechbetten, C 9)
Die Hänge der „Platte" (→ Auf der Platte) in Richtung → Dechbetten wurden früher land- bzw. forstwirtschaftlich (→ Bergackerweg, → Haidschlagweg, → Holzbergweg) und offensichtlich auch zum Weinanbau genutzt.

Defreggerweg (14, Königswiesen, C 9)
→ Gruppe „Bildende Künstler". Franz von Defregger (1835–1921), Maler mit Themen aus dem ländlich-bäuerlichen Leben.

Degelgrube (4, Gallingkofen, G 5)
Am Ausgang von Gallingkofen, am Fuß des Sallerner Bergs, befand sich früher eine Lehmgrube („Degel" = Lehm). Solche Gruben gab es im Bereich des heutigen Stadtgebiets an mehreren Stellen (→ Hafnersteig).

Deggendofer Straße (10, Hohes Kreuz, I 9)
→ Gruppe „Donaustädte".

Deiningerstraße (15, Prüfening, B 8/9)
Josef Deininger (1867–1934) war in der Katholischen Arbeitnehmerbewegung (KAB) aktiv und Vorsitzender des „Arbeitersekretariats" Regensburg, eines der Bezirksverbände der KAB in Bayern. Außerdem war er Stadtrat der BVP 1924–1933. Nach der Machtergreifung der Nationalsozialisten wurde er verhaftet.

Deischgasse (1, Altstadt, F 8c)
In einem Anwesen an der Westseite der Straße (heute: Deischgasse 2) befand sich seit dem 14. Jh. eine Badstube, eines der zahlreichen öffentlichen Bäder des Mittelalters. Im frühen 19. Jh. war hier der Bader und Wundarzt Daniel Gerhard Friedrich Deisch ansässig.

Denzingerstraße (13, Kumpfmühl, F 9/10)
→ Gruppe „Katholisches Regensburg". Franz Joseph Denzinger (1821–1894), Architekt, war ab 1859 Dombaumeister und vollendete die Türme und andere Teile am Dom, die im Mittelalter nicht fertiggestellt worden waren (→ Heydenreichstraße). Ehrenbürger der Stadt Regensburg 1869.

Desingweg (15, Rennplatz, C 9)
Franz Josef Albert Desing (1699–1772), gebürtig aus Amberg/Oberpfalz, ab 1718 mit dem Namen Anselm Mönch im Benediktinerkloster St. Jakob in Ensdorf/Oberpfalz, war einer der letzten Universalgelehrten in der Tradition klösterlicher Gelehrsamkeit. Er war Theologe und Kirchenrechtler, Philosoph und Philologe, Mathematiker, Physiker und Astronom in verschiedenen Positionen: als Professor an der Universität Salzburg 1733–1743, als Berater des Fürstbischofs von Passau, schließlich als Abt seines Klosters 1761–1772.

Deutschherrnweg (17, Graß, E 12)
→ Gruppe „Graß – Burg und Dorf". Vom 15. Jh. bis zur Säkularisation 1803 waren die Ritter bzw. Herren des Deutschen Ordens im Besitz der Burg und – nach ihrer Zerstörung im Dreißigjährigen Krieg – der Burgruine von Graß.

Dianastraße (13, Ziegetsdorf, D 11)
→ Gruppe „Römische Götter". Diana, römische Göttin der Jagd.

Diepenbrockstraße (10, Ostenviertel, G 8/9)
Melchior Ferdinand Joseph von Diepenbrock (1798–1853), gebürtig aus Bocholt/Westfalen, lebte von 1823 bis 1845 in Regensburg. Hier

war er zunächst Privatsekretär Johann Michael von Sailers (→ Sailerstraße) und damit eines der prominentesten Mitglieder des „Sailerkreises“. Nach dessen Tod wurde er von 1842 bis 1844 Generalvikar unter Bischof Valentin von Riedel. Er verließ Regensburg, als er 1845 zum Bischof von Breslau ernannt wurde; zuletzt, ab 1850, war er Kardinal. Ehrenbürger der Stadt Regensburg 1845.

Dieselstraße (11, Kasernenviertel, I 9/10)
→ Gruppe „Entdecker, Erfinder, Firmengründer“. Rudolf Diesel (1858–1913), Ingenieur, Konstrukteur erster Motoren.

Dietrich-Bonhoeffer-Straße (18, Burgweinting, K 11/12)
Dietrich Bonhoeffer (1906–1945) war evangelischer Pfarrer und Theologe und sprach sich vor dem Hintergrund seines Glaubens öffentlich gegen die Judenverfolgungen zur Zeit des Nationalsozialismus aus. Er trat in Kontakt mit dem Widerstand, wurde verhaftet und kurz vor Kriegsende im Konzentrationslager Flossenbürg hingerichtet. – Bezug: In der Nachbarschaft liegt die evangelische Maria-Magdalena-Kirche.

Dionys-Danegger-Straße (9, Schwabelweis, K 7/8)
→ Gruppe „Schwabelweis und St. Emmeram“. Dionys Danegger (1767–1828), Mönch des Klosters St. Emmeram, führte nach der Säkularisation des Klosters 1802/10 die Tradition fort, dass Schwabelweis von St. Emmeram aus seelsorgerisch betreut wurde, und war bis zu seinem Tod Pfarrer im Ort.

Ditthornstraße (10, Ostenviertel, I 8/9)
Ferdinand Josef Anton Ditthorn (1864–1949) war Rechtsrat der Stadt Regensburg. Er war einer der Fürsprecher der Errichtung bzw. Erweiterung eines leistungsfähigen Hafens in Regensburg (→ Osthafenstraße, → Prinz-Ludwig-Straße).

Dollingerstraße (15, Innerer Westen, E 8)
Die Familie Dollinger gehörte zu den bedeutenden Patrizierfamilien im mittelalterlichen Regensburg. Sie wohnte in dem nach ihnen benannten „Dollinger-Haus“ in prominenter Lage direkt gegenüber dem Rathaus (heute: Rathausplatz 3). Das heutige Gebäude ist allerdings ein Neubau von 1889, für den das originale Haus fast gänzlich abgerissen wurde. Nur Architekturelemente und Steinskulpturen aus dem Festsaal des Altbaus sind erhalten geblieben und wurden in den Ostflügel des Alten Rathauses transferiert. Sie illustrieren die berühmteste Sage Regensburgs, das „Dollinger-Lied“, das vom Duell zwischen einem Re-

gensburger namens Dollinger und einem feindlichen Ungarn oder Türken handelt. Die Sage hat zwar mit der historischen Familie Dollinger nichts zu tun; aber verständlicherweise hat sie diesen Eindruck gerne zu erwecken versucht.

Dolomitenstraße (5, Konradsiedlung, H 5)
→ Gruppe „Deutsche Nation". Gebirgszug im nördlichen Italien, Schauplatz wichtiger Schlachten im Ersten Weltkrieg.

Domgarten (1, Altstadt, F 8b)
Dort, wo heute östlich des Doms die Dombauhütte ihre Werkstätten hat, befand sich ursprünglich ein Teil des alten, romanischen Doms. Der gotische Neubau, der ab 1273 errichtet wurde, wurde im Vergleich dazu ein Stück nach Westen versetzt; so entstand nach dem Abbruch des Altbaus eine Freifläche, die lange Zeit als Friedhof genutzt wurde. Zu Beginn des 19. Jhs. wurde dieser aus Gründen der Hygiene aufgelöst und weiter stadtauswärts verlegt; das aufgelassene Areal bekam vorübergehend, bis zur Gründung der Dombauhütte, den Charakter eines verwunschenen, romantischen Gartens.

Domplatz (1, Altstadt, F 8b/d)
Dass der Platz vor dem Dom – genauer gesagt: der an der Westseite, vor dem Hauptportal – seit alters Domplatz hieß, bedarf keiner näheren Erklärung. Interessant ist aber, dass nicht die ganze Fläche so genannt wurde, weil nämlich westwärts, mit Bürger- und Patrizierhäusern und einem städtischen Markt, die Freie Reichsstadt Regensburg ihre Ansprüche anmeldete – auch sprachlich (→ Krauterermarkt). Die heutige Freifläche an der Südseite des Doms gehörte ursprünglich ebenfalls nicht dazu. Weil die Bebauung hier viel näher an den Dom heranreichte, war dieser Bereich ein Teil der → Domstraße.

Domstraße (1, Altstadt, F 8d)
Früher verlief an der Südseite des Doms nur eine relativ enge Straße. Sie wurde platzartig erweitert, als 1893 bis 1895 alte Gebäude, vor allem der Salzburger Hof (→ Salzburger Gasse), abgebrochen und an ihrer Stelle die Dompost errichtet wurde. Die neue Fassade wurde bewusst zurückversetzt, um den Dom optisch freizustellen und ihm so mehr Wirkung zu verschaffen. Seitdem heißt auch dieser Bereich, genauso wie der an der Westseite des Doms, „Domplatz". Nur der östliche Teil der Straße blieb von der Umgestaltungsmaßnahme unbetroffen und behielt deshalb seinen Namen.

Donauerweg (15, Rennplatz, C 9)
Christoph Sigmund Donauer (1593–1655) war ab 1621 Pfarrer und ab 1652 Superintendent, also Leiter der evangelischen Kirche, in Regensburg. Er setzte die Stadt-Chronik von Andreas Raselius (→ Raseliusweg) fort. Seine Familie war sowohl vor als auch nach seiner Zeit über mehrere Generationen hier ansässig. Sein Vater Christoph (1564–1611) und sein Sohn Christoph Sigmund (1628–1688) waren ebenfalls als evangelische Pfarrer tätig, beide zeitweise auch in Regensburg.

Donaulände (1/10, Altstadt/Ostenviertel, G/H 8)
Zu Zeiten, als die Donau die Lebensader Regensburgs war, befanden sich den ganzen Fluss entlang Anlegestellen für Schiffe, wo die geladenen Güter entladen und an Land gebracht wurden. Mancherorts lässt sich an den Benennungen sogar noch erkennen, dass aufgrund der Menge der transportierten Güter bestimmte Abschnitte des Ufers für bestimmte Sparten reserviert waren (→ Holzländestraße, → Am Weinmarkt, → Am Wiedfang). Im 19. Jh. verlagerten sich die Anlegestellen immer weiter flussabwärts, bis schließlich ein richtiger Hafen mit Hafenbecken gebaut wurde (→ Osthafenstraße, → Prinz-Ludwig-Straße).

Donaumarkt (1, Altstadt, G 8a)
Die Freifläche ist kein historischer Platz, sondern das Ergebnis großflächiger Abbruchmaßnahmen historischer Bausubstanz in den 1950er- und 1960er-Jahren. Begründet waren diese teils in der Beseitigung von Kriegsschäden, zum größeren Teil jedoch in den Planungen einer „Bayerwaldbrücke“, die hier ihre südliche Auffahrt hätte erhalten sollen (→ Bayerwaldstraße). Das Projekt wurde nicht realisiert; die Freifläche wurde in der Folge für einen Wochenmarkt genutzt. Aktuell wird die bestehende städtebauliche Lücke durch den Bau des Museums für Bayerische Geschichte gefüllt.

Donaustaufer Straße (6/7/8/9, Reinhausen/Weichs/Schwabelweis, G/H/I/K/L 7)
Die Straße führt vom historischen Zentrum von → Reinhausen ostwärts nach Donaustauf, dem nächsten größeren Ort außerhalb des Stadtgebiets von Regensburg.

Dornfelderweg (16, Oberwinzer, B 6)
Die Weinsorte „Dornfelder“ verweist auf den traditionell und auch heute noch stattfindenden Weinanbau in Niederwinzer, Oberwinzer und Kager (→ Winzersteig).

Dornierstraße (15, Äußerer Westen, C 8)
→ Gruppe „Flieger und Flugzeugbauer". Claude Dornier (1884–1969), Ingenieur, Konstrukteur von Flugzeugen, Gründer der Dornier-Werke.

Dr.-Dachs-Straße (15, Äußerer Westen, C 8)
Dr. Hans Dachs (1886–1966), gebürtig aus Erding/Oberbayern, war Historiker und lebte und arbeitete ab 1914 in Regensburg. Er war Lehrer am Gymnasium der Englischen Fräulein 1914–1920, Lehrer am Alten Gymnasium (heute: Albertus-Magnus-Gymnasium) 1920–1926, Professor an der Philosophisch-Theologischen Hochschule (→ Predigergasse) 1926–1951, Vorstand des Historischen Vereins für Oberpfalz und Regensburg 1931–1951.

Dr.-Gessler-Straße (14, Königswiesen, C/D 9/10)
Dr. Otto Gessler (1875–1955), gebürtig aus Ludwigsburg/Württemberg, war Oberbürgermeister von Regensburg 1910–1914. Nach seinem Weggang aus der Stadt war er Oberbürgermeister von Nürnberg 1914–1919 und Reichswehrminister in Berlin 1920–1928. – Bezug: In Regensburg war Gessler der erste, der konkrete Maßnahmen zum sozialen Wohnungsbau ergriff. Die Anlage des Neubaugebiets von Königswiesen folgte in den 1970er-Jahren ähnlichen Prinzipien. (Vgl. → Friedrich-Ebert-Straße.)

Dr.-Heim-Straße (15, Prüfening, B 8)
Dr. Georg Heim (1865–1938), gebürtig aus Aschaffenburg/Unterfranken, war zunächst Lehrer. Er wurde allmählich über seine Tätigkeit im bäuerlichen Genossenschaftswesen Sprecher und Interessenvertreter der Bauern (und deshalb „Bauerndoktor" genannt). Er war 1898 an der Gründung des Bayerischen Christlichen Bauernvereins beteiligt und leitete dessen Zentralstelle; sie befand sich von 1907 bis 1933 in Regensburg. Er war außerdem Mitglied des bayerischen Landtags und des deutschen Reichstags (Zentrum bzw. BVP) 1897–1911 und 1918–1924. Mit der Machtergreifung durch die Nationalsozialisten zog er sich ins Privatleben zurück.

Dr.-Held-Straße (10, Ostenviertel, G 9)
Dr. Heinrich Held (1868–1938), gebürtig aus Erbach/Hessen, war Journalist. Er kam 1899 nach Regensburg und wurde für den Zeitungsverleger Josef Habbel (→ Habbelstraße) als Redakteur, später als Chefredakteur, zuletzt als Mitherausgeber tätig. Er war zudem Stadtrat in Regensburg 1908–1924, Mitglied des bayerischen Landtags (Zentrum bzw. BVP) 1907–1933 und bayerischer Ministerpräsident 1924–1933.

Mit der Machtergreifung der Nationalsozialisten zog er sich ins Privatleben nach Regensburg zurück. Ehrenbürger der Stadt Regensburg 1926.

Dr.-Hipp-Straße (11, Kasernenviertel, G 10)
Dr. Otto Hipp (1885–1952), gebürtig aus München, war von 1920 bis 1933 Oberbürgermeister von Regensburg. In seiner Amtszeit wurde das Stadtgebiet entscheidend erweitert; zu den Eingemeindungen auf der Nordseite der Donau gehörte – mit hoher Symbolik – auch die Stadt → Stadtamhof. Mit der Machtergreifung der Nationalsozialisten wurde er zum Rücktritt gezwungen. Nach dem Ende der NS-Herrschaft war er kurzzeitig Bürgermeister von München und bayerischer Kultusminister.

Dr.-Johann-Maier-Straße (15, Innerer Westen, E 8)
Dr. Johann Maier (1906–1945), gebürtig aus Berghofen/Niederbayern, war ab 1939 in Regensburg als Domprediger tätig. Er sprach zu den Menschen bei einer Demonstration, die sich kurz vor Ende des Zweiten Weltkriegs am 23. April 1945 auf dem Moltkeplatz (→ Dachauplatz) spontan bildete und zur kampflosen Übergabe der Stadt an die heranrückenden amerikanischen Truppen aufrief. Die nationalsozialistischen Machthaber ließen ihn – zusammen mit Michael Lottner (→ Lottnerstraße) und Josef Zirkl (→ Zirklstraße) – noch während der Kundgebung verhaften. Er wurde in der folgenden Nacht standrechtlich verurteilt und am Ort des Geschehens am Galgen hingerichtet.

Dr.-Leo-Ritter-Straße (15, Äußerer Westen, C 8)
Dr. Leo Ritter (1890–1975) war Chirurg, Chefarzt und Leiter der Krankenpflegerschule am nahegelegenen Krankenhaus der Barmherzigen Brüder (→ Kuglerstraße).

Dr.-Stöckl-Straße (15, Äußerer Westen, D 8)
Dr. Karl Stöckl (1873–1959), gebürtig aus Eichstätt/Oberbayern, war Naturwissenschaftler und lebte und arbeitete ab 1919 in Regensburg. Er war Professor für Mathematik, Physik und Astronomie am Lyzeum bzw. an der Philosophisch-Theologischen Hochschule (→ Predigergasse) 1919–1936 und nochmals kurzzeitig nach 1945. Er war weithin bekannt für seine populären Vorträge zur Astronomie in der Regensburger Sternwarte. Sie war eigentlich für Studenten der Hochschule gedacht; er öffnete sie 1920 für die Allgemeinheit und machte sie zur ersten Volkssternwarte in Süddeutschland.

Dr.-Theobald-Schrems-Straße (10, Ostenviertel, G/H 9)
Dr. Theobald Schrems (1893–1963), gebürtig aus Mitterteich/Oberpfalz, war Kirchenmusiker und lebte schon seit seiner Schulzeit in Re-

gensburg. Er war Domkapellmeister und Leiter der Regensburger Domspatzen 1924–1963. In dieser Eigenschaft machte er den Chor durch zahlreiche Konzertreisen im In- und Ausland weltberühmt. Ehrenbürger der Stadt Regensburg 1963. – Bezug: Die Straße führt am Standort von Gymnasium und Internat der Domspatzen vorbei. (Vgl. → Engelhartstraße).

D

Dr.-Wunderle-Straße (1, Altstadt, F 8d)
Dr. Karl Adolf Wunderle (1879–1967) war Syndikus und Rechtsberater der Stadt Regensburg. Er hinterließ sein gesamtes Vermögen einer städtischen Sozialeinrichtung, dem Bürgerstift St. Michael. Aufgrund dieser Stiftung wurde 1968 eine Straße nach ihm benannt, die zuvor „Wermutstraße", nach hier ansässigen Herstellern dieses Getränks, geheißen hatte.

Drehergasse (2/3, Steinweg, F 7)
In der Straße war vermutlich eine Familie mit Namen Dreher ansässig.

Drei-Helm-Gasse (1, Altstadt, F 8d)
In einem stattlichen Anwesen längs der kompletten Südseite der Straße, das heute im Neubau eines Großkaufhauses aufgegangen ist, befand sich vom 16. bis ins späte 19. Jh. das Gasthaus „Zu den Drei Helmen". Die drei Helme sind das Wappen der Stadt Landshut; sie hatte mit dem Gasthaus eine eigene Anlaufstelle für Besucher in Regensburg. (Vgl. → Pfluggasse.)

Drei-Kronen-Gasse (1, Altstadt, F 8d)
In einem Anwesen der Straße an der Ecke zum Dachauplatz (heute: Drei-Kronen-Gasse 6) befand sich vom 17. bis ins 19. Jh. das Gasthaus „Zu den Drei Kronen".

Drei-Mohren-Straße (1, Altstadt, F 8a/c)
In einem Anwesen der Straße (heute: Nachbarhaus von Drei-Mohren-Straße 2; die eigentliche Nummer 4 des Hauses existiert nicht mehr, da das Gebäude im Komplex des Theaters Regensburg aufgegangen ist) befand sich bis ins frühe 19. Jh. das Gasthaus „Zu den Drei Mohren".

Dreifaltigkeitsbergweg (3, Steinweg, F 7)
Kurz nach dem Bau der Dreifaltigkeitskirche (→ Am Dreifaltigkeitsberg) wurde vom Ortszentrum von Steinweg auf die Anhöhe hinauf zur Kirche ein Weg mit Kreuzwegstationen angelegt.

Drosselweg (7, Reinhausen, G 6)
→ Gruppe „Vögel".

Droste-Hülshoff-Weg (18, Burgweinting, I 12)
→ Gruppe „Burgweinting 3: Frauen". Annette von Droste-Hülshoff (1797–1848), Schriftstellerin der Romantik. Sie gilt als eine der bedeutendsten deutschsprachigen Schriftstellerinnen des 19. Jhs.

Dürerstraße (14, Königswiesen, C/D 10)
→ Gruppe „Bildende Künstler". Albrecht Dürer (1471–1528), Maler und Grafiker der Renaissance.

Dultplatz (2, Steinweg, F 7)
Der Straßenname hält die Erinnerung an den alten Standort der Dult fest. Die Tradition, dass in Stadtamhof im Frühling und im Herbst zweimal Jahrmärkte abgehalten werden – im Bayerischen oftmals „Dult" genannt –, geht vermutlich auf ein Privileg des Herzogs von Bayern aus dem Jahr 1389 zurück. Früher fand der eigentliche Jahrmarkt in der Hauptstraße von Stadtamhof statt; im 19. Jh. siedelten sich dahinter, auf dem Freigelände zwischen Stadtamhof und Steinweg, Stände und Buden für allerlei Vergnügungen an. Möglich war dies, weil das dortige Sumpfgelände (→ Am Protzenweiher) durch Auffüllung mit dem Schutt der Zerstörungen aus der Schlacht von Regensburg (→ Österreicherweg) nutzbar geworden war. An diesem Ort blieb die Dult bis zum Bau des Donau-Seitenkanals in den 1970er-Jahren (→ Am Europakanal); seither findet sie ein Stück weiter westlich statt.

Eberlstraße (13, Ziegetsdorf, D 11)
→ Gruppe „Schriftsteller 2". Georg Eberl (*1851), bayerischer Volks- und Heimatschriftsteller. Er lebte ab 1885 dauerhaft in Regensburg und war als Lehrer am Alten Gymnasium (heute: Albertus-Magnus-Gymnasium) tätig. – Interessant wäre ein alternativer Name mit indirektem Bezug: Josef Wolfgang Eberl (1818–1857), katholischer Pfarrer (1843 Weihe in Regensburg) und Lehrer (1846–1849 am Priesterseminar Regensburg), Theologe und Lokalhistoriker (in Kontakt mit Joseph Rudolf Schuegraf, → Schuegrafstraße) mit Forschungsschwerpunkt auf der Stadt Dingolfing, Erforscher der bayerischen Personen- und Familiennamen, Verfasser des „Bayerischen Namen-Büchleins". Er würde gut zum Straßennamen des Erforschers der bayerischen Mundart und Verfassers des „Bayerischen Wörterbuchs" Johann Andreas Schmeller in der unmittelbaren Nachbarschaft passen (→ Schmellerstraße).

Eck zum Vaulschink (1, Altstadt, F 8c)
Die Herkunft des Namens ist unklar. In den ältesten Stadtplänen vom Anfang des 19. Jhs. heißt das kurze, gebogene Straßenstück tatsächlich „Eck zum/im faulen Schinken". Später kamen Hinweise auf die Existenz einer Regensburger Familie namens „Vaulschink" im 14. Jh. auf; deshalb wurde die Schreibweise 1885 korrigiert.

Edisonstraße (18, Burgweinting/Harting, K/L 12/13)
→ Gruppe „Entdecker, Erfinder, Firmengründer". Thomas Alva Edison (1847–1931), Ingenieur, Erfinder der Glühlampe, des Phonographen und des Kinetographen, Mitgründer der Firma General Electric.

Edith-Stein-Straße (10, Ostenviertel, H 9)
Edith Stein (1891–1942) war Philosophin und Frauenrechtlerin. Sie stammte aus einer jüdischen Familie aus Breslau, konvertierte 1922 zum Katholizismus und trat 1933 in ein Kloster in Köln ein. In der Zeit des Nationalsozialismus kämpfte sie gegen die Verfolgung der Juden, wurde 1942 verhaftet und im Konzentrationslager Auschwitz ermordet. Von der katholischen Kirche wurde sie 1987 selig- und 1998 heiliggesprochen.

Eduard-Mühlbauer-Weg (13, Königswiesen-Süd, D 11)
Eduard Mühlbauer (1891–1980) war im Vorstand der Firma Siemens & Halske, der heutigen Siemens AG, mitverantwortlich für die Ansiedlung des Wernerwerks der Firma in Regensburg 1959 (→ Wernerwerkstraße). Ehrenbürger der Stadt Regensburg 1966.

Egerstraße (5, Konradsiedlung, H 5/6)
→ Gruppe „Deutsche Nation". Stadt im Sudetenland (Staat: Tschechien) mit (ehemals) deutscher Bevölkerung und deutscher Vergangenheit. Heutiger Name: Cheb.

Ehrenfelsstraße (11, Kasernenviertel, H 9)
Die adelige Familie Ehrenfels, benannt nach ihrem Stammsitz, einer Burg bei Beratzhausen, 1256 erstmals genannt, stand immer wieder auch mit Regensburg in Verbindung. Konrad von Ehrenfels war Domherr in Regensburg und wohnte bis 1280 in dem nach ihm benannten „Ehrenfelser Hof" (heute: Schwarze-Bären-Straße 2). Zweimal wird ein Heinrich von Ehrenfels (wahrscheinlich handelt es sich um zwei unterschiedliche Personen) von 1311 bis 1313 und 1345 als Bürgermeister von Regensburg genannt. Im 14. und 15. Jh. kam die Herrschaft Ehrenfels etappenweise an die adelige Familie der Staufer. Auch sie

hatten Besitz in Regensburg, den sog. „Stauferhof“ (heute: Obermünsterstraße 9). Andererseits gab es 1417 sogar eine regelrechte Fehde mit der Freien Reichsstadt, in deren Verlauf die Burg Ehrenfels vorübergehend von Regensburger Truppen erobert wurde.

Eibenweg (6, Keilberg, L 6)
→ Gruppe „Wald und Flur“.

Eichendorffstraße (13, Ziegetsdorf, D/E 11)
→ Gruppe „Schriftsteller 2“. Joseph von Eichendorff (1788–1857), Schriftsteller der Romantik.

Eichenstraße (15, Margaretenau, D 8/9)
→ Gruppe „Bäume“.

Eifelstraße (4, Sallerner Berg, G 5/6)
→ Gruppe „Mittelgebirge in Mitteleuropa“.

Eigenheimweg (13, Kumpfmühl, E 10)
Die Straße erschließt eine Siedlung, die von der „Baugenossenschaft Eigenheim“ in den 1920er-Jahren angelegt wurde. In der Nachbarschaft existieren noch die zugehörigen Kleingärten (→ Oberndorferstraße).

Einhauser Straße (11, Kasernenviertel, I 10)
Die Straße verläuft nördlich eines früher in freiem Gelände einzeln stehenden Gutshofs. Er wurde 1237 erstmals erwähnt, kam 1728 in den Besitz des Regensburger Handelsherrn Johann Jakob Pürkel, wurde von ihm zum repräsentativen Landsitz umgebaut und seither „Pürkelgut“ genannt (→ Pürkelgutweg). Der Charakter eines Einzelgebäudes ist heute durch moderne Bebauung und Verkehrswege weitestgehend verloren gegangen.

Einhorngäßchen (1, Altstadt, F 8a)
In einem Anwesen der Straße (heute: Einhorngäßchen 2) befand sich im 17. Jh. das Gasthaus „Zum Schwarzen Einhorn“.

Einsteinstraße (18, Burgweinting, K 12)
→ Gruppe „Entdecker, Erfinder, Firmengründer“. Albert Einstein (1879–1955), Physiker, Entdecker der speziellen und allgemeinen Relativitätstheorie.

Eisackerstraße (10, Irl, M 10)
Der Flurname verweist auf die ländliche und landwirtschaftlich genutzte Umgebung und auf häufigen Eisstoß am flachen Ufer der Donau.

Eisenerzweg (6, Keilberg, L 6)
Auf der Hochfläche von Keilberg wurde im 19. Jh. in zwei kleinen Betrieben der Unternehmer Joseph Micheler (→ Michelerstraße) und Georg Mann vorübergehend Eisenerz abgebaut (und Kaolin, → Schlemmhüttenweg).

Eisenmannstraße (15, Äußerer Westen, C/D 8)
Rudolf Eisenmann (1894–1954), gebürtig aus Steinling (heute: Gemeinde Edelsfeld)/Oberpfalz, lebte und arbeitete ab 1927 als Lehrer und Musikerzieher in Regensburg. Er war auch als Komponist tätig und verfasste zahlreiche Lieder und Chorwerke.

Eisenrinerweg (6, Keilberg, L 6)
Der Flurname verweist möglicherweise auf die charakteristische Bodenbeschaffenheit des Geländes. Aufgrund des hohen Anteils von Eisen in der Erde auf der Hochfläche von Keilberg war ihr Farbton rötlich, erkennbar v. a. beim Umpflügen der Äcker. (Vgl. → Eisenerzweg.)

Elferstraße (11, Kasernenviertel, H 10)
→ Gruppe „Militär und Militärs“. Schräg gegenüber, an der Ostseite der Landshuter Straße, befand sich die Kaserne des 11. Bayerischen Infanterie-Regiments „Von der Tann“ (→ Von-der-Tann-Straße), deren Angehörige im Volksmund die „Elfer“ genannt wurden. Teile der Kasernengebäude sind bis heute erhalten und an ihrer festungsartigen Architektur leicht zu erkennen.

Elisabeth-Selbert-Weg (18, Burgweinting, K 12)
→ Gruppe „Burgweinting 3: Frauen“. Elisabeth Selbert (1896–1986), Politikerin (SPD), Mitglied im Parlamentarischen Rat 1948–1949. Sie gilt als eine der „Mütter des Grundgesetzes“, die darin v. a. den Artikel zur Gleichberechtigung von Mann und Frau verankert hat.

Elisabethstraße (15, Westheim, D 7)
→ Gruppe „Frauen aus Regensburgs Vergangenheit“. Elisabeth (ca. 1227–1273), Tochter Herzog Ottos II. von Bayern, Gattin König Konrads IV.

Elise-Barensfeld-Straße (6, Brandlberg, I 5)
→ Gruppe „Künstlerinnen". Elise Barensfeld (1796–nach 1820), gebürtig aus Regensburg, machte sich als musikalisches Wunderkind in den Salons von Gesandten des Immerwährenden Reichstags einen Namen. Im Alter von 13 Jahren ging sie nach Wien, wo sie mit Johann Nepomuk Mälzel (→ Mälzelweg) zusammenlebte und -arbeitete. Möglicherweise ist sie identisch mit der „Elise", für die Ludwig van Beethoven sein berühmtes Klavierstück „Für Elise" schrieb. Später war sie Kammersängerin der Großherzogin von Baden; nach 1820 verliert sich ihre Spur.

Ellen-Ammann-Weg (14, Dechbetten, C 9)
Ellen Ammann (1870–1932) war Sozialpolitikerin und Frauenrechtlerin; sie stammte ursprünglich aus Schweden und lebte ab 1890 mit ihrem Ehemann in München. Sie gründete 1897 die Bahnhofsmission München und 1904 den Katholischen Frauenbund München, 1911 zusätzlich den bayerischen Landesverband des Frauenbunds. Außerdem war sie, als eine der ersten Frauen, Abgeordnete im Bayerischen Landtag 1919–1932.

Elsässer Straße (3, Pfälzer Siedlung, F 6)
→ Gruppe „Pfalz und Nachbarregionen".

Emma-Ihrer-Weg (18, Burgweinting, I 12)
→ Gruppe „Burgweinting 3: Frauen". Emma Ihrer (1857–1911), Gewerkschafterin, Publizistin, Frauenrechtlerin. Sie setzte sich vor allem für die Interessen von Arbeiterinnen ein.

Emmeramsplatz (1, Altstadt, F 8c)
Südlich des Platzes befand sich das Benediktinerkloster St. Emmeram, gegründet um 700 an der Stelle, wo kurz zuvor Emmeram bestattet worden war, ein Missionar aus Aquitanien, der nach Regensburg an den Hof des Herzogs von Bayern gekommen war (→ Alter Kornmarkt), um das Christentum zu verbreiten, der jedoch in Intrigen verwickelt und ermordet wurde; wenig später begann man, ihn als Heiligen zu verehren. Das Kloster war eines der ältesten in Regensburg, seine Kirche, zuletzt umgestaltet von den Gebrüdern Asam (→ Asamstraße), legt bis heute Zeugnis von seiner herausragenden Bedeutung ab. Das Kloster wurde 1802/10 säkularisiert; die Gebäude gingen in den Besitz der Fürsten von Thurn und Taxis über und wurden zum Schloss umgestaltet.

Emmy-Noether-Straße (18, Harting, L 11)
→ Gruppe „Entdecker, Erfinder, Firmengründer". Emmy Noether (1882–1935), Mathematikerin und Physikerin mit Grundlagenforschungen zur abstrakten Mathematik, insbesondere der Algebra, und zur theoretischen Physik.

Engelburgergasse (1, Altstadt, F 8a)
In der Straße war im 13. und 14. Jh. eine Familie namens „Engelbold" ansässig. Erst im 16. Jh. wurde daraus „Engelburg". Die genaue Lage des Anwesens ist unbekannt.

Engelhartstraße (15, Innerer Westen, D 7)
Franz Xaver Engelhart (1861–1924), gebürtig aus Geiselhöring/Niederbayern, war Kirchenmusiker und lebte schon seit seiner Schulzeit in Regensburg. Er war Domkapellmeister und Leiter des Regensburger Domchors 1891–1924. In dieser Eigenschaft war er der erste, der mit dem Chor auch bei Konzerten außerhalb des Doms auftrat; 1910 unternahm er mit ihm die erste Auslandsreise nach Prag. Bei dieser Gelegenheit tauchte in Presseberichten erstmals die Bezeichnung „Domspatzen" auf. (Vgl. → Dr.-Theobald-Schrems-Straße.)

Entengang (1, Altstadt, F 8c)
Der Straßenname hat nichts mit Enten zu tun, obwohl dies auf den ersten Blick angesichts der Nähe zu einem einstigen steinernen Wasserbecken des Vitusbachs ganz in der Nähe (→ An der Hülling) plausibel zu sein scheint. Vielmehr ist in der Bezeichnung das alte Wort „enterisch" für „unheimlich, nicht geheuer" enthalten. Solche Gefühle stellten sich bei den Passanten der Straße ein, weil in unmittelbarer Nähe einer der Regensburger Friedhöfe lag mit einem Beinhaus, in dem tausende von Knochen und Totenköpfen gelagert waren. Der Ort lässt sich noch genau bestimmen: Das Beinhaus befand sich im Untergeschoss einer Kapelle, die am Ort des heutigen Pfarrhauses von St. Emmeram stand.

Enzianweg (11, Kasernenviertel, G 10)
→ Gruppe „Blumen".

Erasmusweg (17, Oberisling, G 12/13)
→ Gruppe „Oberisling und St. Emmeram". Erasmus Nittenauer, Abt des Kloster St. Emmeram 1540–1561. Er kaufte 1546 den klösterlichen Besitz in Oberisling, der sich zwischenzeitlich in anderen Händen befunden hatte, für sein Kloster zurück.

Erboweg (14, Dechbetten, C 9)
→ Gruppe „Prüfening – Kloster und Schloss“. Erbo († 1162), zweiter Abt des Klosters Prüfening. In seiner Zeit entwickelte sich das Kloster zur Stätte der Buchmalerei. (Vgl. → Erminoldweg, → Kornmannweg.)

Erbprinz-Franz-Joseph-Straße (11, Kasernenviertel, H 10)
→ Gruppe „Militär und Militärs“. Franz Joseph von Thurn und Taxis (1893–1971), Sohn Fürst Alberts (→ Albertstraße), Erbprinz, Offizier des preußischen Heeres und Teilnehmer am Ersten Weltkrieg. *Nach* der Bennung der Straße regierender Fürst 1952–1971. Ehrenbürger der Stadt Regensburg 1963.

Erdbeerweg (6, Keilberg, L 5/6)
→ Gruppe „Wald und Flur“.

Erhardigasse (1, Altstadt, F 8b/d)
In einem der Anwesen an der Ostseite der Straße (heute: Erhardigasse 1) befindet sich die sog. „Erhardikrypta“, eigentlich eine Kapelle; daneben steht, mitten in der Straße, der sog. „Erhardibrunnen“. An diesem Ort soll der Legende nach Erhard gelebt haben, ein Missionar, der kurz vor 700 nach Regensburg kam und in seinen letzten Lebensjahren am nahe gelegenen Hof des Herzogs von Bayern (→ Alter Kornmarkt) wirkte. Die Kapelle entstand allerdings erst später, in der zweiten Hälfte des 10. Jhs., und gehörte zum Komplex des Stifts Niedermünster (→ Niedermünstergasse), das westlich der Straße anschließt. Ihr heutiges Aussehen, vor allem den Vorbau zur Straße hin, erhielt die Kapelle durch Renovierungs- und Restaurierungsmaßnahmen des 19. Jhs.

Erikaweg (11, Kasernenviertel, G 10)
→ Gruppe „Blumen“.

Erlanger Straße (2, Steinweg, F 7)
→ Gruppe „Städte in Franken“.

Erlenweg (17, Leoprechting, F 12)
Der Name verweist auf die – früher wie heute – ländliche und naturnahe Umgebung.

Erminoldweg (14, Großprüfening, B 9/19)
→ Gruppe „Prüfening – Kloster und Schloss“. Erminold († 1121), erster Abt des Klosters Prüfening. In der ehemaligen Klosterkirche befindet sich sein Hochgrab – ein Meisterwerk mittelalterlicher Sepulkralkunst. (Vgl. → Erboweg, → Kornmannweg).

Ernst-Reuter-Platz (1, Innenstadt, F 9)
Zu Zeiten des Kalten Kriegs und der deutschen Teilung war Ernst Reuter (1889–1953) als Oberbürgermeister von Berlin bzw. Regierender Bürgermeister von West-Berlin von 1947 bis 1953 eine der Symbolfiguren der deutschen Einheit; deshalb wurde ein wichtiger Verkehrsknotenpunkt unmittelbar außerhalb der Altstadt nach ihm benannt. Auch die Aufstellung eines Berlin-Gedenksteins mit Entfernungsangabe gehört in dieses zeitliche Umfeld. (Vgl. → Platz der Einheit.)

Erzbischof-Buchberger-Allee (13, Kumpfmühl, D/E 10)
→ Gruppe „Katholisches Regensburg". Michael Buchberger (1874–1961), Professor am Lyceum (der späteren Philosophisch-Theologischen Hochschule) 1906–1908, Bischof von Regensburg 1927–1961, Erzbischof „ad personam" 1950. Er war Bischof in der schwierigen Zeit des Nationalsozialismus. Ehrenbürger der Stadt Regensburg 1950.

Erzgebirgstraße (4/5, Sallerner Berg, G 6)
→ Gruppe „Mittelgebirge in Mitteleuropa".

Eschenbacher Straße (4, Haslbach, H 3)
→ Gruppe „Traditionelle Industriestädte in Nordostbayern". Eschenbach/Oberpfalz, Standort der Porzellanindustrie.

Eschenweg (6, Keilberg, L 5/6)
→ Gruppe „Wald und Flur".

Eupener Straße (5, Konradsiedlung, I 5)
→ Gruppe „Deutsche Nation". Stadt in Ostbelgien, von Deutschland im Friedensvertrag von Versailles an Belgien abgetreten.

Fährenweg (14, Großprüfening, A/B 9)
In → Großprüfening gibt es eine Fähre über die Donau; sie führt auf die andere Seite des Flusses nach Kleinprüfening, das außerhalb des Stadtgebiets von Regensburg liegt. Die Fährverbindung lässt sich bis ins frühe Mittelalter zurückverfolgen; lange Zeit war sie im Besitz des Klosters Prüfening (→ Gruppe „Prüfening – Kloster und Schloss"). Damals hatte sie eine weit überregionale Bedeutung: Bis zur Anlage einer Alternativroute am nördlichen Donauufer um 1500 (→ Alte Nürnberger Straße) überquerte hier der Fernverkehr nach Franken und Nürnberg die Donau (→ Am Prebrunntor, → Prüfeninger Straße, → Hochweg).

Fahrbeckgasse (1, Altstadt, G 8c)
Georg Ritter von Fahrbeck (1788–1878) war Generalmajor in Regensburg. Er gründete eine Stiftung zur Unterstützung behinderter und arbeitsunfähiger Menschen; sie ist heute in die „Regensburger Wohltätigkeitsstiftung" integriert. Aufgrund dieses sozialen Engagements wurde 1885 eine Straße nach ihm benannt, die zuvor „Rammlerstraße", wohl nach einer hier ansässigen Familie, geheißen hatte. (Vgl. → Alkoferstraße.)

Falkensteinstraße (7, Reinhausen, G 7)
→ Gruppe „Bayerischer Wald 3: Hochwald". Berg im Bayerischen Wald.

Fanny-Hensel-Weg (18, Burgweinting, I 12)
→ Gruppe „Burgweinting 3: Frauen". Fanny Hensel (1805–1847), Komponistin der Romantik. Sie konnte ihre musikalische Begabung, die so groß war wie die ihres berühmten Bruders Felix Mendelssohn Bartholdy, aufgrund des herrschenden Frauenbilds im 19. Jh. nie zum Beruf machen und war immer nur im privaten Umfeld künstlerisch tätig.

Fasanerieweg (14, Dechbetten, B 9/10)
→ Gruppe „Prüfening – Kloster und Schloss". Im Park des Schlosses Prüfening gab es früher – wie oftmals bei Landschlössern – eine Fasanerie, in der Fasanen, Pfauen und andere schöne Vögel gehalten wurden.

Faunusweg (18, Burgweinting, I 12)
→ Gruppe „Burgweinting 5: Vor- und Frühgeschichte". Faunus, römischer Gott der Natur und des Waldes.

Fellingerbergstraße (9, Schwabelweis, L 7)
Die Straße führt den Hang des Fellinger Bergs hinauf, der ein Teil des Keilsteins (→ Am Keilstein) ist.

Felsenstraße (9, Schwabelweis, K 7)
Die Straße verläuft nördlich von Schwabelweis (→ Gruppe „Schwabelweis und St. Emmeram") unterhalb der Felsformationen am Südhang des Keilsteins (→ Am Keilsteiner Hang).

Feuerbachweg (14, Dechbetten, C 9/10)
→ Gruppe „Bildende Künstler". Anselm Feuerbach (1929–1880), Maler des Klassizismus und Historismus.

Fichtelgebirgstraße (5, Sallerner Berg, G 6)
→ Gruppe „Mittelgebirge in Mitteleuropa".

Fidelgasse (1, Altstadt, E 8b)
Die Herkunft des Namens ist unklar. Vielleicht war in der Straße früher eine Familie namens Fidel oder Fidler ansässig. Die Varianten des Straßennamens reichen von „Füdlarstrazze“ (1391) über „Fidlergässl“ (1593) zu „Fidelgasse“.

Fikentscherstraße (13, Kumpfmühl, F 9/10)
Die Familie Fikentscher stammte aus Marktredwitz/Oberfranken. Der Apotheker und Chemiker Wolfang Caspar Fikentscher (1770–1837) gründete 1788 die erste chemische Fabrik Deutschlands, die 1822 von Johann Wolfgang von Goethe besucht wurde. Einer seiner Söhne, Friedrich Georg Josef Fikentscher (1810–1879), gründete 1837 eine Zuckerfabrik in Regensburg an der Kumpfmühler Straße am Standort des heutigen Justizgebäudes (→ Friedrich-Niedermayer-Straße). Er verkaufte sie 1845 wieder; die Fabrik bestand dann noch bis 1887. (Vgl. → Zuckerfabrikstraße.)

Finkenweg (7, Reinhausen, G 6)
→ Gruppe „Vögel“.

Fischgässel (1, Altstadt, F 8a)
Das gewerbliche Zentrum von Regensburg befand sich früher auf der Achse vom Kohlenmarkt zum Haidplatz. Manche Märkte lagen jedoch abseits davon, so der → Fischmarkt, der direkt an der Donau abgehalten wurde. Seine Anbindung an das Zentrum, über die Fisch in großen Mengen weitertransportiert wurde, war das Fischgässel. (Vgl. → Weingasse, → Schmerbühl.)

Fischlstraße (2, Stadtamhof, F 7)
Johann Fischl, Schiffsmeister, wohnhaft → Am Gries, stiftete 1765 vor seinem Haus (heute: Am Gries 15) eine steinerne Säule, auf der Skulpturen von Maria und zwei Engeln standen. Die Säule wurde 1922 an der Ecke Andreasstraße/Seifensiedergasse neu aufgestellt; Maria und die Engel wurden durch ein Kruzifix ersetzt.

Fischmarkt (1, Altstadt, F 8a)
Unweit der Donau befand sich früher, aus naheliegenden Gründen, der Ort, wo Fisch verkauft wurde. Die steinernen Bänke auf der Ostseite des Platzes, auf denen die Ware präsentiert wurde, aufgestellt vom damaligen Stadtbaumeister Albrecht Altdorfer (→ Altdorferstraße, → Altdorferplatz), sind noch erhalten. Nach dem Verkauf wurde der Fisch über das → Fischgässel weiter in die Wohngebiete im Zentrum der Stadt gebracht.

Flandernstraße (5, Konradsiedlung, H 5)
→ Gruppe „Deutsche Nation". Region im westlichen Belgien und im nordwestlichen Frankreich, Schauplatz wichtiger Schlachten im Ersten Weltkrieg.

Fleischmannstraße (9, Schwabelweis, K 7/8)
Aus dem 15. Jh. berichten Chroniken, dass eine Bande von Räubern und Wegelagerern unter ihrem Anführer Fleischmann Schwabelweis unsicher gemacht, die Kirche (→ Schwabelweiser Kirchstraße) ausgeraubt und den Friedhof (→ Schwabelweiser Friedhofstraße) geschändet habe. Auf Anordnung der Obrigkeit habe sich eine Bürgerwehr von 29 bewaffneten Männern gebildet, um die Bande unschädlich zu machen. Der Ausgang der Geschichte ist nicht überliefert. – Deutlich honoriger ist ein Bewohner gleichen Namens, der im 19. Jh. über einen Zeitraum von 18 Jahren Bürgermeister des damals noch eigenständigen Dorfs Schwabelweis (→ Gruppe „Schwabelweis und St. Emmeram") war.

Fliederweg (6, Keilberg, L 5)
→ Gruppe „Wald und Flur".

Flößerstraße (3, Steinweg, F 6)
→ Gruppe „Holz und Holzverarbeitung".

Floraweg (18, Burgweinting, H/I 12)
→ Gruppe „Burgweinting 5: Vor- und Frühgeschichte". Flora, römische Göttin der Pflanzen und Blüten.

Fluderstraße (7, Reinhausen, G 6)
Die Bewohner des Dorfs → Reinhausen lebten früher von und mit dem Fluss Regen. Zu ihnen gehörten die Flößer, die den Fluss zum Holztransport nutzten (→ Holzgartenstraße, → Gruppe „Holz und Holzverarbeitung"). Sie transportierten die Holzstämme einzeln oder zusammengebunden. Die Bündel wurden „Fluder" genannt.

Fort-Skelly-Straße (12, Galgenberg, G 10/11)
Die Straße verläuft auf dem Areal einer der ehemaligen Kasernen von Regensburg. Sie war in den ersten Jahren des Zweiten Weltkriegs 1939/41 unter dem Namen „Flakkaserne" gebaut worden. Nach Kriegsende war hier von 1945 bis 1964 das 11. Kavallerie-Regiment „Black Horse" der US-Army stationiert; der Standort hieß in dieser Zeit „Fort Skelly". Von 1965 bis 2010 wurde das Gelände als „Nibelungenkaserne" von der Bundeswehr genutzt. Heute befinden sich hier Woh-

nungen, die Städtische Fach- und Berufsoberschule sowie das IT-Gründerzentrum „TechBase".

Frankenstraße (2/3/7/8 Weichs/Reinhausen/Steinweg/Pfaffenstein, E/F/G 7)
Nördlich der Donau führte schon zu alten Zeiten eine Ausfallstraße für den Fernverkehr nach Westen und Nordwesten ins Frankenland und in dessen Metropole Nürnberg (→ Alte Nürnberger Straße, → Nürnberger Straße). Im 20. Jh. entstand parallel dazu eine größere und leistungsfähigere Verkehrsachse; erneut orientierte man sich bei der Namengebung nach der Zielrichtung. (Vgl. → Nordgaustraße.)

Franz-Hartl-Straße (12, Galgenberg, G 11)
Franz Hartl (1907–1967) war VW-Großhändler in Regensburg mit starkem sozialen Engagement. Sein Autohaus wurde nach seinem Tod von seinem Prokuristen Wolfgang Jepsen übernommen und besteht bis heute. – Bezug: Die Straße zweigt von der Johann-Hösl-Straße ab; in dieser befindet sich das Autohaus Hartl-Jepsen.

Franz-Josef-Strauß-Allee (17/18, Graß/Oberisling/Unterisling/Burgweinting, D/E/F/G/H 11/12)
Franz Josef Strauß (1915–1988) war Politiker, Vorsitzender der CSU 1961–1988, Bundesminister für besondere Aufgaben 1953–1955, für Atomfragen 1955–1956, für Verteidigung 1956–1962, für Finanzen 1966–1969 und bayerischer Ministerpräsident 1978–1988. Ehrenbürger von Regensburg 1985. Er starb in Regensburg. – Bezug: Die Straße führt am Klinikum der Universität Regensburg vorbei; für dessen Vollendung setzte sich Strauß in besonderer Weise ein.

Franz-Mayer-Straße (12, Galgenberg, F/G 10)
Franz Mayer (1920–1977), gebürtig aus Mitterfels/Niederbayern, war Professor der Rechtswissenschaften an der Universität Regensburg 1965–1977 und Rektor der Universität 1967–1968. In seiner Amtszeit wurde mit dem Wintersemester 1967/68 der Lehrbetrieb an der 1962 neugegründeten Universität aufgenommen. – Bezug: In der Nähe der Straße befindet sich die Universität. (Vgl. → Lore-Kullmer-Straße, → Rudolf-Vogt-Straße.)

Franz-von-Kobell-Straße (13, Ganghofersiedlung, E 10/11)
→ Gruppe „Schriftsteller 2". Franz von Kobell (1803–1882), bayerischer Volks- und Heimatschriftsteller.

Franz-von-Taxis-Ring (15, Rennplatz, B/C 8/9)
→ Gruppe „Thurn und Taxis 3: Rennplatz". Franz von Taxis (ca. 1459–1517) schloss die ersten Verträge mit Herrschern der Habsburger in Deutschland, den Niederlanden und Spanien zur europaweiten Briefbeförderung mittels fester Posten und Stafetten ab. Er wurde damit zum Begründer des modernen Postwesens und der Erfolgsgeschichte seiner Familie.

Franz-Winzinger-Weg (13, Königswiesen-Süd, D 11)
Franz Winzinger (1910–1983), gebürtig aus Hofberg/Niederbayern, war Maler, Grafiker, Kunsthistoriker, Kunstsammler und seit 1953 Lehrer an der Philosophisch-Theologischen Hochschule Regensburg (→ „Predigergasse"). Er unternahm ausgiebige Forschungen zu Leben und Werk des Regensburger Künstlers Albrecht Altdorfer (→ Altdorferplatz, → Altdorferstraße).

Franzensbader Weg (5, Konradsiedlung, H 6)
→ Gruppe „Deutsche Nation". Stadt im Sudetenland (Staat: Tschechien) mit (ehemals) deutscher Bevölkerung und deutscher Vergangenheit. Heutiger Name: Františkovy Lázně.

Franziskanerplatz (2, Stadtamhof, F 7)
An der Nordseite des Platzes befand sich von 1652 bis 1802 ein Kloster der Franziskaner. Es hätte ursprünglich in Regensburg errichtet werden sollen, doch aus Platzgründen wich man ins benachbarte Stadtamhof aus. Von den Gebäuden ist nichts mehr erhalten. Nach der Säkularisation entstand an der Stelle der Kirche ein Wohnhaus (heute: Franziskanerplatz 8) und an der Stelle des Klosters ein Behördengebäude, in dem sich aktuell das Landesvermessungsamt befindet (heute: Franziskanerplatz 10).

Frauenbergl (1, Altstadt, F 8d)
Im östlichen Bereich der Straße, an der Rückseite des ehemaligen Salzburger Hofs (→ Salzburger Gasse), stand vom Mittelalter bis ins 18. Jh. die Kapelle St. Kilian. In ihr war eine Statue von Maria, „Unserer Lieben Frau", ausgestellt. Sie wurde nach Abbruch der Kapelle mehrfach transferiert und befindet sich heute im Treppenhaus des Gebäudes Drei-Kronen-Gasse 1.

Frauendorferstraße (13, Kumpfmühl, F 9)
Heinrich (seit 1901 Ritter von) Frauendorfer (1855–1921) war bayerischer Verkehrsminister 1904–1912 und 1918–1919 sowie Staatssekretär

im Reichsverkehrsministerium 1920–1921. – Bezug: Frauendorfer war gebürtiger Oberpfälzer aus Höll (heute: Stadt Waldmünchen) und ging u. a. in Regensburg zur Schule.

Frauenholzweg (6, Keilberg, L 6)
Der Flurname verweist auf die – früher wie heute – ländliche und land- bzw. forstwirtschaftlich genutzte Umgebung sowie auf die Topographie. „Frauenholz" heißt der Wald östlich von Keilberg im Gebiet der Gemeinde Tegernheim; er gehörte früher dem adeligen Damenstift Niedermünster (→ Niedermünstergasse).

Frauenzellstraße (5, Wutzlhofen, H/I 4)
→ Gruppe „Bayerischer Wald 2: Vorwald". Frauenzell, Ortsteil der Gemeinde Brennberg im Landkreis Regensburg/Oberpfalz.

Freiherr-vom-Stein-Straße (15, Äußerer Westen, C 8/9)
→ Gruppe „Befreiungskriege". Heinrich Friedrich Karl Reichsfreiherr vom und zum Stein (1757–1831), preußischer Politiker und Staatsreformer.

Friedenstraße (1/12/13, Galgenberg/Kumpfmühl, E/F 9)
Die Straße erhielt ihren Namen 1885 und erinnert an den Frieden von Frankfurt 1871, der den Deutsch-Französischen Krieg von 1870/71 zugunsten Deutschlands beendet hatte. In diesem Krieg war das Deutsche Reich gegründet worden; die Zeit danach stand im Bereich der Erinnerungskultur, auch bei der Benennung von Straßen, ganz im Zeichen des Gedenkens an diese Ereignisse (→ Gruppe „Gründerzeit").

Friedrich-Ebert-Straße (14, Königswiesen, D 9/10)
Friedrich Ebert (1871–1925) war Politiker der SPD und wurde nach dem Ende des Ersten Weltkriegs deutscher Reichskanzler 1918–1919 und Reichspräsident 1919–1925. – Bezug: Ebert stand als Politiker für ein demokratisches und soziales Deutschland. Ähnlichen Prinzipien, bezogen auf den Bereich des Wohnungsbaus, folgte auch die Anlage des Neubaugebiets von Königswiesen in den 1970er-Jahren. (Vgl. → Dr.-Gessler-Straße.)

Friedrich-Niedermayer-Straße (15, Innerer Westen, E 9)
Friedrich Niedermayer (1856–1942), gebürtig aus Straubing/Niederbayern, war ein Architekt in der Zeit des Historismus, als bei Neubauten gerne alte Stile nachempfunden wurden. In Regensburg plante er so prominente Gebäude wie die Kirche St. Cäcilia 1900/03, die Landesversicherungsanstalt 1903/04 (heute: Gabelsbergerstraße 7) und die

ehemaligen Landeszentralbank 1907 (heute: Schwarze-Bären-Straße 10). Ebenfalls von ihm stammt das Justizgebäude 1905 (heute: Kumpfmühler Straße 4). Zum Gesamtkomplex gehört auf der Rückseite auch das – ebenfalls von Niedermayer errichtete – Gefängnis, an dessen Zugang die Straße entlangführt.

Friedrich-Viehbacher-Allee (18, Burgweinting, K 12)
Friedrich Viehbacher (1933–1993) war Politiker (CSU) und Oberbürgermeister von Regensburg 1978–1990. Er war maßgeblich an der Ansiedlung von BMW und damit an der Entwicklung Regensburgs zur modernen Großstadt beteiligt.

Friesenstraße (11, Kasernenviertel, H 10)
→ Gruppe „Germanisch-deutsche Volksstämme".

Fritz-Fend-Straße (1, Innenstadt, E/F 9)
Fritz Fend (1920-2000), gebürtig aus Rosenheim/Oberbayern, war Automobilkonstrukteur. Nach dem Ende des Zweiten Weltkriegs gründete er eine Firma und stellte Kleinstfahrzeuge her; berühmt wurde v. a. sein Kabinenroller. Von 1952 bis 1956 arbeitete er bei der Produktion mit dem Messerschmitt-Werk in Regensburg (→ Gruppe „Flieger und Flugzeugbauer") zusammen, solange dort, bedingt durch Auflagen nach dem Krieg, keine Flugzeuge gebaut werden durften. Von 1957 bis 1964 produzierte er wieder eigenständig; danach wurde die Fertigung eingestellt. In den 1980er-Jahren arbeitete er an der modernisierten Version eines Kleinstfahrzeugs, brachte es aber nur bis zum Bau eines Prototyps.

Fritz-Schäffer-Weg (13, Königswiesen-Süd, D 10)
→ Gruppe „Politiker des demokratischen Deutschland und Bayern". Fritz Schäffer (1888–1967), bayerischer Ministerpräsident (CSU) 1945, Bundesfinanzminister 1949–1957, Bundesjustizminister 1957–1961.

Frobenius-Forster-Straße (9, Schwabelweis, K 7/8)
→ Gruppe „Schwabelweis und St. Emmeram". Johann Michael Forster (1709–1791), ab 1727 mit dem Namen Frobenius Mönch im Kloster St. Emmeram, Fürstabt des Klosters 1762–1791. In seiner Amtszeit wurde die Kirche St. Georg in Schwabelweis neu gebaut (→ Schwabelweiser Kirchstraße).

Fröhliche-Türken-Straße (1, Altstadt, F 8d)
In einem Anwesen der Straße (heute: Fröhliche-Türken-Straße 1 und 3) befand sich seit alters – mit verschiedenen Namen – ein Gasthaus. Im späten 17. Jh. hieß es „Zum Fröhlichen Mann"; im 18. Jh. wurde es lange

Zeit von einer Familie Türk betrieben, so dass sich der Namen „Zum Fröhlichen Türken" einbürgerte. Das Gasthaus bestand bis ins späte 19. Jh.

Frohnwiesenweg (18, Burgweinting, K 11)
→ Gruppe „Burgweinting 1: Dorf". Flurname mit Verweis auf die ländliche und landwirtschaftlich genutzte Umgebung sowie auf die einstigen besitzrechtlichen Verhältnisse. Burgweinting gehörte bis zur Säkularisation 1810 weitgehend dem Bischof von Regensburg. Ein Teil des kirchlichen Grundbesitzes war an ortsansässige Bauern gegen Zahlung von Abgaben („Fron") verliehen. (Vgl. → Lehenackerweg.)

Fuchsgäßchen (1, Altstadt, F 8a) → *Info unten*
In einem Anwesen der Straße an der Ecke zur Metgebergasse (heute: Metgebergasse 10) war im frühen 19. Jh. ein Mehlhändler namens Adam Fuchs ansässig.

Fuchsengang (1, Altstadt, F 8d) → *Info unten*
In einem Anwesen der Straße an der Ecke zur Fröhlichen-Türken-Straße (heute: Fröhliche-Türken-Straße 11) war im frühen 19. Jh. ein Bäckermeister namens Georg Christoph Fuchs ansässig.

ECKHÄUSER UND STRASSENNAMEN

Dort, wo in der Altstadt Straßen nach den Anwesen bestimmter Familien oder nach besonderen Einrichtungen benannt sind, fällt bei genauerem Hinsehen auf, dass die jeweiligen Häuser, auf die die Namen sich beziehen, nicht irgendwo in der Straße, sondern häufig in Ecklage zu anderen, meist größeren Straßen zu finden sind. Das ist kein Zufall, sondern erklärt sich ganz einfach dadurch, dass die Straßennamen ursprünglich zur Orientierung und Wegbeschreibung dienten. Wenn ein Fremder beispielsweise nach dem Weg fragte, dann sagte man als Einheimischer: „Du musst von der Donau die Straße hinauf stadteinwärts gehen und beim Haus von der Familie Fuchs abbiegen" – das war dann das „Fuchsgäßchen". Oder: „Du musst vom Peterstor stadteinwärts gleich beim Haus der Familie Fuchs (einer anderen gleichen Namens) in die kleine Seitengasse hinein" – daraus entstand die Bezeichnung „Fuchsengang". Ausnahmen von dieser Regel gab es selbstverständlich auch, zum Beispiel dann, wenn ein Anwesen mitten in der Straße besonders auffällig war. Aber die häufige Benennung nach Eckhäusern lässt insgesamt gesehen doch ein besonderes Muster erkennen.

Fürnrohrstraße (13, Königswiesen-Süd, D 11)
August Emanuel Fürnrohr (1804–1861), gebürtig aus Regensburg, war gelernter Apotheker; durch seine Freundschaft mit David Heinrich Hoppe (→ Hoppestraße) wandte er sich zudem auch der Botanik zu. Er war Professor am Lyzeum (→ Predigergasse) 1839–1861 und nach dem Tod Hoppes Präsident der Botanischen Gesellschaft Regensburg 1846–1861. Fürnrohr gehörte zu den bedeutendsten Naturwissenschaftlern der Stadt im 19. Jh.; gemeinsam mit Gottlieb August Herrich-Schäffer (→ Herrichstraße) verfasste er die dreibändige „Naturhistorische Topographie von Regensburg", 1838–1840.

Fürst-Albert-Allee (14, Großprüfening, B 9)
→ Gruppe „Prüfening – Kloster und Schloss". Fürst Albert von Thurn und Taxis (→ Albertstraße) erwarb 1899 den Besitz des ehemaligen Klosters Prüfening und wandelte es zum Schloss um.

Fürst-Anselm-Allee (1, Innenstadt, E/F 8/9) → *Info rechts*
→ Gruppe „Thurn und Taxis 1: Schloss". Fürst Karl Anselm von Thurn und Taxis (→ Karl-Anselm-Straße) ließ von 1779 bis 1781 zum Zweck der Stadtverschönerung rings um die Stadt, unmittelbar außerhalb der damals noch existierenden Befestigungsanlagen, eine Allee anlegen. Sie wurde später parkähnlich umgestaltet; in dieser Form existiert sie noch heute. Ursprünglich trug die gesamte Anlage den Namen ihres Stifters; heute heißt der Teil westlich vom Jakobstor offiziell → Prebrunnallee und der Teil östlich der D.-Martin-Luther-Straße Ostenallee.

Further Straße (7, Reinhausen, G 7)
→ Gruppe „Bayerischer Wald 3: Hochwald". Ort im Bayerischen Wald.

Furtmayrstraße (11/12, Kasernenviertel/Galgenberg, F/G 9)
Bertold Furtmayr (ca. 1440–nach 1506) war Miniaturmaler und Buchillustrator im Stil der Spätgotik; in seiner Werkstatt in Regensburg produzierte er für bedeutende Auftraggeber wie die Erzbischöfe von Salzburg und die Herzöge von Bayern. Er war der letzte bedeutende Vertreter in der langen Reihe großer mittelalterlicher Buchmaler aus und in Regensburg.

Gabelsbergerstraße (1/10, Innenstadt/Ostenviertel, G 8/9)
Franz Xaver Gabelsberger (1789–1849) aus München war Sekretär und Kanzlist im bayerischen Staatsdienst. Im Zusammenhang mit seiner beruflichen Tätigkeit entwickelte er ein System der Kurzschrift, die Grundlage der heute gebräuchlichen deutschen Einheitskurzschrift.

DIE ALLEE

Mit der Allee wollte ihr Stifter, Fürst Karl Anselm von Thurn und Taxis, sich ein Denkmal setzen; er bestand deshalb darauf, dass sie nach ihm benannt wurde. Die Regensburger hielten sich daran; und so heißt sie nicht nur im amtlichen Straßenverzeichnis „Fürst-Anselm-Allee", sondern wird auch im allgemeinen Sprachgebrauch „Fürstenallee" genannt. Das Ganze war aber nicht einfach nur eine geschickte PR-Maßnahme des Hauses Thurn und Taxis, sondern hatte auch viel mit dem herrschenden Zeitgeist im späten 18. Jahrhundert zu tun. Damals war die Aufklärung in Mode; prominente Philosophen wie Jean-Jacques Rousseau propagierten die „Rückkehr zur Natur". Die natürliche Umgebung der Allee sollte der Erholung dienen, aber im weiteren Sinn auch den Geist ihrer Besucher durch den Genuss des Schönen und Edlen erfreuen und erheben, sie letztlich zu besseren Menschen machen. Hochgesteckte Ziele – inwieweit sie realistisch sind, muss jeder für sich selbst entscheiden. Fakt ist, dass die Allee auch mehr als 200 Jahre später allseits beliebt ist. Man muss nur einmal an einem sonnigen Frühlingstag, wenn das frische Grün sich entfaltet, die zahlreichen Spaziergänger beobachten, um zu sehen, dass sie das Potential hat, die Menschen vielleicht nicht besser, aber doch – zumindest für kurze Zeit – glücklicher zu machen.

Gabriele-Münter-Straße (9, Schwabelweis, K 7)

Gabriele Münter (1877–1962) war eine Malerin und Zeichnerin aus München, Schülerin und Partnerin von Wassily Kandinsky. – Bezug: Die Straße liegt im Viertel mit Straßennamen, die einigen Regensburger Malern gewidmet sind (→ Ludwig-von-Andok-Straße). Ein besonderer Zusammenhang mit Regensburg liegt in diesem Fall nicht vor – allenfalls dergestalt, dass Gabriele Münter 1903 über Regensburg nach Kallmünz in den Sommerurlaub reiste.

Gärtnerstraße (8, Weichs, H 7/8)

Im Jahr 1799 wurde durch Beschluss der bayerischen Regierung der zum Schloss Weichs (→ Weichser Schloßgasse) gehörende Gutshof aufgelöst, der umfangreiche Besitz parzelliert und an Kleinbauern und Gärtner vergeben. Sie bauten auf dem durch die ständigen Überschwemmungen (→ Weichser Damm) überaus fruchtbaren Boden in kleinen Gärten Gemüse, meist Rettich an (→ Weichser Radiweg).

Gäßchen ohne End (1, Altstadt, F 8a)
Bei der kleinen Straße handelt es sich um eine Sackgasse. Als solche hat sie definitiv ein Ende – was ihrem Namen auf den ersten Blick komplett widerspricht. Es kommt allerdings auf den Wortsinn an. „Ende“ ist in diesem Fall mit „Ziel“ zu übersetzen, und dann stimmt die Bezeichnung: Wenn man in die Gasse hineingeht, kommt man nirgendwo hin und muss wieder umkehren – eine Sackgasse eben. (Vgl. → Hundsumkehr.)

Galgenbergstraße (12, Galgenberg, F/G 9/10/11)
Auf einer Anhöhe südlich außerhalb der Stadt befand sich eine der Hinrichtungsstätten der Freien Reichsstadt, nämlich die zum Hängen am Galgen. Diese Art der Todesstrafe wurde vor allem an Dieben vollstreckt. Der Galgen wurde 1368 errichtet und bis 1803, als die Freie Reichsstadt aufgelöst wurde, benutzt. Das Pendant zum Regensburger Galgen war der der bayerischen Justizbehörden von Stadtamhof bzw. Weichs auf der Nordseite der Donau (→ Am Sandberg).

Gallingkofen (4, Gallingkofen, F 5)
Das ehemalige Dorf Gallingkofen wurde 1228 erstmals erwähnt und 1924 nach Regensburg eingemeindet. Wie bei anderen Eingemeindungen bewahrt die einstige Haupt- oder Dorfstraße den Namen des Orts fort. Im Mittelalter bildete Gallingkofen zusammen mit dem benachbarten Sallern einen adeligen Herrschaftsbereich, eine sog. „Hofmark“; sie war im Lauf der Zeit im Besitz verschiedener adeliger Familien (→ Sallerergasse, → Sattelbogenerstraße, → Albergerstraße, → Hauzensteiner Straße).

Gambachweg (7, Reinhausen, H 7)
→ Gruppe „Flüsse in Bayern“.

Garbenstraße (18, Burgweinting, I 11)
→ Gruppe „Burgweinting 4: Feldfrüchte“.

Gartenweg (18, Harting, L 12)
→ Gruppe „Harting – ein Dorf“. Flurname mit Verweis auf die ländliche und landwirtschaftlich genutzte Umgebung.

Gaubaldstraße (13, Kumpfmühl, E 10)
→ Gruppe „Katholisches Regensburg“. Gaubald (ca. 700–761), Bischof von Regensburg 739-761. Er war der erste kanonische, sozusagen „ordentliche“ Bischof der Stadt, nachdem das Bistum im Jahr 739 ordnungsgemäß – eben „kanonisch“ – eingerichtet worden war.

Gebhardstraße (2, Stadtamhof, F 7)
Ein Geistlicher namens Gebhard, zusammen mit einem anderen, der Paul hieß, gründete 1138 am Ort einer bereits bestehenden kleinen Kapelle St. Magnus, im Volksmund St. Mang genannt, das Augustinerchorherrenstift St. Andreas (→ Andreasstraße) und wurde dessen erster Prior. Zur Ausstattung des Stifts vermachte er ihm seinen eigenen Grundbesitz in der näheren und weiteren Umgebung von Stadtamhof.

Geibelplatz (13, Ganghofersiedlung, E 11)
→ Gruppe „Schriftsteller 2". Emanuel Geibel (1815–1884), Schriftsteller in der Tradition von Klassik und Romantik.

G

Geiersbergweg (3, Steinweg, F 6)
Die Straße führt von Norden auf den Dreifaltigkeitsberg, der früher, vor dem Bau der dortigen Kirche (→ Am Dreifaltigkeitsberg), „Geiersberg" (oder auch „Osterberg" → Osterbergweg) genannt worden war.

Gemeindewiesenweg (18, Harting, M 12)
→ Gruppe „Harting – ein Dorf". Flurname mit Verweis auf die ländliche und landwirtschaftlich genutzte Umgebung. Wie in jedem Dorf gab es in Harting von den Bauern einzeln, aber auch gemeinschaftlich bewirtschaftete Flächen.

Gemeinerstraße (11, Kasernenviertel, G 9)
Carl Theodor Gemeiner (1756–1823), gebürtig aus Regensburg, war als Beamter der Freien Reichsstadt in den Funktionen eines Stadtschreibers, Archivars und Bibliothekars (als Nachfolger von Georg Gottlieb Plato-Wild, → Plato-Wild-Straße) tätig. Er behielt diese Funktion auch, als Regensburg 1802 zum Fürstentum (→ Dalbergstraße) und 1810 ein Teil des Königreichs Bayern (→ Maximilianstraße) wurde. Aufgrund von ausgedehnten Archivstudien verfasste er als sein Lebenswerk die vierbändige „Regensburgische Chronik", 1800–1824.

Georg-Aichinger-Straße (10, Ostenviertel, H 9)
Georg Aichinger (1916–2007) war Pfarrer bzw. zuletzt Geistlicher im Ruhestand an der Pfarrei Mater Dolorosa im Stadtviertel Hohes Kreuz (→ Hoher-Kreuz-Weg) 1964–2007. Er engagierte sich stark für die Integration von Migranten, die in einem Übergangswohnheim im Viertel eine erste Bleibe fanden; z. B. erteilte er Deutschunterricht und lernte selbst Russisch, um mit Spätaussiedlern kommunizieren zu können. – Bezug: Die Straße liegt unweit des Stadtviertels Hohes Kreuz.

Kramgasse mit Blick auf den Dom

Georg-Herbst-Straße (15, Margaretenau, C/D 9)
Georg Herbst (1883–1934) war Lehrer in Regensburg. Er gründete 1918 zusammen mit anderen Mitgliedern des Regensburger Mietervereins die „Baugenossenschaft Margaretenau e. G.“, die gesunde und menschliche Wohnverhältnisse auch für einfache Leute erschwinglich machen wollte. (Vgl. → Margaretenau, → Damaschkestraße, → Hans-Hayder-Straße.)

Gerbergasse (1, Altstadt, E 8b)
Früher lebten die Menschen in Städten vielfach nach Berufsgruppen zusammen. Hier waren Handwerker ansässig, die Leder produzierten, und zwar derbes Leder, wie man es für Schuhsohlen und ähnliches benötigte. (Vgl. → Weißgerbergasse, → Lederergasse.)

Gerhardingerstraße (2, Stadtamhof, F 7)
Karoline Gerhardinger (1797–1879) war die Tochter eines Schiffsmeisters → Am Gries. Sie interessierte sich für schulische Bildung in einer Zeit, als durch die Säkularisation und den dadurch bedingten Wegfall zahlreicher Klosterschulen eine große Lücke entstanden war. Ihre Antwort war die Gründung des neuen Ordens der „Armen Schulschwestern“ im Jahr 1833; bis zu ihrem Lebensende hatte sie ihn in vielen Ländern Europas und sogar in den USA fest etabliert. Seit 1981 befindet sich ein kleines Kloster des Ordens auch auf dem Grundstück ihres eigenen Geburtshauses (heute: Am Gries 19).

Gerlichstraße (15, Innerer Westen, D 8)
Fritz Gerlich (1883–1934) war Archivar und Journalist mit konservativer Ausrichtung in München. Nach einem religiösen Erweckungserlebnis konvertierte er zum Katholizismus und setzte sich publizistisch für explizit katholische Belange ein. Seit dem Hitler-Putsch 1923 kritisierte er den Aufstieg des Nationalsozialisten; nach deren Machtergreifung wurde er 1933 verhaftet und 1934 im Konzentrationslager Dachau ermordet.

Gerstenweg (18, Burgweinting, I 11)
→ Gruppe „Burgweinting 4: Feldfrüchte“.

Gertraud-Kaltenecker-Straße (15, Innerer Westen, D/E 9)
Gertraud Kaltenecker (1915–2004), gebürtig aus Regensburg, war Sängerin und Komponistin in nebenberuflicher Tätigkeit. Sie komponierte über 90 Werke sowohl geistlicher als auch weltlicher Musik.

Gertrud-Bäumer-Weg (18, Burgweinting, K 12)
→ Gruppe „Burgweinting 3: Frauen". Gertrud Bäumer (1873–1954), Lehrerin, Publizistin und Schriftstellerin, Politikerin (DDP), Mitglied des deutschen Reichstags (als eine der ersten Frauen) 1919–1932. Sie war zeitlebens für die Frauenbewegung aktiv.

Gertrud-von-le-Fort-Straße (13, Neuprüll, E 11)
→ Gruppe „Schriftsteller 2". Gertrud von le Fort (1876–1971), Schriftstellerin mit religiösem und historischem Bezug.

Gesandtenstraße (1, Altstadt, F 8c)
In der Straße mieteten sich zu Zeiten des Immerwährenden Reichstags (1663–1806) verschiedene Gesandtschaften von Reichstagsteilnehmern ein. So war im Haus mit der Nummer 3, dem sog. „Zant-Haus", die Kanzlei des Fürsten von Thurn und Taxis in seiner Eigenschaft als Prinzipalkommissar ansässig, in Nummer 5, dem sog. „Ingolstätter-Haus", die Gesandtschaft von Mainz, im Vorgängerbau des heutigen Neubaus in Nummer 6 die Gesandtschaft von Hessen-Kassel; hinzu kamen Gebäude am Anfang und am Ende der Straße mit den Gesandtschaften Württembergs im Haus Bismarckplatz 9 und Sachsens im Haus Neupfarrplatz 14, dem sog. „Löschenkohl-Palais". Außerdem befand sich an der Dreieinigkeitskirche, die auf der Südseite der Straße liegt, ein kleiner Friedhof, der als Begräbnisstätte verstorbener Gesandter protestantischer Konfession diente. Die Benennung nach den Gesandten bürgerte sich im 18. Jh. allmählich ein; davor hieß die Straße „Scherergasse" (nach einem der Stadtbezirke, der sog. „Schererwacht") oder einfach nur „Lange Gasse".

Gichtlgasse (1, Altstadt, G 8a)
In einem Anwesen der Straße, möglicherweise dem an der Ecke zur Ostengasse (heute: Gichtlgasse 8), war über mehrere Generationen die Familie Gichtl ansässig. In der Mitte des 16. Jhs. gab es einen Ratsherrn dieses Namens; im frühen 17. Jh. lebte als Arzt Dr. Michael Gichtl.

Ginsterweg (6, Keilberg, L 5)
→ Gruppe „Wald und Flur".

Giselastraße (15, Westheim, C 7)
→ Gruppe „Frauen aus Regensburgs Vergangenheit". Gisela (ca. 950–1006/07), Ehefrau Herzog Heinrichs II. von Bayern, wurde – wie dessen Eltern Herzog Heinrich I. und Herzogin Judith (→ Herzogin-

Judith-Weg) – im Stift Niedermünster (→ Niedermünstergasse) beigesetzt. An ihrem Grab ließ ihre Tochter, die ebenfalls Gisela hieß und Königin von Ungarn war, das sog. „Gisela-Kreuz" aufstellen, ein Meisterwerk mittelalterlicher sakraler Kunst.

Glasbläserstraße (3, Steinweg, F 6)
→ Gruppe „Holz und Holzverarbeitung". Möglicher Bezug: Zur Erhitzung der Rohstoffe, aus denen Glas gewonnen wird, benötigt man Holz.

Glasfaserstraße (10, Ostenviertel, K 9)
Wie bei einigen anderen Fällen aus dem Industrie- und Gewerbegebiet im Osten von Regensburg (→ Herbert-Quandt-Allee, → Rathenaustraße, → Siemensstraße) verweist auch hier der Straßenname auf ein ansässiges Unternehmen, nämlich den Glasfaser-Spezialisten Ficotec GmbH.

Glashüttenstraße (6, Brandlberg, I 5/6)
Zwischen dem Dorf Brandlberg (→ Am Brandlberg) und dem Harthof (→ Harthofkapellenplatz) befand sich im frühen 19. Jh. eine Glashütte.

Glockenbecherweg (18, Burgweinting, H 11)
→ Gruppe „Burgweinting 5: Vor- und Frühgeschichte". Im archäologischen Areal von Burgweinting fanden sich u. a. Zeugnisse aus der sog. „Glockenbecherzeit". Darunter versteht man den Übergang zwischen der Jungsteinzeit und der Bronzezeit (ca. 2600–ca. 2200 v. Chr.), benannt nach einer damals typischen Form von Keramik.

Glockengasse (1, Altstadt, F 8a/c)
In einem Anwesen der Straße (heute: Glockengasse 10) befand sich vom frühen 17. bis ins späte 19. Jh. das Gasthaus „Zur Goldenen Glocke".

Gluckstraße (12, Galgenberg, G 10)
→ Gruppe „Komponisten und Musiker". Christoph Willibald Gluck (1714–1784), Komponist des Barock. Er war gebürtiger Oberpfälzer aus Erasberg, heute ein Ortsteil von Berching.

Gnesener Straße (5, Konradsiedlung, H 6)
→ Gruppe „Deutsche Nation". Stadt in der ehemaligen preußischen Provinz Posen, von Deutschland im Friedensvertrag von Versailles an Polen abgetreten. Heutiger Name: Gniezno.

Godinstraße (17, Graß, D 12)
→ Gruppe „Graß – Burg und Dorf". Anselm Godin (1677–1742), ab 1697 Mönch und ab 1725 Abt des Klosters St. Emmeram (→ Em-

meramsplatz), wurde 1732 in den Rang eines Fürstabts erhoben und ließ aus diesem Anlass seine Klosterkirche von den Gebrüdern Asam (→ Asamstraße) prachtvoll im Stil des Barock umgestalten. Einen älteren Altar, der jetzt nicht mehr gebraucht wurde, schenkte er in der Folge der Pfarrkirche St. Michael in Graß.

Görresstraße (13, Ziegetsdorf, D/E 11)
→ Gruppe „Schriftsteller 2". Johann Joseph Görres (1776–1848), Schriftsteller der Romantik.

Goethestraße (15, Innerer Westen, D 8)
→ Gruppe „Schriftsteller 1". Johann Wolfgang von Goethe (1749–1832), Schriftsteller der Klassik.

Goldene-Bären-Straße (1, Altstadt, F 8a/b)
In einem Anwesen der Straße (heute: Goldene-Bären-Straße 6) befand sich vom 17. bis ins späte 19. Jh. das Gasthaus „Zum Goldenen Bären". An der Straße gab es noch etliche weitere Gasthäuser, so in Nummer 2 den „Goldenen Adler" und in Nummer 10 das „Goldene Posthorn" (→ Posthorngässchen). Diese Vielfalt hängt mit dem regen Reiseverkehr zusammen, der in der Nähe der Donau im Allgemeinen und der Steinernen Brücke im Besonderen über viele Jahrhunderte bestand.

Goliathstraße (1, Altstadt, F 8a/b)
Der Straßenname ist von einem Hausnamen abgeleitet, nämlich dem des Goliathhauses (heute: Goliathstraße 4). Dieser wiederum kommt nicht etwa von dem imposanten Fassadengemälde „David und Goliath", das im 16. Jh. von Johann Melchior Bocksberger (→ Bocksbergerstraße) geschaffen wurde; er ist schon im Mittelalter belegt. Die wahrscheinlichste Erklärung besagt, hier habe ursprünglich eine Herberge für durch die Lande ziehende Theologiestudenten, die man „Goliarden" nannte, bestanden. Als die Herberge später durch ein Patrizierhaus ersetzt worden sei, habe sich der Name in abgewandelter Form erhalten.

Gozratstraße (17, Oberisling, G 12)
→ Gruppe „Oberisling und St. Emmeram". Ein gewisser Gozrat wird um 1082/83 als Einwohner von Oberisling und Untertan des Klosters St. Emmeram erwähnt.

Grabengasse (8, Weichs, H 7/8)
Die Straße verläuft auf der Ostseite des ehemaligen Schlosses von Weichs, das aus Sicherheitsgründen von einem Graben umgeben war (→ Weichser Schloßgasse).

Gräßlstraße (2, Stadtamhof, F 7)
Die Familie Gräßl betrieb im 19. und 20. Jh. über vier Generationen hinweg in Stadtamhof eine Bäckerei (heute: Andreasstraße 10). Erhard Michael Gräßl, der von auswärts nach Stadtamhof zuzog, Franz Xaver Gräßl, sein Sohn, und Josef Gräßl, dessen Sohn, waren zudem Stadträte von Stadtamhof bzw., nach der Eingemeindung 1924, von Regensburg. Franz Xaver Gräßl war Bürgermeister von Stadtamhof von 1893 bis 1911. Josef Gräßl, als Stadtrat von Regensburg von den Nationalsozialisten verfolgt, wurde nach dem Ende der NS-Zeit erneut politisch tätig und brachte es bis zum Mitglied des bayerischen Senats. Sein Sohn Erhard schloss die Bäckerei im Jahr 1982.

Graf-Spee-Straße (11, Kasernenviertel, G 9/10)
→ Gruppe „Militär und Militärs". Maximilian Graf von Spee (1861–1914), Offizier und Vizeadmiral der deutschen Marine, Teilnehmer am Ersten Weltkrieg, gefallen in einer Seeschlacht bei den Falkland-Inseln.

Graf-Zeppelin-Straße (11, Kasernenviertel, G 9)
→ Gruppe „Militär und Militärs". Ferdinand Graf von Zeppelin (1838–1917), Offizier des württembergischen Heeres, Teilnehmer am Deutsch-Französichen Krieg 1870/71, Erfinder des Luftschiffs, dessen Verwendung im Ersten Weltkrieg eine bedeutende Rolle spielte.

Grasgasse (1, Altstadt, F 8d)
In einem Anwesen der Straße (heute: Grasgasse 10/12) befand sich vom 15. bis zum 18. Jh. ein Bauernhof, der „Grashof" genannt wurde. Dieser Name hat wohl eher nichts mit dem Gras zu tun, das auf Wiesen wächst, sondern mit dem gleichen Wort, das in dem eingemeindeten Dorf Graß vorkommt und „Gebüsch, Gehölz, Zweige" bedeutet (→ Gruppe „Graß – Burg und Dorf"). Bauernhöfe innerhalb der Stadtmauern waren früher nichts Ungewöhnliches; sie lagen alle am damaligen Stadtrand, wo die Bebauung dünner war (→ Krauterermarkt, → Von-der-Tann-Straße).

Graßer Weg (13/17, Neuprüll/Ziegetsdorf/Graß, E 11/12)
Die Straße führt von Kumpfmühl (→ Kumpfmühler Straße) als Abzweigung von der Karthauser Straße in südlicher Richtung nach Graß

(→ Gruppe „Graß – Burg und Dorf"). Das erste Teilstück wurde später umbenannt (→ Theodor-Storm-Straße).

Graudenzer Straße (5, Konradsiedlung, H 5/6)
→ Gruppe „Deutsche Nation". Stadt im ehemaligen Westpreußen, von Deutschland im Friedensvertrag von Versailles an Polen abgetreten. Heutiger Name: Grudziądz.

Greflingerstraße (10, Ostenviertel, G/H 9)
Georg Greflinger (ca.1618–1677), gebürtig aus Neunburg vorm Wald/ Oberpfalz, war Schüler am Regensburger Gymnasium Poeticum (→ Poetengässchen). Um 1632 verließ er die Stadt; nach einigen Wanderjahren machte er sich in Hamburg ansässig. Dort war er als Schriftsteller und Übersetzer tätig; ab 1664 gab er eine Zeitung, den „Norddeutschen Mercurius", heraus. Damit gilt er als erster moderner Zeitungsredakteur in Deutschland.

Gregor-Klier-Straße (15, Prüfening, B 8)
Gregor Klier (1880–1954), gebürtig aus Neuhäusl bei Tachau/Böhmen, war ab 1906 in Regensburg als enger Mitarbeiter von Dr. Georg Heim (→ Dr.-Heim-Straße) bei dessen Bayerischem Christlichen Bauernverein als Sekretär bzw. Direktor des Kreisverbands Oberpfalz und in diversen anderen Funktionen tätig. Mit der Machtergreifung durch die Nationalsozialisten verlor er seine Ämter und zog sich ins Privatleben zurück. Nach dem Ende der NS-Herrschaft war er an der Gründung des Bayerischen Bauernverbands beteiligt und leitete bis zu seinem Tod erneut den Bezirksverband Oberpfalz.

Griesbacherstraße (12, Galgenberg, G 10)
→ Gruppe „Komponisten und Musiker". Peter Griesbacher (1846–1933), Komponist und Lehrer für katholische Kirchenmusik, ab 1894 in Regensburg, ab 1911 Dozent an der Kirchenmusikschule Regensburg.

Grimmstraße (15, Äußerer Westen, D 7/8)
Friedrich Melchior Grimm (1723–1807), gebürtig aus Regensburg, war ein hochgebildeter Mann und als Literat, Journalist und Diplomat tätig. Seit 1748 lebte er in Paris, stand in engem Kontakt mit Voltaire und Diderot, arbeitete an der „Encyclopédie" mit, und gab eine literarische Zeitung heraus, die in ganz Europa gelesen wurde. Aufgrund der Französischen Revolution verließ er 1792 Paris wieder. Nach einigen Jahren diplomatischer Tätigkeit im Dienst von Kaiserin Katharina von Russland verbrachte er seine letzten Jahre in Gotha.

Großprüfening (14, Großprüfening, A/B 9)
Das ehemalige Dorf Prüfening – oder genauer gesagt: Großprüfening, zur Unterscheidung von Kleinprüfening, das auf der anderen Seite der Donau liegt und zur Gemeinde Sinzing gehört – wurde in einer Urkunde aus dem Jahr 1000 erstmals erwähnt und 1938 nach Regensburg eingemeindet. Der Name deutet auf die „Gründung eines Mannes namens Pruvin“ oder „Probinus“ hin. Wie bei anderen Eingemeindungen bewahrt die einstige Hauptstraße den Namen des Orts fort. Das Dorf ist nicht mit der Siedlung Prüfening weiter nordöstlich zu verwechseln, die erst im 20. Jh. entstand (→ Annahofstraße).

Grünbeckstraße (15, Innerer Westen, D/E 8)
Joseph Grünbeck (1473–1532), gebürtig aus Burghausen/Oberbayern, war Humanist, Pädagoge, auch Astrologe, teilweise im Dienst Kaiser Maximilians. Sein abwechslungsreicher Lebensweg führte ihn quer durch ganz Europa. In den Jahren 1505, 1506 und 1508 weilte er dreimal kurzzeitig in Regensburg. Bei seinem ersten Aufenthalt gründete er eine Lateinschule; aus ihr entwickelte sich später das „Gymnasium Poeticum“ der Freien Reichsstadt (→ Poetengässchen).

Grünes Gäßchen (1, Altstadt, F 8c)
Der Name hat nichts mit der Farbe „grün“ zu tun, sondern mit dem alten Wort „Krinne“, was mit „Einschnitt“ oder „Kerbe“ zu übersetzen ist. Eine solche gibt es an der Westseite der Gasse: Hier bilden die Hausfassaden keine einheitliche Linie, sondern weisen zwischen Nummer 2 und 4 einen deutlichen Rücksprung auf. (Das heutige Haus Nummer 4 ist zwar ein Neubau von 1954 und wurde damals noch weiter zurückversetzt; aber selbst wenn man die alte Baulinie, wie sie am Nachbarhaus Marschallstraße 2 noch erkennbar ist, fortsetzt, bleibt die „Krinne“ zwischen Nummer 2 und 4 bestehen.) (Vgl. → Portnergasse.)

Grünthaler Straße (6, Brandlberg/Keilberg, I/K 5/6)
Die Straße war früher die Fortführung der Straße nach Brandlberg (→ Brandlberger Straße) über Brandlberg hinaus in Richtung Grünthal, dem nächsten Ort nördlich außerhalb des Stadtgebiets von Regensburg. Weil durch die Eisenbahntrasse die Brandlberger Straße unterbrochen ist, beginnt die Grünthaler Straße heute bereits ein Stück weiter stadteinwärts, überquert die Bahnlinie und führt an Brandlberg vorbei zu ihrem Zielort.

Grunewaldstraße (11, Kasernenviertel, I 10/11)
→ Gruppe „Berlin“.

Gschwandfeldweg (17, Leoprechting, E 13)
Der Flurname verweist auf die – früher wie heute – ländliche und land- bzw. forstwirtschaftlich genutzte Umgebung („Gschwand", von „schwinden", = Rodung). (Vgl. → Im Gschwander.)

Güntherweg (13, Kumpfmühl, D 10)
→ Gruppe „Bildende Künstler". Matthäus Günther (1705–1788), Freskomaler des Rokoko. Ignaz Günther (1725–1775), Bildhauer des Rokoko. Beide waren nicht miteinander verwandt.

Günzstraße (8, Weichs, G 7)
→ Gruppe „Flüsse in Bayern".

Guerickestraße (11, Kasernenviertel, G/H 9/19)
→ Gruppe „Entdecker, Erfinder, Firmengründer". Otto Guericke (1602–1686), Physiker, Erforscher des Vakuums und Erfinder der Luftpumpe. Er nahm 1653/54 als Vertreter der Stadt Magdeburg an einem Reichstag in Regensburg teil und präsentierte auf dem Haidplatz Vorführungen zu seinen Forschungen.

Gumpelzhaimerstraße (15, Innerer Westen, E 7/8)
Christian Gottlieb Gumpelzhaimer (1766–1841) kam aus einer angesehenen Regensburger Familie und war als Diplomat am Immerwährenden Reichstag tätig. In seinen späteren Jahren widmete er sich zunehmend der Erforschung der Stadtgeschichte. Er war erster Vorsitzender des neugegründeten Historischen Vereins für Oberpfalz und Regensburg 1830–1841 und verfasste das vierbändige Standardwerk „Regensburgs Geschichte, Sagen und Merkwürdigkeiten", 1830–1838.

Gumppenbergstraße (11, Kasernenviertel, G 9)
Kaspar von Gumppenberg († 1532) war Domherr in Regensburg. Bemerkenswert ist sein Grabmal im sog. „Mortuarium" des Domkreuzgangs. Es ist dort das früheste Grabmal im Stil der Renaissance; der Entwurf stammt möglicherweise vom Künstler Albrecht Altdorfer (→ Altdorferplatz, → Altdorferstraße).

Gumprechtstraße (11, Kasernenviertel, H 9)
Die Familie Gumprecht gehörte zu den bedeutenden Patrizierfamilien im mittelalterlichen Regensburg. Vom 13. bis zum 15. Jh. wohnte sie in dem nach ihr benannten „Gumprechtschen Haus" in prominenter Lage direkt gegenüber dem Rathaus (heute: Neue-Waag-Gasse 1). Dort war 1322 auf der Durchreise sogar König Ludwig der Bayer zu Gast.

Guntherstraße (13, Kumpfmühl, F 10)
→ Gruppe „Nibelungen".

Gutenbergplatz (1, Altstadt, F 8c)
Der Platz an der Südseite der Gesandtenstraße entstand erst durch einen Abbruch alter Häuser gegen Ende des 19. Jhs. Auf der Nordseite der Gesandtenstraße befanden sich damals bereits seit 1833 – allerdings noch in historischen Gebäuden – der Verlag und die Druckerei von Friedrich Pustet. So lag es von der Assoziation her nahe, den neu geschaffenen Platz nach Johannes Gutenberg, dem Erfinder des Buchdrucks (→ Gutenbergstraße), zu benennen.

Gutenbergstraße (13, Kumpfmühl, E/F 9)
Johannes Gutenberg (ca. 1400–1468), Erfinder des Buchdrucks. – Bezug: In einem Anwesen der Straße (heute: Gutenbergstraße 17) befand sich ab 1910 die Druckerei Habbel des gleichnamigen Verlags (→ Habbelstraße). Sie ging 1974 als „Erhardidruck" in den Besitz des Bischofs von Regensburg über.

Guttensteinweg (8, Weichs, G 7/8)
Die Grafen von Guttenstein aus Böhmen herrschten zu Beginn des 16. Jhs. in Weichs und dem dortigen Schloss (→ Weichser Schloßgasse).

Gutweinstraße (2, Stadtamhof, F 7)
Kaspar Gutwein, Spitalmeister im St.-Katharinen-Spital (→ St.-Katharinen-Platz), war der prominenteste von zwölf Bürgern und Bewohnern von Stadtamhof, die am 12. August 1704, als österreichische Truppen im Spanischen Erbfolgekrieg die Stadt eroberten, den Kampfhandlungen zum Opfer fielen. Eine Gedenktafel am Haus An der Schierstadt 3 erinnert an die Toten.

Haaggasse (1, Altstadt, E 8b)
Im Eckhaus zur Lederergasse (heute: Lederergasse 9) befand sich um die Wende vom 17. zum 18. Jh. eine Brauerei mit Gasthaus, betrieben von einem Braumeister namens Haag.

Habbelstraße (13, Kumpfmühl, D/E 9)
→ Gruppe „Katholisches Regensburg". Josef Habbel (1846–1916), gebürtig aus Soest/Westfalen, kam 1868 nach Regensburg als Mitarbeiter im Verlag Friedrich Pustet und ging 1869 in dieser Funktion nach Amberg. Dort gründete er seinen eigenen Buch- und Zeitungsverlag, expandierte mit ihm zurück nach Regensburg und zog 1889 auch selber

wieder hierher. Seine Zeitungen und sein Verlag waren ein Sprachrohr des politischen Katholizismus. Der Verlag bestand in den folgenden Generationen bis 1974. (Vgl. → Reithmayrstraße.) – Bezug: In der Nähe der Straße befand sich ab 1910 der Druckereibetrieb des Verlags (→ Gutenbergstraße).

Haberlstraße (11, Kasernenviertel, G 9)
Franz Xaver Haberl (1840–1910), gebürtig aus Oberellenbach/Niederbayern, war Kirchenmusiker und Domkapellmeister in Regensburg 1871–1882. Er gründete 1874 die Kirchenmusikschule (→ Andreasstraße) mit der Zielsetzung, die kirchenmusikalischen Reformideen von Karl Proske (→ Proskestraße) in die Tat umzusetzen.

Hackenackerweg (10, Irl, L/M 10)
Der Flurname verweist auf die ländliche und landwirtschaftlich genutzte Umgebung.

Hackengäßchen (1, Altstadt, F8b)
In einem Anwesen der Gasse an der Ecke zur Thundorferstraße (heute: Hackengäßchen 2) befand sich seit dem 14. Jh. eine Badestube; sie wurde eine Zeitlang von der Familie Hack betrieben.

Hadamarstraße (13, Ziegetsdorf, D 11)
→ Gruppe „Mittelalter in Regensburg". Hadamar von Laaber, Bürgermeister von Regensburg um 1300. Bekannter ist sein Sohn gleichen Namens (ca. 1300–ca. 1354), der als Dichter und Minnesänger berühmt wurde, allerdings keinen Bezug zu Regensburg hat.

Haferweg (18, Burgweinting, I 11)
→ Gruppe „Burgweinting 4: Feldfrüchte".

Hafnersteig (13, Kumpfmühl, E 9/10)
Die Straße ist das letzte Teilstück einer Verbindung, die von der Dechbettener Straße nach Süden abzweigte und zu Lehmgruben am Ostrand des Geländes vom Gutshof Königswiesen (→ Königswiesenweg) führte. (Das erste Teilstück wurde 1885 in „Hoppestraße" umbenannt, nachdem die Verbindung durch den Bau der Eisenbahntrasse bereits unterbrochen worden war.) Auf diesem Weg wurde seit alters Lehm als Rohstoff an die Hafner und Töpfer geliefert, die in dem kleinen Ort Prebrunn (→ Prebrunnstraße) ansässig waren.

Haidhofweg (6, Brandlberg, I 5/6)
→ Gruppe „Eisenindustrie in der Oberpfalz". Maxhütte-Haidhof bei Burglengenfeld, (ehemaliger) Standort der Maxhütte.

Haidplatz (1, Altstadt, F 8a)
Der größte Platz in der Altstadt muss früher auf die Menschen, die sonst fast überall nur enge Gassen gewohnt waren, sehr offen und weitläufig gewirkt haben. Weil er außerdem – wie lange Zeit alle Straßen und Plätze – nicht gepflastert war, wird hier und da ein bisschen Gras und Unkraut gewachsen sein. Deshalb assoziierte man ihn mit einem Feld, einer Wiese, einer „Heide". Die ursprünglich gebräuchlichen Namen waren dementsprechend „Auf der Heide" oder „In der Heide". Der Platz wurde genutzt für Märkte, Versammlungen, Feste, Turniere, mitunter auch Hinrichtungen und war das Zentrum des Viertels der Großkaufleute und Patrizier – unweit vom Rathaus, dem politischen Mittelpunkt der Stadt (→ Rathausplatz).

Haidschlagweg (14, Dechbetten, C 10)
Die Hänge der „Platte" (→ Auf der Platte) in Richtung Dechbetten wurden früher land- bzw. forstwirtschaftlich genutzt. „Heide" ist hier weniger im Sinn von „Wiese", „Freifläche" zu verstehen (→ Haidplatz), sondern im Sinn von „offenes Waldgelände", ähnlich wie in „Lüneburger Heide". (Vgl. → Bergackerweg, → Holzbergweg.)

Hallergasse (1, Altstadt, G 8c)
Im Eckhaus zur Ostengasse (heute: Ostengasse 14) befand sich im 16. und 17. Jh. ein Gasthaus, das von der Familie Haller betrieben wurde. Dazu gehörte eine eigene Brauerei, die nach hinten in die Hallergasse hinein anschloss.

Hallstattweg (18, Burgweinting, I 11)
→ Gruppe „Burgweinting 5: Vor- und Frühgeschichte". Im archäologischen Areal von Burgweinting fanden sich u. a. Zeugnisse aus der sog. „Hallstattzeit". Darunter versteht man die spätere Eisenzeit (ca. 800–ca. 450 v. Chr.), benannt nach wichtigen Funden in Hallstatt in Österreich.

Hanngasse (17, Oberisling, G 12/13)
→ Gruppe „Oberisling und St. Emmeram". In einem der Anwesen (heute: Hanngasse 7) befand sich früher der Zehenthof. Hier lieferten die Bauern von Oberisling die Abgaben ab, die sie dem Kloster St. Emmeram zu leisten hatten. Zum Gesamtkomplex gehörte auch der Ze-

hentstadel (→ Zehentstraße). Nach der Säkularisation des Klosters 1802/10 wurde der Zehenthof von Jakob Hahn aufgekauft.

Hanns-Seidel-Weg (13, Königswiesen-Süd, D 10/11)
→ Gruppe „Politiker des demokratischen Deutschland und Bayern". Hanns Seidel (1901–1961), Vorsitzender der CSU 1955–1961, bayerischer Ministerpräsident 1957–1960.

Hanns-Steurer-Weg (14, Dechbetten, C 9)
Hanns Steurer stammte aus einer Patrizierfamilie, die in Regensburg vom 15. bis zum 16. Jh. ansässig war (→ Steyrerweg). Er war Ratsherr und Leiter des Bauamts der Freien Reichsstadt. In seiner Amtszeit wurde um 1550 die Brunnstube in Dechbetten als Ausgangspunkt einer neuen Wasserleitung für Regensburg erschlossen (→ An der Brunnstube).

Hans-Hayder-Straße (7, Reinhausen, G 6)
Die Straße ist Teil der sog. „Arbersiedlung", in der etliche Straßen nach Bergen im Bayerischen Wald benannt sind (→ Gruppe „Bayerischer Wald 3: Hochwald"). Maßgeblicher Initiator ihrer Entstehung und Entwicklung war Hans Hayder (1884–1958), Schlosser aus Reinhausen, Gründungsmitglied und jahrzehntelanger Vorstand der Gemeinnützigen Baugenossenschaft Stadtamhof und Umgebung eG, die 1919 vor dem Hintergrund der Wohnungsnot nach dem Ersten Weltkrieg ins Leben gerufen wurde. Zur Zeit des Nationalsozialismus war Hayder als Sozialdemokrat zeitweise im Konzentrationslager Dachau interniert. Die Baugenossenschaft verfügt heute über einen Bestand von knapp 600 Wohneinheiten in den Stadtteilen Stadtamhof, Reinhausen und Weichs. (Vgl. → Damaschkestraße, → Georg-Herbst-Straße.)

Hans-Huber-Straße (15, Innerer Westen, D/E 8)
Hans Huber, auch Hieber († 1521), war ein Baumeister und Architekt aus Augsburg; ab 1515 lebte und arbeitete er in Regensburg. Sein Hauptwerk hier war die Neupfarrkirche (→ Neupfarrplatz). Der ursprüngliche Plan Hiebers wurde aus finanziellen Gründen nicht vollständig realisiert; einen Eindruck davon vermittelt das erhalten gebliebene Holzmodell der Kirche, das im Historischen Museum ausgestellt ist.

Hans-Sachs-Straße (15, Innerer Westen, D 7/8)
→ Gruppe „Schriftsteller 1". Hans Sachs (1494–1576), „Schuhmacher und Poet", Meistersinger in Nürnberg.

Hanslbergweg (17, Leoprechting, F 13)
Der Flurname verweist auf die topographische Lage. Westlich von Leoprechting befindet sich eine kleine Anhöhe, Hanslberg genannt.

Harthofer Weg (7, Reinhausen, I 6/7)
Die Straße ist eine Abzweigung von der Donaustaufer Straße und führt nordwärts dorthin, wo früher das Gut Harthof stand (→ Harthofkapellenplatz).

Harthofkapellenplatz (7, Konradsiedlung/Reinhausen, I 6)
Der Harthof, schon 1031 erstmals erwähnt, war ein Gutshof, der vermutlich durch Rodung von bewaldetem Gebiet entstanden ist („Hart" = Wald). Nördlich davon entstand ab 1933 der ersten Bauabschnitt der Konradsiedlung (→ Am Flachlberg, → Im Reichen Winkel, → Sandgasse, → Gruppe „Deutsche Nation"); dabei verschwanden die Gebäude des Gutshofs. Übrig geblieben ist die zugehörige Kapelle von 1850, die allerdings 1985 im Vergleich zu ihrem ursprünglichen Standort etwa 100 Meter nach Westen versetzt wieder aufgebaut wurde.

Hartinger Straße (18, Burgweinting, K 11/12)
Die Straße führt von Burgweinting (→ Gruppe „Burgweinting 1: Dorf") nach Harting (→ Gruppe „Harting – ein Dorf"). Ihre zweite Hälfte heißt – aus umgekehrter Perspektive – Burgweintinger Straße.

Harzstraße (4, Sallerner Berg, G 5/6)
→ Gruppe „Mittelgebirge in Mitteleuropa".

Haslbach (4, Haslbach, H 3)
Das ehemalige Dorf Haslbach – der Name steht für die naturnahe Umgebung – wurde 1924 nach Regensburg eingemeindet. Wie bei anderen Eingemeindungen bewahrt ein Straßenname den Ortsnamen fort. Vom einstigen Dorf Haslbach ist allerdings heute nichts mehr zu erkennen; hier hat sich ein großes Industrie- und Gewerbegebiet ausgebreitet.

Haslbachweg (5, Wutzlhofen, H 4)
Die Straße zweigt von der Chamer Straße nordostwärts ab in Richtung → Haslbach. Sie ist allerdings keine Verbindungsweg, sondern eine Erschließungsstraße in einem Wohngebiet und führt deshalb auch nicht bis an den Zielort.

Hauzensteiner Straße (4, Gallingkofen, F 5)
Die adelige Familie der Leublfinger herrschte im 16. Jh. in → Gallingkofen als Teil der Hofmark Sallern. Die Familie hatte als weitere Besit-

zung die Hofmark Hauzenstein im Bayerischen Vorwald; deshalb wurde sie manchmal auch nach diesem Ort benannt.

Haydnstraße (12, Galgenberg, F/G 9/10)
→ Gruppe „Komponisten und Musiker". Joseph Haydn (1732–1809), Komponist der Klassik.

Haymostraße (10, Ostenviertel, H 8/9)
Haymo Waller wurde 1258 als Ratsherr von Regensburg erwähnt. Seine Familie gehörte zu den bedeutenden mittelalterlichen Patrizierfamilien der Stadt. Ihr Name ist von ihrem Wohnsitz in der → Wahlenstraße, dem Haus zum Goldenen Turm (heute: Wahlenstraße 16), abgeleitet.

Heckenweg (15, Prüfening, B 9)
Der Flurname verweist auf die frühere ländliche und landwirtschaftlich genutzte Umgebung nördlich des Dorfs → Großprüfening, wo die Felder – wie früher oftmals üblich – mit Hecken voneinander abgegrenzt waren.

Heckgrabenweg (18, Harting, L/M 12)
→ Gruppe „Harting – ein Dorf". Flurname mit Verweis auf die ländliche und landwirtschaftlich genutzte Umgebung, wo die Felder – wie früher oftmals üblich – mit Hecken voneinander abgegrenzt waren, und auf die Nähe zum Bach, der durch das Dorf fließt.

Heckstegstraße (18, Harting, L 12)
→ Gruppe „Harting – ein Dorf". Flurname mit Verweis auf die ländliche und landwirtschaftlich genutzte Umgebung, wo die Felder – wie früher oftmals üblich – mit Hecken voneinander abgegrenzt waren.

Hedwig-Dransfeld-Weg (18, Burgweinting, I 12)
→ Gruppe „Burgweinting 3: Frauen". Hedwig Dransfeld (1871–1925), Lehrerin, Publizistin und Schriftstellerin, Politikerin (Zentrum), Mitglied des deutschen Reichstags (als eine der ersten Frauen) 1919–1925. Sie war eine der führenden Vertreterinnen der katholischen Frauenbewegung ihrer Zeit.

Hedwigstraße (15, Westheim, C 7)
→ Gruppe „Frauen aus Regensburgs Vergangenheit", mit indirektem Bezug. Hedwig (1174/78–1243) aus dem Geschlecht der Grafen von Andechs, Gattin Herzog Heinrichs von Schlesien. Sie war für ihre Wohltätigkeit berühmt und wurde 1267 heiliggesprochen.

Heidelbeerweg (6, Keilberg, L 5)
→ Gruppe „Wald und Flur“.

Heiliggeistgasse (1, Altstadt, G 8c)
Vermutlich befand sich hier im Mittelalter eine kleine Kapelle, von der allerdings – außer dem in der Straßenbezeichnung überlieferten Namen – nichts bekannt und nichts erhalten ist. Auch die genaue Lage ist unklar. Möglicherweise stand die Kapelle an der Ecke zum Prinzenweg, wo 1734, drei Jahre nach der Gründung eines katholischen Waisenhauses durch Weihbischof Simmern (→ Simmernstraße), die Kapelle Maria Schnee gebaut wurde.

Heimbergstraße (12, Galgenberg, F 9/10)
→ Gruppe „Katholisches Regensburg“. Konrad von Haimburg, Bischof von Regensburg 1368–1381. Er war mit dem Gelehrten Konrad von Megenberg (→ Maidenbergstraße) befreundet.

Heinkelstraße (15, Äußerer Westen, C 8)
→ Gruppe „Flieger und Flugzeugbauer“. Ernst Heinrich Heinkel (1888–1958), Ingenieur, Konstrukteur von Flugzeugen, Gründer der Ernst-Heinkel-Flugzeugwerke.

Heinrich-Heine-Weg (13, Neuprüll, E 11)
→ Gruppe „Schriftsteller 2“. Heinrich Heine (1797–1856), Schriftsteller der liberalen Romantik.

Heinz-Conrad-Straße (18, Burgweinting, K 12)
Heinz Conrad (1909–1983) war der letzte Bürgermeister von Burgweinting vor der Eingemeindung nach Regensburg von 1960 bis 1977 (→ Gruppe „Burgweinting 1: Dorf“). Er erwarb sich große Verdienste um die Modernisierung des damals noch eigenständigen Dorfs.

Heitzerstraße (15, Innerer Westen, D 8/9)
Joseph Heitzer († 1887) war rechtskundiger Magistratsrat der Stadt Regensburg. Er führte auch die „Aktien-Wasserwerksgesellschaft“, die seit 1873 das Wasserwerk von Regensburg betrieb (→ Am Hochbehälter).

Helenenstraße (1, Innenstadt, E/F 9)
→ Gruppe „Thurn und Taxis 1: Schloss“. Herzogin Helene in Bayern (1834–1890), Ehefrau von Erbprinz Maximilian Anton von Thurn und Taxis (1831–1867), Mutter von Fürst Albert von Thurn und Taxis (→ Albertstraße). Sie war die Schwester von Kaiserin Elisabeth von Österreich („Sissi“).

Hemauerstraße (1/10, Innenstadt/Ostenviertel, F/G 9)
Johann Nepomuk Hemauer (1791–1872) war ab 1832 Pfarrer in Regensburg und Kanoniker am Stift St. Johann 1862–1872 mit starkem sozialen Engagement. Ehrenbürger der Stadt Regensburg 1871.

Hemmaweg (13, Kumpfmühl, E 9)
→ Gruppe „Katholisches Regensburg". Hemma (ca. 810–876), Ehefrau König Ludwigs des Deutschen, Förderin des Stifts Obermünster (→ Obermünsterstraße). Ihre Grabplatte in der Kirche St. Emmeram ist ein Meisterwerk mittelalterlicher Sepulkralkunst.

Herbert-Quandt-Allee (18, Harting, L/M/N 12)
→ Gruppe „Entdecker, Erfinder, Firmengründer". Herbert Quandt (1910–1982), Industrieller, Hauptaktionär und Aufsichtsratsvorsitzender der Firma BMW AG. – Bezug: An der Straße liegt das Regensburger BMW-Werk.

Hermann-Geib-Straße (11/12, Kasernenviertel/Galgenberg, G 9/10)
Hermann Geib (1872–1939), gebürtig aus Bergzabern/Pfalz, war von 1903 bis 1910 Erster Bürgermeister von Regensburg. In seiner Amtszeit wurden die sozialen und hygienischen Verhältnisse in der Stadt verbessert, z. B. durch die Einführung der Hausmüllabfuhr und die Errichtung eines Säuglingsheims; der Bau des „Luitpold-Hafens" (heute: Westhafen, → Prinz-Ludwig-Straße) eröffnete zudem neue wirtschaftliche Perspektiven. Nach seinem Weggang aus Regensburg war Geib von 1919 bis 1932 Staatssekretär im Reichsarbeitsministerium in Berlin. Ehrenbürger der Stadt Regensburg 1929.

Hermann-Höcherl-Straße (18, Burgweinting, K 12)
Hermann Höcherl (1912–1989) war Politiker (CSU), Bundestagsabgeordneter für den Wahlkreis Regensburg, Bundesminister des Inneren 1961–1965 und Bundesminister für Ernährung, Landwirtschaft und Forsten 1965–1969. Er wurde in Brennberg im Landkreis Regensburg geboren, war in Regensburg als Jurist und Richter tätig und starb auch hier.

Hermann-Köhl-Straße (15, Äußerer Westen, C 8)
→ Gruppe „Flieger und Flugzeugbauer". Hermann Köhl (1888–1938), deutscher Flieger, der 1928 als erster den Atlantik in Ost-West-Richtung überquerte.

Hermann-Löns-Straße (15, Innerer Westen, D 8)
→ Gruppe „Schriftsteller 1". Hermann Löns (1866–1914), norddeutscher Volks-, Natur- und Heimatschriftsteller.

Herrenplatz (1, Altstadt, E 8b)
Auf dem Gelände des Platzes befanden sich früher verschiedene städtische Einrichtungen; „städtisch" bedeutete damals, dass sie der Freien Reichsstadt, genauer gesagt: dem Rat der Freien Reichsstadt, also den Ratsherren gehörten. Im Einzelnen waren es eine Mühle, die durch Pferdekraft betrieben wurde („der Herren Rossmühle"), ein Lager für Holz („der Herren Holzhaus", → Holzländestraße) und eine Mälzerei („der Herren Malzhaus").

Herrichstraße (15, Innerer Westen, D/E 8)
Dr. Gottlieb August Herrich-Schäffer (1799–1874, den Doppelnamen erhielt er 1821, als sein Großvater, der Arzt Dr. Johann Ulrich Gottlieb Schäffer, ihn mangels eigener Söhne adoptierte), gebürtig aus Regensburg, war nach Lehr- und Wanderjahren ab 1833 als Arzt wieder in Regensburg ansässig. Er war außerdem Naturforscher und Gründer des zoologisch-mineralogischen Vereins Regensburg 1846. Ehrenbürger der Stadt Regensburg 1871.

Herrnholzbreite (4, Gallingkofen, G 4)
Der Flurname verweist auf ein forstwirtschaftlich genutztes Waldgrundstück, das sich früher im Besitz der Herren von Sallern und Gallingkofen befand (→ Sallerergasse, → Gallingkofen).

Herzog-Albrecht-Straße (2, Stadtamhof, F 7)
Herzog Albrecht IV. von Bayern (1447–1508, reg. 1460–1508) verlieh Stadtamhof 1496 die Stadtrechte. Er wollte damit das bayerische Stadtamhof gegenüber der benachbarten Freien Reichsstadt Regensburg aufwerten.

Herzog-Heinrich-Straße (2, Stadtamhof, F 7)
Herzog Heinrich der Stolze von Bayern (ca. 1102/08–1139, reg. 1126–1138) regte den Bau der Steinernen Brücke (1135–1146) an; damit verhalf er Regensburg zu großem wirtschaftlichen Aufschwung und Stadtamhof in gewisser Weise überhaupt erst zur Existenz: Durch den ansteigenden Verkehr entwickelte sich hier aus vereinzelten Anwesen jetzt eine „richtige", geschlossene Siedlung.

Herzogin-Judith-Weg (18, Burgweinting, I 12)
→ Gruppe „Burgweinting 3: Frauen". Judith († ca. 987), Tochter Herzog Arnulfs von Bayern (→ Arnulfsplatz), Gattin Herzog Heinrichs I. von Bayern, des Bruders König bzw. Kaiser Ottos I., führte nach dem Tod ihres Mannes 955 jahrelang die Regentschaft für ihren unmündigen Sohn, Herzog Heinrich II. Nach dessen Volljährigkeit unternahm sie eine Pilgerfahrt nach Palästina; danach, 974, wurde sie Äbtissin des Stifts Niedermünster (→ Niedermünstergasse).

Heuweg (18, Burgweinting, K 11)
→ Gruppe „Burgweinting 1: Dorf". Flurname mit Verweis auf die ländliche und landwirtschaftlich genutzte Umgebung.

Heydenreichstraße (13, Kumpfmühl, F 10)
→ Gruppe „Katholisches Regensburg". Erhard Heidenreich (ca. 1455–1524), Dombaumeister 1514–1524, Nachfolger von Wolfgang Roritzer (→ Roritzerstraße). Ulrich, sein Sohn, Dombaumeister 1524–1538. Danach wurden die Arbeiten am Dom eingestellt und erst 1859 wieder aufgenommen und beendet (→ Denzingerstraße).

Hildegard-von-Bingen-Straße (11, Kasernenviertel, H 9/10)
→ Gruppe „Entdecker, Erfinder, Firmengründer", mit indirektem Bezug. Hildegard von Bingen (1098–1179), Nonne, Mystikerin mit zahlreichen Visionen, Predigerin, mittelalterliche Universalgelehrte mit Arbeiten in den Bereichen Theologie, Musik, Naturkunde, Medizin. Heilige und Kirchenlehrerin der katholischen Kirche.

Hiltnerweg (5, Sallerner Berg, G/H 6)
Johannes Hiltner (1485–1567), gebürtig aus Lichtenfels/Oberfranken, war Jurist und lebte und arbeitete als Ratskonsulent der Freien Reichsstadt ab 1524 in Regensburg. Hier war er entscheidend daran beteiligt, dass die Stadt 1542 evangelisch wurde (→ Neupfarrplatz, → Pfarrergasse). – Bezug: An der Straße befindet sich die evangelische Kirche St. Lukas.

Himbeerweg (6, Keilberg, L 5)
→ Gruppe „Wald und Flur".

Hinter der Grieb (1, Altstadt, F 8c)
Die „Grieb" (was man eigentlich mit bayerischem Diphtong aussprechen müsste) oder in älterer Form die „Grub" (auch wieder mit bayerischem Diphthong) war der Name eines großen Patrizierhauses zwi-

schen zwei parallel verlaufenden Gassen (heute: Hinter der Grieb 8/ Vor der Grieb 1). Die Bezeichnung könnte entweder von einer Grube, einer Senke, einer Vertiefung des in der Nähe vorbeifließenden Stadtbachs (→ Obere/Untere Bachgasse) abgeleitet sein oder – weil der überlieferte Hausname, genau genommen, immer „In der Grieb" geschrieben wurde – sich auf den engen, von hohen Hausmauern umgebenen Innenhof des Anwesens selbst beziehen. Im frühen Mittelalter gehörte es einer Familie, die nach ihm „In der Grub" oder „In der Grieb" genannt wurde, im späten Mittelalter den Gravenreuther, weshalb es auch unter dem Namen „Gravenreuther-Haus" bekannt ist. „Hinter der Grieb" hat das Anwesen seine Vorderseite; die Definition, was „hinten" und was „vorne" ist, muss also anders erklärt werden, nämlich mit der Topographie der Straßen vom unweit gelegenen Haidplatz aus. Wenn man dort nach dem Weg fragte, dann war „Vor der Grieb" vor und „Hinter der Grieb" hinter dem Anwesen. (Vgl. → Vor der Grieb.)

Hinter der Pfannenschmiede (1, Altstadt, F 8c)
Früher lebten die Menschen in Städten oft nach Berufsgruppen zusammen. In der Straße waren Handwerker ansässig, die Pfannen, Töpfe, Kessel und ähnliches produzierten. Ursprünglich hieß es „Unter den Pfannenschmieden"; in Vermischung mit dem lateinischen „inter" für „unter" entstand die heutige Form.

Hintere Keilbergstraße (6, Keilberg, K/L 5)
Die Straße verläuft auf der Hochfläche von Keilberg (→ Keilberger Hauptstraße) im – vom Stadtzentrum aus gesehen – weiter entfernten, also hinteren Bereich; ihr Gegenstück ist die Vordere Keilbergstraße.

Hinterer Mühlweg (11, Kasernenviertel, G/H 10)
Die Straße ist das Teilstück einer alten Verbindung von Regensburg zur Mühle von Unterisling (→ Mühlweg, → Unterislinger Weg, → Bollandweg).

Hirtenstraße (3, Steinweg, F 6)
→ Gruppe „Holz und Holzverarbeitung". Möglicher Bezug: Auch die Hirten – wie manche aus dem holzverarbeitenden Gewerbe – leben und arbeiten teilweise im Wald.

Hochfeldstraße (18, Harting, M 12)
→ Gruppe „Harting – ein Dorf". Flurname mit Verweis auf die ländliche und landwirtschaftlich genutzte Umgebung.

Hochstiftstraße (9, Schwabelweis, K 7)
→ Gruppe „Schwabelweis und St. Emmeram". „Hochstift" ist die juristisch korrekte Bezeichnung für die weltlichen Besitzungen eines Bischofs. Kleinere Teile von Schwabelweis gehörten zum Hochstift Regensburg. (Vgl. → Reichsstiftstraße.)

Hochwartstraße (11, Kasernenviertel, H 9)
Lorenz Hochwart (1493–1570), gebürtig aus Tirschenreuth/Oberpfalz, war ab 1534 Domprediger und ab 1536 Domherr in Regensburg. Er verfasste mehrere historische Werke; das wichtigste war ein Verzeichnis der Bischöfe von Regensburg („Catalogus Episcoporum Ratisponensium").

Hochweg (15, Innerer/Äußerer Westen, C/D/E 8)
Der Weg gehörte früher zu den traditionellen Ausfallstraßen in Richtung Westen und führte vom Prebrunntor nach Prüfening und von dort als Fernverkehrsstraße nach Franken und Nürnberg (→ Am Prebrunntor, → Prüfeninger Straße, → Großprüfening, → Fährenweg). „Hochweg" ist vielerorts die Bezeichnung für eine befestigte Römerstraße, so auch hier: In römischer Zeit verband der Weg das Legionslager Castra Regina im Bereich der Altstadt mit einem militärischen Außenposten im Bereich des späteren Prüfening (→ Bei der Schanze).

Höfling (18, Burgweinting, H/I 13)
Mit „Hof" oder, in Verkleinerungsform, „Höflein" ist hier, trotz der ländlichen Umgebung, kein Bauernhof, sondern eine Burg, ein Schloss, ein adeliger Herrensitz gemeint – ähnlich wie bei der Bezeichnung „Herzogshof" (→ Alter Kornmarkt). Das Anwesen war im Lauf der Jahrhunderte im Besitz der Stadt Regensburg, des Klosters Heilig Kreuz (→ Kreuzgasse) sowie der Fürsten von Thurn und Taxis; aktuell gehört es den Grafen von Walderdorff.

Höllbachstraße (7, Reinhausen, H 7)
→ Gruppe „Flüsse in Bayern".

Höllgasse (18, Burgweinting, K 11)
→ Gruppe „Burgweinting 1: Dorf". Flurname mit Verweis auf den früheren landschaftlichen Charakter der Gegend mit einer Vertiefung in der Nähe des Aubachs (→ „Aubachweg") („Hölle" = tiefliegendes, meist mit einem Wasserlauf versehenes Gelände).

Hofer Straße (4, Haslbach, I 2/3/4)
→ Gruppe „Traditionelle Industriestädte in Nordostbayern". Hof/Oberfranken, Standort der Textilindustrie.

Hofgartenweg (13, Kumpfmühl, E/F 10)
→ Gruppe „Thurn und Taxis 2: Hofgarten".

Hofweg (17, Graß, D/E 12)
→ Gruppe „Graß – Burg und Dorf". Unmittelbar nördlich der Straße befand sich die Burg von Graß. Mit „Hof" ist hier tatsächlich die Burg gemeint – ähnlich wie bei der Bezeichnung „Herzogshof" (→ Alter Kornmarkt, → Höfling).

Hoher-Kreuz-Weg (10, Hohes Kreuz, I 9)
An der Abzweigung der Straße von der Straubinger Straße (heute: Hoher-Kreuz-Weg 7) steht ein Wegkreuz, das stilistisch ins späte Mittelalter zu datieren ist. Das Kreuz befindet sich auf einer Säule; deshalb wird es seit alters „Hohes Kreuz" genannt. Auf dem Gelände ringsum entstand 1905 die Werkssiedlung der Zuckerfabrik (→ Ostheim, → Zuckerfabrikstraße); in der Zeit des Nationalsozialismus folgten Baracken für den Arbeitsdienst und die Motorsportschule. Sie wurden nach 1945 als Lager für Kriegsgefangene, inhaftierte NS-Funktionäre, später dann für Flüchtlinge genutzt. So entstand allmählich ein neues Stadtviertel.

Hohlweg (18, Harting, L 12)
→ Gruppe „Harting – ein Dorf". Ein Hohlweg ist normalerweise ein uralter, durch häufige Benutzung, Erosion oder ähnliches vertiefter Weg. Hier, in einem Neubaugebiet, kann davon nicht die Rede sein. Möglicherweise ist der Name also eher über das Wort „Hölle" zu erklären (→ Höllgasse).

Holbeinweg (14, Königswiesen, D 10)
→ Gruppe „Bildende Künstler". Hans Holbein d. Ä. (ca. 1465–1524), Maler der Renaissance. Hans Holbein d. J. (1497/98–1543), sein Sohn, Maler der Renaissance.

Hollerweg (6, Keilberg, L 5)
→ Gruppe „Wald und Flur".

Holzäckerstraße (4, Gallingkofen, F 3/4)
Der Flurname verweist auf die – früher wie heute – ländliche und land- bzw. forstwirtschaftlich genutzte Umgebung.

Holzbergweg (14, Dechbetten, C 10)
Die Hänge der „Platte" (→ „Auf der Platte") in Richtung Dechbetten wurden früher land- bzw. forstwirtschaftlich genutzt. (Vgl. → Bergackerweg, → Haidschlagweg.)

Holzerstraße (18, Harting, M 12)
→ Gruppe „Harting – ein Dorf". Flurname mit Verweis auf die ländliche und land- bzw. forstwirtschaftlich genutzte Umgebung.

Holzfällerstraße (3, Steinweg, F 6)
→ Gruppe „Holz und Holzverarbeitung".

Holzgartenstraße (7/8, Reinhausen/Weichs, G/H 7)
Hier, an der Mündung des Regens in die Donau, befand sich eine historische Lagerstätte für Holz, das auf dem Regen vom Bayerischen Wald nach Regensburg geflößt wurde. (Vgl. → Am Holzhof, → Gruppe „Holz und Holzverarbeitung".)

Holzländestraße (1, Altstadt, E 8b/F 8a)
Zu Zeiten, als die Donau die Lebensader Regensburgs war, befanden sich am Fluss abschnittsweise die Anlegestellen für bestimmte Sparten von Händlern und ihre Schiffe. Am westlichen Ende der Stadt gaben die Holzhändler den Ton an. Hier wurde das Holz an Land gebracht, verkauft und eingelagert (→ Herrenplatz) oder weitertransportiert. (Vgl. → Am Weinmarkt, → Am Wiedfang, → Donauländе.)

Holzschnitzerstraße (3, Steinweg, F 6)
→ Gruppe „Holz und Holzverarbeitung".

Holzwiesenweg (17, Graß, D/E 12)
→ Gruppe „Graß – Burg und Dorf". Flurname mit Verweis auf die ländliche und land- bzw. forstwirtschaftlich genutzte Umgebung.

Hombergerweg (15, Rennplatz, C 8)
Paul Homberger (1559/60–1634), gebürtig aus Regensburg, war Lehrer am Gymnasium Poeticum (→ Poetengässchen) 1601–1631 und Kantor der evangelischen Kirche 1603–1631. In dieser Eigenschaft war er auch als Komponist, v. a. von geistlichen und weltlichen Liedern, tätig.

Hopfengartenweg (5, Sallerner Berg, H 6)
An den Südhängen des Sandbergs (→ Am Sandberg) wurde früher Hopfen angebaut – und sogar Wein (→ Weinzierlstraße). Gleich dane-

ben gab es – passenderweise – einen Bier- oder Weinkeller (→ Metzlkellerweg).

Hoppestraße (15, Innerer Westen, E 8/9)
David Heinrich Hoppe (1760–1846), gebürtig aus Vilsen bei Bremen, kam 1786 als Apothekergehilfe nach Regensburg, machte sich hier ansässig und wurde nach einem Medizinstudium in Erlangen zusätzlich Arzt. Sein besonderes Interesse galt der Botanik. Im Jahr 1790 gründete er mit Freunden die Botanische Gesellschaft Regensburg – die erste ihrer Art auf der ganzen Welt; sie besteht bis heute. Ab 1803 lehrte er Botanik am Lyzeum von Regensburg (→ Predigergasse).

Hornstraße (11, Kasernenviertel, G/H 9/10)
→ Gruppe „Militär und Militärs". Karl Freiherr (ab 1911 Graf) von Horn (1847–1923), Offizier und General des bayerischen Heeres, bayerischer Kriegsminister 1905–1912.

Hüllgartenweg (18, Harting, M 12)
→ Gruppe „Harting – ein Dorf". Flurname mit Verweis auf die ländliche und landwirtschaftlich genutzte Umgebung im oftmals wasserreiche Gelände um das Dorf („Hülle" = Pfütze, Sumpf). (Vgl. → An der Hülling.)

Hultschiner Straße (5, Konradsiedlung, I 6)
→ Gruppe „Deutsche Nation". Stadt in Oberschlesien, von Deutschland im Friedensvertrag von Versailles an die Tschechoslowakei abgetreten. Heutiger Name: Hlučín.

Humboldtstraße (12, Galgenberg, F/G 11)
Alexander von Humboldt (1769–1859) war Naturforscher und unternahm ausgedehnte Forschungsreisen, u. a. nach Lateinamerika und Zentralasien. Wilhelm von Humboldt (1767–1835), sein Bruder, war Sprachwissenschaftler, Gründer der Universität Berlin und Theoretiker der deutschen Universität. Mit ihren Leistungen können die Brüder als Vorbild für Wissenschaftler der Gegenwart und Zukunft gelten, wie sie auch in der nahegelegenen Universität tätig sind.

Hundsumkehr (1, Altstadt, E 8a/b)
„Hunz" ist ein im modernen Deutsch ausgestorbenes Wort, eine Präposition, die „bis zu" bedeutet. Eine „Hunzumkehr" – wie man korrekt schreiben müsste – bezeichnet also eine Straße, an deren Ende man wieder umkehren muss, mit anderen Worten: eine Sackgasse. Da-

von gibt es zwar mehrere in der Altstadt; der Hundsumkehr kommt jedoch eine besondere Stellung zu. Lange Zeit war sie nämlich das genaue Gegenteil: der Zugang zum Prebrunntor und damit der Anfang einer der wichtigen Ausfallstraßen aus der Stadt (→ Am Prebrunntor). Erst im 17. Jahrhundert, im Zusammenhang mit Verteidigungsmaßnahmen während des Dreißigjährigen Kriegs, wurde das Tor verbaut und der Durchgang unterbrochen. Die neue Situation war so ungewöhnlich, dass sie namengebend wurde.

Hunnenplatz (1, Altstadt, F 8b)
Über den Platz und seinen Namen ist viel spekuliert worden. Oft glaubte man die Bezeichnung mit der Hinrichtung feindlicher Hunnen bzw. Ungarn im 9. und 10. Jh. in Verbindung bringen zu können. Interessanterweise ist bei neuesten archäologischen Ausgrabungen tatsächlich eine frühmittelalterliche Hinrichtungsstätte auf dem Gelände des Platzes nachgewiesen worden. Trotzdem sind die „Hunnen" im Namen wohl eher ganz profan „Hennen", also Hühner. Entweder gab es hier eine Art Geflügelmarkt oder ein Haus, dem als besonderes Merkmal ein Huhn auf die Fassade gemalt war.

Hunsrückstraße (4, Sallerner Berg, G 5/6)
→ Gruppe „Mittelgebirge in Mitteleuropa".

Hutweide (6, Keilberg, K/L 5)
Der Flurname verweist auf die – früher wie heute – ländliche und landwirtschaftlich genutzte Umgebung, wo auf der Hochfläche von Keilberg unter schwierigen Bedingungen (→ Keilberger Hauptstraße) u. a. Weidevieh gehütet wurde.

Illerstraße (5/7, Reinhausen, G/H 6)
→ Gruppe „Flüsse in Bayern".

Ilmstraße (8, Weichs, G 7)
→ Gruppe „Flüsse in Bayern".

Ilse-Gräbner-Straße (5, Brandlberg, I 5)
→ Gruppe „Künstlerinnen". Ilse Gräbner (1936–2013), gebürtig aus Geiselhöring/Niederbayern, Zeichnerin und Malerin. Sie wirkte v. a. in Neutraubling bei Regensburg und war Mitglied in zahlreichen Kunstvereinen – auch in Regensburg.

Ilzstraße (8, Weichs, H 7/8)
→ Gruppe „Flüsse in Bayern".

Im Gewerbepark (7, Reinhausen, H/I 6/7)
Auf einem ehemaligen Industriegelände am Ostrand von Reinhausen entstand in den 1980er-Jahren in verschiedenen Bauabschnitten der Gewerbepark Regensburg. Initiator war der Regensburger Unternehmer Johann Vielberth; er hatte in den Jahren zuvor bereits das Donaueinkaufszentrum errichtet. Heute beherbergt der Gewerbepark auf einer Fläche von 220.000 m² 300 Unternehmen mit 5.000 Beschäftigten.

Im Gschwander (4, Sallerner Berg, G 6)
Der Flurname verweist auf die frühere ländliche und landwirtschaftlich genutzte Umgebung („Gschwand“, von „schwinden“, = Rodung). (Vgl. → Gschwandfeldweg.)

Im Güterbahnhof (1, Innenstadt, E/F 9)

Nach dem Anschluss Regensburgs an das Eisenbahnnetz 1859 entstand westlich des Bahnhofs (→ Bahnhofstraße) Zug um Zug der Güterbahnhof. Damals war das Areal am Stadtrand gelegen, heute befindet es sich mitten in der Stadt und wird zunehmend zu Wohnzwecken umgenutzt. (Vgl. → Ladehofstraße.)

Im Langen Gwend (4, Gallingkofen, F/G 4/5)
Der Flurname verweist auf die – früher wie heute – ländliche und landwirtschaftlich genutzte Umgebung („Gwend“, von „wenden“ = pflügen) und den besonderen Zuschnitt eines Grundstücks.

Im Reichen Winkel (5, Konradsiedlung, H 6)
Im Mittelalter gehörte ein Grundstück in dieser Gegend der Regensburger Patrizierfamilie Reich. Der Flurname wird 1423 erstmals erwähnt. Ab 1936 entstand hier der dritte Bauabschnitt der Konradsiedlung (→ Harthofkapellenplatz, → Am Flachlberg, → Sandgasse, → Gruppe „Deutsche Nation“).

Im Ried (18, Burgweinting, K 11)
→ Gruppe „Burgweinting 1: Dorf“. Flurname mit Verweis auf den früheren landschaftlichen Charakter der Gegend als Sumpfgelände in der Nähe des Aubachs (→ Aubachweg) („Ried“ = Sumpf).

Immelmannstraße (13, Ganghofersiedlung, D 10)
→ Gruppe „Jagdflieger im Ersten Weltkrieg“. Max Immelmann (1890–1916), genannt der „Adler von Lille“.

In der Kuhrast (4, Gallingkofen/Ödenthal, F/G 3/4)
Der Flurname verweist auf die – früher wie heute – ländliche und landwirtschaftlich genutzte Umgebung.

In der Obern Au (18, Burgweinting, I/K 12)
→ Gruppe „Burgweinting 2: Flurnamen". Hier: Verweis auf die Topographie.

Ingeborg-Bachmann-Weg (18, Burgweinting, I 12)
→ Gruppe „Burgweinting 3: Frauen". Ingeborg Bachmann (1926–1973), Schriftstellerin. Sie gilt als eine der bedeutendsten deutschsprachigen Schriftstellerinnen des 20. Jhs.

Innstraße (8, Weichs, H 7)
→ Gruppe „Flüsse in Bayern".

Inselstraße (1, Unterer Wöhrd, G 8a)
Die Straße befindet sich auf der Donauinsel Unterer Wöhrd (→ Wöhrdstraße).

Irl (10, Irl, L/M 10)
Das ehemalige Dorf Irl, das früher zur Gemeinde Barbing gehörte, wurde 1977 nach Regensburg eingemeindet. Wie bei anderen Eingemeindungen bewahrt die einstige Haupt- oder Dorfstraße den Namen des Orts fort.

Irlbachweg (5, Wutzlhofen, H 5)
→ Gruppe „Bayerischer Wald 2: Vorwald". Irlbach, Ortsteil der Gemeinde Wenzenbach, Landkreis Regensburg/Oberpfalz.

Irlmauth (10, Ostenviertel, L 9)
An der Straubinger Straße bestand früher auf der Höhe des etwas südlich gelegenen Dorfs → Irl ein Grenzübergang mit Mautstation zwischen dem Gebiet der Freien Reichsstadt Regensburg, dem sog. „Burgfrieden" (→ Burgfriedenweg), und dem Land Bayern. (Vgl. → Mauttafelstraße, → Stadtfeldweg.)

Isarstraße (7, Reinhausen, G/H/I 6)
→ Gruppe „Flüsse in Bayern".

Isinoweg (17, Oberisling, G 12)
→ Gruppe „Oberisling und St. Emmeram". Isino ist für die Namensforscher der vermutete Gründer und Namensgeber von Oberisling.

Islinger Weg (18, Burgweinting, H/I 11/12)
Die Straße führt von Burgweinting nach Oberisling. „Isling" ist der ältere Name für Oberisling, das schon im 9. Jh. existierte (→ Gruppe „Oberisling und St. Emmeram"), während das benachbarte Unterisling erst 300 Jahre später erstmals erwähnt wird (→ Unterislinger Weg). Wegen des Altersunterschieds wurde Oberisling lange Zeit nur „Isling", Unterisling dagegen immer „Unterisling" genannt.

Isonzostraße (5, Konradsiedlung, H 5)
→ Gruppe „Deutsche Nation". Fluss im nordöstlichen Italien, Schauplatz wichtiger Schlachten im Ersten Weltkrieg.

Jakobstraße (1, Altstadt, E 8d)
An der Südseite der Straße liegt die Kirche St. Jakob, zu der früher ein Kloster gehörte, das hinter der Kirche anschloss (→ Schottenstraße). Die Kirche, gebaut um 1180, mit ihrem eindrucksvollen Portal zur Straße hin, ist ein Meisterwerk der Romanik. Sie gab nicht nur der Straße ihren Namen, sondern auch dem nahegelegenen Stadttor, dem Jakobstor.

Jannerstraße (11, Kasernenviertel, G 9)
Ferdinand Janner (1836–1895), gebürtig aus Hirschau/Oberpfalz, studierte katholische Theologie am Lyzeum von Regensburg (→ Predigergasse), wurde hier 1858 zum Priester geweiht, war Präfekt am Priesterseminar in Regensburg 1863–1865 und Professor für Kirchen- und Kunstgeschichte am Lyzeum 1867–1872. Er verfasste eine dreibändige „Geschichte der Bischöfe von Regensburg", 1883–1886.

Janusstraße (13, Ziegetsdorf, D 11)
→ Gruppe „Römische Götter". Janus, römischer Gott des Anfangs und des Endes, des Ein- und Ausgangs, der Türen und Tore.

Jesuitengässel (1, Altstadt, F 8d)
Der Weg wurde erst beim Neubau des Parkhauses am Petersweg angelegt. Sein Name erinnert an das einst hier bestehende Jesuitenkloster St. Paul (→ Jesuitenplatz).

Jesuitenplatz (1, Altstadt, F 8d)
Die Freifläche des Jesuitenplatzes, das Areal des Parkhauses am Petersweg und alle Häuser östlich davon bis zur Fröhlichen-Türken-Straße bildeten früher den Komplex des Jesuitenklosters St. Paul. Es wurde 1588 vom Bischof von Regensburg am Ort des aufgelösten Benediktinerinnenklosters Mittelmünster (→ Am Mittelmünster) gegründet; die

Intention war, in der seit der Reformation evangelischen Freien Reichsstadt Regensburg (→ Neupfarrplatz, → Pfarrergasse) die Gegenreformation zu fördern. Das Kloster bestand bis zur vorübergehenden Auflösung des Jesuitenordens 1773, die zugehörige Schule mit Gymnasium bis 1809; dann wurde die Gesamtanlage in der Schlacht von Regensburg (→ Maximilianstraße) zerstört. Bei der Abtragung der Klosterruinen entstand die heutige Freifläche.

Johann-Hösl-Straße (12, Galgenberg, G 11)
Johann Hösl (1887–1971) war katholischer Pfarrer in Regensburg. Auf seine Initiative hin entstanden die Kirchen St. Anton und St. Albertus Magnus im Stadtosten. Zeitweise war er Vorstandsvorsitzender der kirchlichen Liga-Bank (→ Ligastraße). Während der Zeit des Nationalsozialismus wurde er mehrfach in Haft genommen.

Johann-Igl-Weg (14, Dechbetten, C9)
Johann Igl (1912–1945), gebürtig aus Schirndorf bei Kallmünz/Oberpfalz, war Schneider, Hilfmesner in der Kirche St. Emmeram und aktives Mitglied der Kolpingfamilie Regensburg (→ Adolph-Kolping-Straße). Während des Zweiten Weltkriegs diente er als Luftschutzpolizist. Wegen kritischer Äußerungen über das nationalsozialistische Regime (nach einem Luftangriff auf Regensburg am 25. Februar 1944 soll er gesagt haben: „Findet sich denn keiner, der Hitler beseitigt?“) wurde er denunziert, am 27. Juli 1944 verhaftet, am 20. September zum Tod verurteilt und am 21. April 1945 im Gefängnis des Justizgebäudes Regensburg (→ Friedrich-Niedermayer-Straße) hingerichtet.

Johann-Schwaebl-Straße (13, Königswiesen-Süd, D 11)
Johann Nepomuk Schwäbl († 1915) war Lehrer in Regensburg sowie Sprach- und Dialektforscher. Er verfasste Werke über die altbayerische Mundart und ihre Grammatik, über Regensburger Lokalnamen und ein – unveröffentlichtes – Manuskript über „Regensburgs Orts- und Straßennamen“.

Johanna-Dachs-Straße (10, Ostenviertel, H 8)
Johanna Dachs (1900–1974), gebürtig aus Weiden/Oberpfalz, Ehefrau von Dr. Hans Dachs (→ Dr.-Dachs-Straße), organisierte 1941 zusammen mit Luise Giehse (→ Luise-Giehse-Straße) eine Demonstration gegen den sog. „Kruzifixerlass“ der Nationalsozialisten, der die Kreuze aus den Schulen entfernen sollte. Die Demonstration mit 1000 Teilnehmerinnen bewirkte, dass in den Regensburger Schulen die Kreuze hängen blieben. Nach dem Ende der NS-Herrschaft war Dachs Gründungs-

mitglied der Regensburger CSU, Stadträtin 1946–1948, Vorsitzende der Frauenunion und eine engagierte Fürsprecherin der Gründung einer Universität in Regensburg.

Johanna-Kinkel-Straße (15, Innerer Westen, D 9)
Johanna Kinkel (1810–1858) war Komponistin, Klavier- und Gesangslehrerin, Schriftstellerin und Publizistin; in ihrem Geburts- und Wohnort Bonn war sie der Mittelpunkt des kulturellen Lebens. Ihre Tätigkeitsfelder waren vielfältig: Sie betrieb Mundartdichtung und gründete einen Dichterkreis; sie war aber auch Herausgeberin einer politisch engagierten Zeitung im Revolutionsjahr 1848 und setzte sich für Frauenrechte ein. Ihre letzten Lebensjahre verbrachte sie in London.

Johannisbeerweg (6, Keilberg, K 5)
→ Gruppe „Wald und Flur".

Johannisstraße (8, Weichs, G/H 7)
Das Dorf Weichs (→ Weichser Weg), am Zusammenfluss von Donau und Regen gelegen, war immer wieder schweren Überschwemmungen ausgesetzt (→ Weichser Damm). Anlässlich der Hochwasserkatastrophe von 1737 ließ der damalige bayerische Landrichter (→ Weichser Schloßgasse) auf einem Grundstück am Flussufer (→ Am Weichser Anger) eine Holzstatue von St. Johannes Nepomuk, zuständig für Brücken und Wasserschäden, errichten. Sie fiel 1938 dem Bau der Nibelungenbrücke zum Opfer.

Josef-Adler-Straße (15, Innerer Westen, D 7)
Josef Adler (1876–1954) war Oberstadtschulrat in Regensburg. Er war Mitglied des Naturwissenschaftlichen Vereins Regensburg und sammelte in dieser Eigenschaft reichhaltiges Material über Regensburger Persönlichkeiten aus dem Bereich der Naturwissenschaften.

Josef-Barth-Straße (7, Reinhausen, G 6)
Josef Barth (1882–1950), gebürtig aus Reinhausen, war Mechaniker und Angestellter der Krankenkasse und seit 1907 politisch bei der SPD tätig. Er war Gemeinderat von → Reinhausen 1911–1924 und nach der Eingemeindung nach Regensburg 1924 Stadtrat von Regensburg 1924–1933, außerdem Mitglied des Bayerischen Landtags 1919–1920, Mitglied des Oberpfälzischen Kreistags 1920–1933 sowie Vorsitzender des SPD-Bezirks Oberpfalz und Niederbayern 1919–1933. Zur Zeit des Nationalsozialismus war er 1933 und 1934 zweimal für mehrere Wochen in Haft.

Josef-Bayer-Weg (17, Oberisling, F 12)
Josef Bayer war Lehrer und Gemeindeschreiber, auch Ehrenbürger, der Gemeinde Oberisling (→ Gruppe „Oberisling und St. Emmeram") vor der Eingemeindung nach Regensburg 1977.

Josef-Brumbach-Straße (6, Keilberg, L 5)
Josef Brumbach (1890–1961) war nach der Fertigstellung der Kirche St. Michael (→ Alfons-Sigl-Straße) der zweite Pfarrer von Keilberg 1932–1936, anschließend Pfarrer von Wenzenbach 1937–1961. Er förderte die Entwicklung des Stadtteils Keilberg (→ Keilberger Hauptstraße); auf seine Initiative hin entstanden ein Sportplatz, ein Kriegerdenkmal und eine Erschließungsstraße zur Kirche. Zur Zeit des Nationalsozialismus war er kurzfristig in Haft. – Bezug: Die Straße verläuft in der Nähe der Kirche St. Michael von Keilberg.

Joseph-Dahlem-Straße (15, Innerer Westen, E 9)
Joseph Dahlem (1826–1900), gebürtig aus Mainaschaff/Unterfranken, war katholischer Pfarrer; wegen gesundheitlicher Probleme ließ er sich 1867 mit 41 Jahren pensionieren. Er zog nach Regensburg um und widmete sich hier als Privatgelehrter der Erforschung der lokalen römischen Geschichte. Insbesondere führte er umfangreiche Ausgrabungen im einstigen römischen Gräberfeld südwestlich der Altstadt durch, als dort in den 1870er-Jahren die Eisenbahntrasse gebaut wurde. – Bezug: Die Straße verläuft in einem Wohngebiet, das auf einem umgenutzten Teil des Eisenbahn-Geländes und somit im direkten Bereich von Dahlems Grabungen liegt. (Vgl. → Sarmanna-Straße).

Julianenweg (18, Burgweinting, I 11)
→ Gruppe „Burgweinting 1: Dorf". Juliane Engelbrecht (1835–1853) aus Burgweinting kam aufgrund besonderer Verhaltensweisen – z. B. soll sie acht Jahre lang nichts gegessen haben, abgesehenen von der Hostie bei der Kommunion – in den Ruf, eine Heilige zu sein. Nach ihrem Tod im Alter von 18 Jahren wurde ihr Grab Ziel zahlreicher Wallfahrer; 1947 wurden ihre Gebeine in die Pfarrkirche St. Michael (→ Kirchweg) überführt.

Julie-von-Zerzog-Straße (18, Burgweinting, H 11)
→ Gruppe „Burgweinting 6: Frauen". Julie von Zerzog (1799–1871) stammte aus der einflussreichen Familie der Freiherren von Thon-Dittmer; sie war die Enkelin des Kaufmanns Georg Friedrich Dittmer und die Schwester von Gottfried von Thon-Dittmer, Bürgermeister von Regensburg und bayerischer Innenminister im Revolutionsjahr 1848. Sie

war vielseitig interessiert, verfasste kleinere historische Werke und stand über Jahre hinweg in engem Briefkontakt zum bayerischen Staatsminister Maximilian Joseph von Montgelas. Darüber hinaus war sie sozial engagiert und gründete 1850 eine Näh- und Strickschule mit kostenlosem Unterricht für bis zu 90 Mädchen aus armen Familien.

Julius-Leber-Straße (18, Burgweinting, K 12)
Julius Leber (1891–1945) war Politiker (SPD) und Mitglied des deutschen Reichstags 1924–1933. Zur Zeit des Nationalsozialismus war er zunächst mehrfach in Konzentrationslagern inhaftiert, danach Mitglied des Widerstands, wurde erneut verhaftet und kurz vor Kriegsende hingerichtet.

Junkersstraße (18, Harting, K 11/12)
→ Gruppe „Entdecker, Erfinder, Firmengründer". Hugo Junkers (1859–1935), Ingenieur, Konstrukteur von Flugzeugen, Gründer der Firma Junkers & Co.

Junostraße (18, Burgweinting, I 11/12)
→ Gruppe „Burgweinting 5: Vor- und Frühgeschichte". Juno, römische Göttin der Ehe.

Jupiterstraße (18, Burgweinting, H 11/12)
→ Gruppe „Burgweinting 5: Vor- und Frühgeschichte". Jupiter, römischer König der Götter.

Jurastraße (9, Schwabelweis, K 7)
Schwabelweis liegt am Fuß des Keilsteins (→ Am Keilstein). Die Anhöhe ist der östlichste Ausläufer des kalkhaltigen Jura-Gebirgszugs; jenseits davon beginnt der Bayerische Wald mit Gneis und Granit (→ Tegernheimer Schluchtweg).

Käthe-Dorsch-Weg (18, Burgweinting, I 12)
→ Gruppe „Burgweinting 3: Frauen". Käthe Dorsch (1890–1957), gebürtig aus Neumarkt/Oberpfalz, Schauspielerin. Sie war u. a. am Staatstheater in Berlin unter Gustaf Gründgens und am Burgtheater in Wien engagiert.

Käthe-Kollwitz-Straße (18, Burgweinting, I 12)
→ Gruppe „Burgweinting 3: Frauen". Käthe Kollwitz (1867–1945), Grafikerin und Bildhauerin. Sie ging in ihren Werken oft auf die Schicksale von sozial Benachteiligten und von Frauen ein.

Kager (16, Kager, A 6/7)
Das ehemalige Dorf Kager – der Name bedeutet „Gesträuch“, „Zaun“, „umfriedetes Grundstück“, „Siedlung“ – wurde 1182 erstmals erwähnt und 1924 nach Regensburg eingemeindet. Wie bei anderen Eingemeindungen bewahrt die einstige Haupt- oder Dorfstraße den Namen des Orts fort.

Kagerer Weg (16, Oberwinzer/Kager, B/C 6)
Die Straße zweigt zwischen Nieder- und Oberwinzer (→ Winzersteig) von der Nürnberger Straße ab und führt ins ehemalige Dorf → Kager.

Kaiser-Friedrich-Allee (13, Königswiesen-Süd, D 10/11)
→ Gruppe „Mittelalter in Regensburg“. Friedrich II. (1194–1250), deutscher König bzw. Kaiser 1212–1250. Er verlieh Regensburg 1245 ein wichtiges Privileg, das die Selbstverwaltung als Freie Reichsstadt begründete („Fridericianum“). (Vgl. → König-Philipp-Weg, → Rathausplatz.)

Kalkäckerweg (6, Keilberg, L 6)
Der Flurname verweist auf die – früher wie heute – ländliche und landwirtschaftlich genutzte Umgebung unter schwierigen Bedingungen auf der Hochfläche von Keilberg (→ Keilberger Hauptstraße).

Kalkwerkstraße (6, Schwabelweis, I 7)
Die Straße führt auf das Gelände der Firma Walhalla Kalk. Sie entwickelte sich aus den zuvor eigenständigen Firmen Büechl (→ Büechlgasse), Funk (→ David-Funk-Straße) und Micheler (→ Michelerstraße), zunächst ab 1911 für den gemeinsamen Vertrieb, ab 1999 als Firma in der Firmengruppe Heidelberg Cement AG und ab 2015 in der Firmengruppe Rheinkalk GmbH.

Kalmünzergasse (1, Altstadt, F 8b/d)
In einem Anwesen der Straße (heute: Kalmünzergasse 3) war vom 13. bis ins 17. Jh. die Patrizierfamilie Kalmünzer ansässig. Das heutige Gebäude ist allerdings ein Neubau, nachdem das originale Haus 1945 durch Bomben des Zweiten Weltkriegs zerstört wurde.

Kapellengasse (1, Altstadt, F 8d)
Die Gasse zweigt vom Alten Kornmarkt an der Alten Kapelle ab. Sie ist der Legende nach die älteste Kirche Bayerns, erbaut im 7. Jh. aus Anlass der Taufe des bayerischen Herzogs Theodo durch den Missionar Rupert. Sicher ist, dass sie in der Folge, mehrfach erneuert, an- und umgebaut, als Pfalzkapelle der bayerischen Herzöge sowie mancher deut-

scher Könige und Kaiser diente, zur Zeit, als Regensburg Haupt- und Residenzstadt war (→ Alter Kornmarkt). Das Kollegiatsstift, das sie verwaltet, wurde 875 von Ludwig dem Deutschen, einem Enkel Karls des Großen, gegründet und besteht bis heute.

Kapuzinergasse (1, Altstadt, G 8a/c)
Die Gasse zweigt von der Ostengasse am ehemaligen Kapuzinerkloster St. Matthias ab. Das Kloster wurde 1613 gegründet und 1802/10 im Zuge der Säkularisation aufgelöst. Anders als andere Klöster wurde es dabei jedoch nicht zweckentfremdet, sondern von den Klarissen übernommen. Sie waren von der Säkularisation verschont geblieben, weil sie sich dazu bereit erklärt hatten, eine Schule zu betreiben und sich so für die Allgemeinheit nützlich zu machen. (Ähnlich war es bei den Dominikanerinnen, → Kreuzgasse.) Allerdings hatten sie zur gleichen Zeit ihr eigenes Kloster (→ Dachauplatz) durch die Auswirkungen der Schlacht von 1809 (→ Maximilianstraße) verloren und zogen deshalb um. Sie blieben bis in die 1960er-Jahre hier ansässig.

Karl-Alexander-Straße (13, Kumpfmühl, E 10)
→ Gruppe „Thurn und Taxis 2: Hofgarten". Karl Alexander von Thurn und Taxis (1770–1827), amtierender Fürst 1805–1827, Prinzipalkommissar am Immerwährenden Reichstag in Regensburg 1797–1806. (Vgl. → Theresienweg.)

Karl-Anselm-Straße (13, Kumpfmühl, E 10)
→ Gruppe „Thurn und Taxis 2: Hofgarten". Karl Anselm von Thurn und Taxis (1733–1805), amtierender Fürst 1773–1805, Prinzipalkommissar am Immerwährenden Reichstag in Regensburg 1773–1797. (Vgl. → Fürst-Anselm-Allee.)

Karl-Esser-Straße (15, Prüfening, B 8)
→ Gruppe „Widerstand". Karl Friedrich Esser (1880–1961), gebürtig aus Landau/Pfalz, 1910–1933 und wieder ab 1945 in Regensburg. Vor 1933: Administrator der Dörnberg-Stiftung 1910–1933, Stadtrat (SPD) 1924–1933. Nach 1945: Gründer und Verleger der „Mittelbayerischen Zeitung", Stadtrat (SPD) 1945–1949. Während der Zeit des Nationalsozialismus war Esser mehrfach im Konzentrationslager Dachau in Haft.

Karl-Fischer-Weg (13, Königswiesen-Süd, D 11)
→ Gruppe „Politiker des demokratischen Deutschland und Bayern". Karl Fischer (1904–1976), Mitglied des Stadtrats von Regensburg

(CSU), Mitglied des bayerischen Landtags 1950–1954 und 1958–1962, Mitglied im Verein der Freunde der Universität Regensburg e. V., der sich für die Gründung einer Universität in Regensburg einsetzte.

Karl-Stieler-Straße (13, Ganghofersiedlung/Ziegetsdorf/Neuprüll, D/E 11)
→ Gruppe „Schriftsteller 2". Karl Stieler (1842–1885), bayerischer Volks- und Heimatschriftsteller.

Karlsbader Straße (5, Konradsiedlung, H 5/6)
→ Gruppe „Deutsche Nation". Stadt im Sudetenland (Staat: Tschechien) mit (ehemals) deutscher Bevölkerung und deutscher Vergangenheit. Heutiger Name: Karlovy Vary.

Karoline-Ammer-Straße (6, Brandlberg, I 6)
→ Gruppe „Künstlerinnen". Karoline Ammer (1873–1935), gebürtig aus Straubing/Niederbayern, Malerin und Grafikerin. Sie wirkte hauptsächlich in Regensburg und betrieb hier auch eine Malschule.

Karpatenstraße (5, Konradsiedlung, H 5)
→ Gruppe „Deutsche Nation". Gebirgszug in der östlichen Slowakei, der südlichen Ukraine und dem nördlichen Rumänien, Schauplatz wichtiger Schlachten im Ersten Weltkrieg.

Karthaus-Prüll (13, Prüll, E 10)
Ein Gebiet mit dem Namen „Prüll" südlich von Regensburg wurde erstmals im Jahr 887 erwähnt. Der Name bedeutet „wasserreiches, feuchtes Gelände"; das passt gut zu einer Gegend, wo früher, als es noch wenig Bebauung und Oberflächenversieglung gab, zahlreiche kleine Wasserläufe entsprangen, die sich zu einem Bach vereinigten (→ Am Vitusbach). Hier wurde 997 das Benediktinerkloster St. Vitus gegründet; 1484 übernahm es der Orden der Kartäuser. Es wurde 1803 säkularisiert; nach verschiedenen Besitzerwechseln ging es 1834 an den Bezirk Oberpfalz, der 1852 in den Gebäuden ein Nervenkrankenhaus einrichten ließ, aus dem sich das heutige Bezirksklinikum entwickelte. Vom alten Kloster sind die Kirche und einige der Mönchszellen der Kartäuser erhalten geblieben.

Karthauser Straße (13, Prüll, E 10)
Die Straße zweigt am südlichen Ende von Kumpfmühl (→ Kumpfmühler Straße) von der dort beginnenden Augsburger Straße ab und führt südostwärts zum nahegelegenen ehemaligen Kloster → Karthaus-Prüll.

Kastanienweg (6, Keilberg, L 6)
→ Gruppe „Wald und Flur“.

Kastenmaierstraße (10, Ostenviertel, H 9)
Der Bürger und Patrizier Hans Kastenmaier, wohnhaft in dem nach ihm benannten „Kastenmaierhaus“ (heute: Wahlenstraße 24/Untere Bachgasse 15), wandelte sein Vermögen 1437 kurz vor seinem Tod in eine Stiftung zum Unterhalt von zwölf armen, alten Handwerkern um. Zusammen mit einer ähnlichen Stiftung des Bürgers Stephan Notangst von 1417 entstand daraus 1445 die Bruderhaus-Stiftung, ansässig am Emmeramsplatz, aus der sich später das Evangelische Krankenhaus entwickelte.

Kattowitzer Straße (5, Konradsiedlung, I 5)
→ Gruppe „Deutsche Nation“. Stadt in Oberschlesien, von Deutschland im Friedensvertrag von Versailles an Polen abgetreten. Heutiger Name: Katowice.

Kaulbachweg (13, Kumpfmühl, E 10)
→ Gruppe „Bildende Künstler“. Wilhelm von Kaulbach (1805–1874), Maler des Historismus.

Kavalleriestraße (11, Kasernenviertel, G 10)
→ Gruppe „Militär und Militärs“. Die Straße befindet sich an der Rückseite der ehemaligen Kaserne des 2. Bayerischen Chevauxlegers-Regiments „Taxis“, einer Kavallerie-Einheit. Anders als bei der Infanterie-Kaserne (→ Elferstraße) ist von den Gebäuden der Kavallerie-Kaserne nichts erhalten geblieben.

Keilberger Hauptstraße (6, Keilberg, L 5/6)
Die Straße ist die Hauptstraße der Siedlung Keilberg, die 1924 nach Regensburg eingemeindet wurde. Sie wirkt allerdings nicht wie eine klassische Dorfstraße. Da Keilberg wegen der ungünstigen Lage auf einer Hochfläche mit nicht besonders ertragreichen Kalksteinböden erst im 19. Jh. entstand, hat es bis heute insgesamt mehr den Charakter einer Streusiedlung. Die topographische Bezeichnung „Keilberg“ findet sich jedoch schon in Dokumenten des Mittelalters. Dort heißt es oft „Keinberg“, „Kähnberg“ oder „Kähberg“, was man vielleicht als „Krähenberg“ deuten könnte.

Keilberger Schulweg (6, Keilberg, L 5/6)
Die Straße zweigt an der Grundschule von Keilberg von der Keilberger Hauptstraße ab.

Keilsteiner Breiten (6, Keilberg, L 6)
Der Flurname verweist auf die topographische Lage im südlichen Bereich der Hochfläche von Keilberg (→ Keilberger Haupstraße), dem Keilstein (→ Am Keilstein).

Keilsteiner Weg (6, Keilberg, L 6)
Die Straße verläuft auf der Hochfläche von Keilberg (→ Keilberger Hauptstraße) zu deren südlichem Bereich, dem Keilstein (→ Am Keilstein).

Kellerweg (12, Galgenberg, F 9)
An den Nordhängen der Anhöhen von Kumpfmühl (→ Kumpfmühler Straße), des Eisbuckels (→ Universitätsstraße) und v. a. des Galgenbergs (→ Galgenbergstraße) befanden sich früher zahlreiche Bierkeller, in denen die Regensburger Brauereien ihr Bier kühl und frisch hielten. (Ähnlich war es auf der Nordseite der Donau in Pfaffenstein und Steinweg, → Rabenkellerweg, → Spitalkellerweg.) Oftmals waren die Keller ab dem 19. Jh., als Ausflüge und Einkehr in der Freizeit modern wurden, mit Biergärten verbunden. Ein solcher, der der Brauerei Kneitinger, ist gleich in der Nähe der Straße erhalten geblieben (heute: Galgenbergstraße 18). (Vgl. → Mälzereiweg.)

Keltenring (18, Burgweinting, H/I 11)
→ Gruppe „Burgweinting 5: Vor- und Frühgeschichte". Im archäologischen Areal von Burgweinting fanden sich u. a. Zeugnisse aus der Zeit der Kelten.

Keplerstraße (1, Altstadt, F 8a)
Im 19. Jh. fand ein Regensburger Heimatforscher (→ Neumannstraße) heraus, dass der berühmte Mathematiker und Astronom Johannes Kepler (1571–1630), der Entdecker der nach ihm benannten Gesetze zur Planetenbewegung, mit zwei an der Straße liegenden Häusern in Verbindung stand: In einem (heute: Keplerstraße 2) wohnte er mit seiner Familie von 1626 bis 1628, in einem anderen (heute: Keplerstraße 5, Kepler-Gedächtnishaus) starb er 1630 bei einem Besuch in Regensburg. Aufgrund dieser Erkenntnisse wurde die einstige „Donaustraße" 1865 umbenannt.

Kernerweg (16, Oberwinzer, B 6/7)
Die Weinsorte „Kerner" verweist auf den traditionell und auch heute noch stattfindenden Weinanbau in Niederwinzer, Oberwinzer und Kager (→ Winzersteig).

Kieslgasse (3, Steinweg, F 7)
Andreas Kiesl († 1790) war Augustinerchorherr im Stift St. Andreas/St. Mang in Stadtamhof (→ Andreasstraße). – Bezug: In der Nähe, am Ufer des Regen in Steinweg, betrieb das Stift ein Leprosen- und Siechenhaus.

Killermannstraße (15, Prüfening, B 8/9)
Matthias Sebastian Killermann (1870–1956), gebürtig aus Landshut/Niederbayern, war Naturwissenschaftler und lebte und arbeitete ab 1901 in Regensburg. Er war Professor für Anthropologie, Zoologie und Botanik am Lyzeum bzw. an der Philosophisch-Theologischen Hochschule (→ Predigergasse) 1901–1936, Rektor der Hochschule 1922–1925 und Vorstand der Botanischen Gesellschaft Regensburg (→ Hoppestraße) 1916–1956. Er galt als international anerkannte Kapazität auf dem Gebiet der Pilzforschung.

Kirchfeldallee (18, Burgweinting, H/I 11/12)

Die Straße ist eine der Hauptverkehrsachsen in den Neubaugebieten von Burgweinting. Anders als die sonstigen Straßen dort ist sie nicht thematisch benannt (→ Gruppen „Burgweinting 2–6"), sondern greift einen Flurnamen auf, der auf die Lage hinter den Kirchen von Burgweinting (→ Kirchweg) verweist.

Kirchhoffstraße (18, Harting, L 11)
→ Gruppe „Entdecker, Erfinder, Firmengründer". Gustav Kirchhoff (1824–1887), Physiker, Erforscher der Elektrizität.

Kirchmeierstraße (13/14, Kumpfmühl/Königswiesen/Dechbetten, C/D/E 9)
→ Gruppe „Bildende Künstler". Franz Kirchmeier († 1589), Maler und Zeichner der Renaissance; er lebte und arbeitete in Regensburg. Sebastian Kirchmeier (um 1600), Maler und Zeichner der Renaissance, möglicherweise sein Sohn; er lebte und arbeitete ebenfalls in Regensburg.

Kirchweg (18, Burgweinting, I/K 11)
→ Gruppe „Burgweinting 1: Dorf". Die Straße verläuft gegenüber der alten Pfarrkirche St. Michael, die noch aus der Zeit der Romanik stammt. Heute ist sie Nebenkirche der in unmittelbarer Nachbarschaft neu erbauten, 2004 eingeweihten Kirche St. Franziskus. Ihr Bau war aus Platzgründen im Zusammenhang mit der enormen Vergrößerung Burgweintings in den letzten Jahrzehnten (→ Gruppe „Burgweinting 2: Flurnamen") nötig geworden.

Kirschgäßchen (1, Altstadt, G 8c)
In der Straße war im 18. und 19. Jh. eine Familie von Kräuter- und Gemüsebauern (→ Von-der-Tann-Straße, → Krauterermarkt) namens Kirsch ansässig; die genaue Lage des Anwesens ist unbekannt.

Klausenburger Straße (5, Konradsiedlung, H 6)
→ Gruppe „Deutsche Nation". Stadt in Siebenbürgen (Staat: Rumänien) mit (ehemals) deutscher Bevölkerung. Heutiger Name: Cluj-Napoca.

Kleiberstraße (11, Kasernenviertel, H 10)
→ Gruppe „Militär und Militärs". Leonhard Kleiber (1863–1942), Leiter des Musikkorps des 11. Bayerischen Infanterie-Regiments „Von der Tann", Komponist zahlreicher Märsche, Militärmessen und anderer Musikstücke. Eines seiner Werke mit dem Titel „Ratisbona" über die Geschichte Regensburgs wurde 2004 wieder aufgeführt.

Kleinfeld (18, Burgweinting, I/K 11)
→ Gruppe „Burgweinting 1: Dorf". Flurname mit Verweis auf die ländliche und landwirtschaftlich genutzte Umgebung und auf die Größe eines Grundstücks.

Kleiststraße (15, Innerer Westen, D 8)
→ Gruppe „Schriftsteller 1". Heinrich von Kleist (1777–1811), Schriftsteller der Romantik.

Klenzestraße (13/14, Kumpfmühl/Königswiesen, D 9/10)
→ Gruppe „Bildende Künstler". Leo von Klenze (1784–1864), Maler und Architekt des Klassizismus. Er baute in der Umgebung von Regensburg die Walhalla bei Donaustauf und die Befreiungshalle bei Kelheim. Ehrenbürger der Stadt Regensburg 1842.

Klosterackerweg (15, Prüfening, A/B 9)
→ Gruppe „Prüfening – Kloster und Schloss". Das Kloster Prüfening hatte hier Grundbesitz, der landwirtschaftlich genutzt wurde.

Klostermeyergasse (1, Altstadt, G 8a)
In einem Anwesen an der ehemaligen nordwestlichen Ecke der Gasse zur Donaulände hin, im Bereich des heutigen Donaumarkts, befand sich im frühen 18. Jh. ein Brauhaus, das dem Braumeister Martin Klostermeyer gehörte. Seine Familie war seit dem 15. Jh. in der Stadt ansässig; zeitweise gab es aus ihren Reihen gleich mehrere Braumeister, die zur selben Zeit tätig waren.

Köhlerstraße (3, Steinweg, F 6)
→ Gruppe „Holz und Holzverarbeitung".

König-Philipp-Weg (13, Königswiesen-Süd, D 10/11)
→ Gruppe „Mittelalter in Regensburg". Philipp von Schwaben (1177–1208), deutscher König 1198–1208. Er verlieh Regensburg 1207 ein wichtiges Privileg, das die Entwicklung zur Freie Reichsstadt vorbereitete („Philippinum"). (Vgl. → Kaiser-Friedrich-Allee.)

Königshütter Straße (5, Konradsiedlung, H/I 5/6)
→ Gruppe „Deutsche Nation". Stadt in Oberschlesien, von Deutschland im Friedensvertrag von Versailles an Polen abgetreten. Heutiger Name: Chorzów.

Königsstraße (1, Altstadt, F 8d)
Die Straße entstand im Zuge des Wiederaufbaus der in der Schlacht von 1809 zerstörten Stadtteile (→ Maximilianstraße). Sie wurde exakt rechtwinklig zur Maximilianstraße angelegt und deshalb „Max-Querstraße" oder „Neue Querstraße" genannt. Der heutige Name orientiert sich an noch älteren historischen Gegebenheiten: Hier bestand zur Zeit, als Regensburg Haupt- und Residenzstadt war (→ Alter Kornmarkt), ein geschlossener Komplex königlichen Besitzes, der sog. „Latron". (Vgl. → Am Königshof.)

Königswiesener Parkweg (14, Königswiesen, C/D 9/10)
Zum Gutshof von Königswiesen (→ Königswiesenweg) gehörte seit dem 19. Jh. ein Park am Westrand des Geländes. Als das Gut selbst aufgelassen und überbaut wurde, blieb der Park als öffentliche Anlage erhalten.

Königswiesenweg (13, Kumpfmühl, D/E 9/10)
Die Straße ist das letzte Teilstück einer Verbindung, die von der Dechbettener Straße nach Süden abzweigte und Regensburg mit dem alten Gutshof Königswiesen verband. Er befand sich mit diversen Gebäuden und landwirtschaftlich genutzten Feldern auf dem Areal der heutigen Hochhaussiedlung. Das Gut wurde 1224 erstmals erwähnt bei einem Besitzübergang an das Kloster Prüfening (→ Gruppe „Prüfening – Kloster und Schloss"); der Name deutet darauf hin, dass es ursprünglich Eigentum des deutschen Königs gewesen sein muss. Nach der Säkularisation des Klosters 1802 ging das Gut durch verschiedene private Hände und wurde schließlich 1938 an die Stadt Regensburg ver-

kauft. Im Zusammenhang mit der Planung der Wohnsiedlung Königswiesen wurde es aufgelöst; die Gebäude wurden abgerissen.

Köstlergasse (14, Großprüfening, A 9)
Die Familie Köstler gehörte seit alters zu den Bewohnern des Dorfs → Großprüfening.

Kötztinger Straße (4, Gallingkofen, G 5)
→ Gruppe „Bayerischer Wald 1: Regental".

Kohlenmarkt (1, Altstadt, F 8a)
In zentraler Lage direkt neben dem Rathaus befand sich seit dem frühen Mittelalter, erstmals erwähnt 934, einer der wichtigsten Marktplätze von Regensburg. Eine stark frequentierte Verkehrsachse verband ihn mit dem ähnlich bedeutenden → Haidplatz; die Verbindung zwischen beiden ist als „Platzfolge" bis heute im Stadtbild deutlich erkennbar. Ursprünglich wurden hier alle möglichen Waren feilgeboten. Ab dem 18. Jh. begann der Verkauf von Kohle zu dominieren und verlieh dem Platz, erstmals belegt 1740, seinen heutigen Namen.

Koindekstraße (18, Harting, M 12)
→ „Harting – ein Dorf". Johann Koindek (1888–1972), Pfarrer aus Obertraubling, zuständig für die Bewohner von Harting.

Konrad-Adenauer-Allee (13, Königswiesen-Süd, D 10/11)
→ Gruppe „Politiker des demokratischen Deutschland und Bayern". Konrad Adenauer (1876–1967), Vorsitzender der CDU 1950–1966, Bundeskanzler 1949–1963.

Kornmannweg (14, Dechbetten, B 9)
→ Gruppe „Prüfening – Kloster und Schloss". Ludwig Anton Moritz Kornmann (1757–1817), ab 1776 mit dem Namen Rupert Mönch im Kloster Prüfening, Naturwissenschaftler, Professor für Philosophie und Mathematik an der Universität Ingolstadt 1785–1790, letzter Abt des Klosters Prüfening 1790–1803. (Vgl. → Erminoldweg, → Erboweg.)

Kornweg (15, Prüfening, A/B 8)
Der Flurname verweist auf die frühere landwirtschaftlich genutzte Umgebung nördlich des Dorfs → Großprüfening. Er passt zudem perfekt zu einem Fund, den Archäologen bei Grabungen 1978 gemacht haben: Sie entdeckten ganz in der Nähe Überreste einer römischen Brauerei, die als Rohstoff Getreide brauchte.

Kramgasse (1, Altstadt, F 8a/b) / **Kramwinkel** (1, Altstadt, F 8d)
Früher lebten die Menschen in Städten oft nach Berufsgruppen zusammen. In den beiden Gassen – und in der mit ihnen zusammen ein kleines Viertel bildenden → Tändlergasse – waren die Krämer und Tändler ansässig, Kleinhändler mit ihren Läden, in denen sie alle möglichen Gegenstände des täglichen Bedarfs – „Kram“ und „Tand“ – zum Verkauf anboten.

Krauterermarkt (1, Altstadt, F 8b)
An prominenter Stelle, direkt gegenüber dem Dom, verkauften früher die Kräuter- und Gemüsebauern aus Stadt (→ Von-der-Tann-Straße) und Land (→ Weichser Radiweg, → Maria-Beer-Platz) ihre Waren. Der Markt hatte nicht nur eine praktische, sondern auch eine symbolische Seite: Mit ihm demonstrierte die Freie Reichsstadt ihre Hoheit auf einem Teil des Platzes, der ansonsten vom Dom und damit vom Fürstbischof dominiert wurde (→ Domplatz). Deshalb hat der Platz auch zwei Namen, wobei die Trennung zwischen Domplatz und Krauterermarkt früher eine zwischen Ost und West und nicht, wie heute, zwischen Süd und Nord war. Im Osten standen Dom und Bischofshof, im Westen Bürger- und Patrizierhäuser mit dem Krauterermarkt davor. Symbol der städtischen Hoheit war der Adlerbrunnen, der ebenfalls auf der Westseite des Platzes steht.

Krebsgasse (1, Altstadt, F 8a/c)
In einem Anwesen der Straße (heute: Krebsgasse 6) befand sich vom 17. Jh. an das Gasthaus „Zum Blauen Krebs“. Noch heute ist hier Gastronomie ansässig.

Kremser Straße (10, Ostenviertel, K/L 10)
→ Gruppe „Donaustädte“.

Kreuzgasse (1, Altstadt, E 8b)
Die Gasse führt vom Arnulfsplatz zum Dominikanerinnenkloster Heilig Kreuz. Es wurde 1233 gegründet und – anders als die meisten anderen – 1802/10 während der Säkularisation nicht aufgelöst, weil die Dominikanerinnen sich dazu bereit erklärten, eine Schule zu betreiben und sich so für die Allgemeinheit nützlich zu machen. (Ähnlich war es bei den Klarissen, → Kapuzinergasse.) Das Kloster besteht bis heute. (Vgl. → Nonnenplatz.)

Kreuzhofstraße (18, Harting, M/N 10/11/12)
Die Straße führt von Harting in Richtung Kreuzhof (→ Am Kreuzhof). Durch die Anlage von Gewerbe- und Hafengebieten in der Nähe der Donau erreicht sie nicht mehr direkt ihren Zielort.

Kriemhildstraße (13, Kumpfmühl, E 10)
→ Gruppe „Nibelungen".

Kronacher Straße (4, Haslbach, I 3)
→ Gruppe „Traditionelle Industriestädte in Nordostbayern". Kronach/ Oberfranken, Standort der keramischen Industrie.

Kruckenbergstraße (5, Wutzlhofen, H 4)
→ Gruppe „Bayerischer Wald 2: Vorwald". Kruckenberg, Ortsteil der Gemeinde Wiesent im Landkreis Regensburg/Oberpfalz.

Kuchenreuterstraße (3, Steinweg, F 7)
Die Familie Kuchenreuter stammte ursprünglich aus dem kleinen Dorf Kuchenreuth bei Kemnath in der nördlichen Oberpfalz; ihre Angehörigen waren im Waffenhandwerk als Büchsenmacher tätig. Drei Brüder ließen sich im 18. Jh. in Regensburg, Stadtamhof und Steinweg nieder. Die Steinweger Kuchenreuter produzierten Präzisionswaffen, v. a. Pistolen, von höchster Qualität, die in ganz Europa gerühmt wurden. Abnehmer waren u. a. der Zar von Russland, der Kaiser von Österreich und Napoleon.

Küffnerstraße (1, Unterer Wöhrd, F 8b)
Johann Anton Küffner (1667–1738), gebürtig aus Hof/Oberfranken, kam als Kaufmann nach Regensburg, erlangte großen Wohlstand, erwarb ein Haus in bester Lage (heute: Residenzstraße 2), war in verschiedenen städtischen Ämtern, v. a. im Almosenamt, tätig und zuletzt, von 1733 bis 1738, Mitglied des Inneren Rats. Ohne eigene Kinder geblieben, stiftete er 73.000 Gulden, eine Summe, die heute mit mehreren Millionen Euro zu veranschlagen wäre, für verschiedene wohltätige Zwecke – für Kranke und Alte, für Waisen, für Schüler usw. – in Regensburg, in seiner Heimatstadt Hof und sogar für die evangelische Mission in Indien.

Künische Straße (7, Reinhausen, H 7)
Das Künische Gebirge ist ein Teil des Böhmerwalds und des Bayerischen Walds im Grenzgebiet zwischen Deutschland und Tschechien. Mit diesem Bezug würde die Straße gut in die → Gruppe „Bayerischer

Wald 3: Hochwald“ passen, die auch nicht weit entfernt ist; tatsächlich liegt sie aber mitten in der → Gruppe „Flüsse in Bayern“, zu der sie nicht so recht passt.

Kürner Weg (5, Wutzlhofen, H 4)
→ Gruppe „Bayerischer Wald 2: Vorwald“. Kürn, Ortsteil der Gemeinde Bernhardswald im Landkreis Regensburg/Oberpfalz.

Kuglerplatz (15, Innerer/Äußerer Westen, D 8)
Der Platz entstand bei der Einhausung eines Teils der Autobahntrasse, die durch Regensburg führt, und greift den Namen von Eustachius Kugler auf, dem Gründer des benachbarten Krankenhauses der Barmherzigen Brüder (→ Kuglerstraße).

Kuglerstraße (15, Äußerer Westen, C/D 8/9)
Joseph Kugler (1867–1948) war zunächst Schlosser in Reichenbach, kam in Kontakt mit den Mönchen aus dem Orden der Barmherzigen Brüder, die die dortige Pflegeanstalt betreuten, und trat 1893 unter dem Namen Frater Eustachius selbst in den Orden ein. Vom einfachen Mönch brachte er es zum Leiter der bayerischen Ordensprovinz. Seine größte Leistung ist die Errichtung des Regensburger Krankenhauses der Barmherzigen Brüder 1927 bis 1930, das nördlich der Straße liegt.

Kuhgässel (1, Altstadt, E 8b)
Der nachgewiesenermaßen engste öffentliche Verkehrsweg Regensburgs hat seinen Namen von einer alten Sage: Ein Bäckerjunge konnte oder wollte einer Kuh, die ihm entgegenkam, nicht ausweichen und wurde von ihr an der Hauswand erdrückt. Die zwei Semmeln, die er dabei hatte, sind – längst zu Stein geworden – ganz unten an der Fassade eines Hauses an der Westseite der Gasse, nahe beim Ausgang zum St.-Leonhards-Platz, noch zu sehen …

Kulmbacher Straße (4, Haslbach, I 3)
→ Gruppe „Traditionelle Industriestädte in Nordostbayern“. Kulmbach/Oberfranken, Standort der Textilindustrie.

Kumpfmühler Straße (1/13/15, Innenstadt/Kumpfmühl, E 8/9/10)
Die Straße ist in ihrem nördlichen Teil die Verbindung von der Altstadt zum einst außerhalb Regensburgs liegenden Dorf Kumpfmühl, im südlichen Teil die alte Hauptstraße des Dorfs. Kumpfmühl wurde erstmals 1009 unter dem Namen „Genstal“ und 1350 unter dem eigentlichen Namen erwähnt und 1818 – als erste Ortschaft –

nach Regensburg eingemeindet. Wie bei anderen Eingemeindungen bewahrt die Straße den Namen des Orts fort. Er leitet sich von der Mühle ab, die hier seit alters bestand (→ Am Mühlbach); ihr Rad war mit „Kumpfen", mit Schüsseln bestückt, in die das Wasser von oben fiel und so die Mühle antrieb.

Kurpfälzer Weg (4, Gallingkofen, F 5)
Vom 14. bis ins 17. Jh. gehörten die Dörfer Sallern (→ Sallerergasse) und → Gallingkofen – wie große Teile der Oberpfalz – nicht zu Bayern, sondern zum Kurfürstentum Pfalz – ein Ergebnis der Landesteilung von 1329 innerhalb der in beiden Ländern regierenden Familie der Wittelsbacher. (Vgl. → Gruppe „Pfalz und Nachbarregionen".)

Kurt-Schumacher-Straße (15, Prüfening, B 8)
→ Gruppe „Widerstand". Kurt Schumacher (1895–1952), Vorsitzender der SPD 1949–1952. Während der Zeit des Nationalsozialismus war Schumacher fast ununterbrochen in verschiedenen Konzentrationslagern in Haft.

Kurt-Tucholsky-Weg (13, Neuprüll, E 11)
→ Gruppe „Schriftsteller 2". Kurt Tucholsky (1890–1935), Schriftsteller mit antinationalistischem und antimilitaristischem Bezug.

Kurzer Weg (18, Burgweinting, I/K 12)
→ Gruppe „Burgweinting 2: Flurnamen". Hier: Verweis auf den Charakter der Straße. (Vgl. → Langer Weg.)

Laaberstraße (8, Weichs, H 7)
→ Gruppe „Flüsse in Bayern".

Ladehofstraße (15, Innerer Westen, E 9)
Nach dem Anschluss Regensburgs an das Eisenbahnnetz 1859 entstand westlich des Bahnhofs (→ Bahnhofstraße) Zug um Zug der Güterbahnhof (→ Im Güterbahnhof) mit Umschlag- und Verladestationen. Damals war das Areal am Stadtrand gelegen, heute befindet es sich mitten in der Stadt und wird zunehmend zu Wohnzwecken umgenutzt.

Lärchenweg (6, Keilberg, L 5)
→ Gruppe „Wald und Flur".

Lagerstraße (10, Ostenviertel, L 9)
Die Straße liegt im Lagerbereich des Osthafens (→ Osthafenstraße).

Laibacher Straße (5, Konradsiedlung, H 6)
→ Gruppe „Deutsche Nation". Stadt im ehemaligen Krain (Staat: Slowenien) mit deutscher Vergangenheit. Heutiger Name: Ljubljana.

Lamer Straße (4, Gallingkofen, G 5)
→ Gruppe „Bayerischer Wald 1: Regental".

Landauer Straße (10, Ostenviertel, L 9/10)
→ Gruppe „Donaustädte", mit indirektem Bezug. Landau an der Isar liegt nicht direkt an der Donau, aber immerhin an einem Nebenfluss.

Landshuter Straße (1/10/11, Innenstadt/Ostenviertel/Kasernenviertel, F/G/H/I 8/9/10/11)
Die Straße ist eine der traditionellen Ausfallstraßen aus Regensburg. Sie führt in Richtung Südosten aus der Stadt heraus und dann weiter südwärts nach Landshut. Die Fernverbindung begann ursprünglich → Am Peterstor; ihr allererstes Teilstück war der Weg an der Kirche Weih St. Peter vorbei (→ St.-Peters-Weg). (Vgl. → Obertraublinger Straße.)

Langer Weg (18, Burgweinting, I/K 12)
→ Gruppe „Burgweinting 2: Flurnamen". Hier: Verweis auf den Charakter der Straße. (Vgl. → Kurzer Weg.)

Langobardenstraße (11, Kasernenviertel, G/H 11)
→ Gruppe „Germanisch-deutsche Volksstämme".

Lappersdorfer Straße (3, Steinweg, F 5/6/7)
Die Straße führt von → Steinweg nach Lappersdorf, dem nächsten Ort nördlich außerhalb des Stadtgebiets von Regensburg.

Larenweg (18, Burgweinting, H/I 11/12)
→ Gruppe „Burgweinting 5: Vor- und Frühgeschichte". Laren, römische Schutzgeister der Familie und der Vorfahren.

Lechstraße (7, Reinhausen, H 6/7)
→ Gruppe „Flüsse in Bayern".

Lederergasse (1, Altstadt, E 8b)
Früher lebten die Menschen in Städten vielfach nach Berufsgruppen zusammen. Hier waren Handwerker ansässig, die das Leder, das die Gerber und die Weißgerber produzierten (→ Gerbergasse, → Weißgerbergraben), weiterverarbeiteten.

Obere Bachgasse

Lehenackerweg (17, Leoprechting, F 13)
Der Flurname verweist auf die – früher wie heute – ländliche und landwirtschaftlich genutzte Umgebung sowie auf die einstigen besitzrechtlichen Verhältnisse. Leoprechting (→ Leoprechtinger Weg) gehörte als Teil von Oberisling bis zur Säkularisation 1802/10 weitgehend dem Kloster St. Emmeram (→ Gruppe „Oberisling und St. Emmeram"). Ein Teil des klösterlichen Grundbesitzes war an ortsansässige Bauern verliehen. (Vgl. → Frohnwiesenweg).

Lehnerweg (1, Altstadt, G 8c)
Die Straße war der östlichste Teil der „Zwingerwege" unmittelbar innerhalb der Stadtmauern (→ Stahlzwingerweg). Erhalten ist nur ein kurzer Abschnitt zur Ostengasse; der längere zum Minoritenweg ist 1892/94 durch das „Neue Gymnasium" (heute: Albrecht-Altdorfer-Gymnasium) überbaut worden. Gegenüber der ehemaligen Einmündung in den Minoritenweg, auf dem Gelände der heutigen Von-der-Tann-Schule, befand sich im frühen 17. Jh. der botanische Garten von Dr. Johann Oberndorfer (→ Oberndorferstraße). Ein Teil dieses Grundstücks kam später in den Besitz einer Familie von Kräuter- und Gemüsebauern (→ Von-der-Tann-Straße, → Krauterermarkt) namens Lehner; sie wird noch im 19. Jh. als Eigentümer genannt.

Leibnizstraße (18, Harting, K/L/M 10/11)
→ Gruppe „Entdecker, Erfinder, Firmengründer". Gottfried Wilhelm Leibniz (1646–1716), Universalgelehrter, u. a. Entwickler der Infinitesimalrechnung.

Leichtlgasse (14, Großprüfening, A 9)
Die Familie Leichtl gehörte seit alters zu den Bewohnern des Dorfs → Großprüfening.

Lena-Christ-Weg (18, Burgweinting, I 12)
→ Gruppe „Burgweinting 3: Frauen". Lena Christ (1881–1920), Schriftstellerin. Sie wählte ihre Themen aus dem ländlichen Bayern; ihre Werke haben dabei einen sehr realistischen Blick auf das ärmliche Leben der einfachen Leute.

Lenaustraße (13, Neuprüll, E 11)
→ Gruppe „Schriftsteller 2". Nikolaus Lenau (1802–1850), Schriftsteller der Romantik.

Lenbachweg (14, Königswiesen, C 9)
→ Gruppe „Bildende Künstler". Franz von Lenbach (1836–1904), Portrait- und Gesellschaftsmaler mit hohem Renommee in München („Münchner Malerfürst").

Leonbergweg (6, Brandlberg, I 6)
→ Gruppe „Eisenindustrie in der Oberpfalz". Leonberg, Ortsteil von Maxhütte-Haidhof bei Burglengenfeld, (ehemaliger) Standort der Maxhütte.

Leoprechtinger Weg (12/17, Galgenberg/Leoprechting, F 10/11/12)
Der Weg ist das Teilstück einer Verbindung von Regensburg nach Leoprechting, heute nur noch als Fußweg durch das Gelände der Universität und des Universitätsklinikums erhalten. Leoprechting wurde erstmals um 1020 erwähnt, gehörte damals schon zu Oberisling (→ Gruppe „Oberisling und St. Emmeram") und wurde wie dieses 1977 nach Regensburg eingemeindet. Der Name, ursprünglich „Liuperingen" geschrieben, deutet auf die „Gründung eines Mannes namens Liebhart" hin (→ Liebhartstraße).

Lerchenfeldstraße (11, Kasernenviertel, H 9)
Die adelige Familie Lerchenfeld, benannt nach ihrem Herkunftsort, heute ein Stadtteil von Neutraubling, ist seit 1070 nachweisbar. Im Jahr 1309 zog Albrecht von Lerchenfeld nach Regensburg um. Seine Nachkommen wurden Angehörige des städtischen Patriziats; sie lebten in dem nach ihnen benannten „Lerchenfelder Hof" (heute: Untere Bachgasse 12/14). Joseph Karl Ignaz von Lerchenfeld war um 1800 Dompropst in Regensburg und ließ eine neue Dompropstei (heute: Domplatz 6) erbauen. Im Lauf der Zeit erwarb die Familie Besitzungen in der Umgebung von Regensburg, z. B. Brennberg und Köfering, und wurde in den Grafenstand erhoben. Nachkommen existieren bis heute. Graf Philipp von Lerchenfeld ist aktuell Bundestagsabgeordneter des Wahlkreises Regensburg.

Lessingstraße (15, Innerer Westen, D 8)
→ Gruppe „Schriftsteller 1". Gotthold Ephraim Lessing (1729–1781), Schriftsteller der Aufklärung.

Leublfingstraße (11, Kasernenviertel, G 9)
→ Gruppe „Militär und Militärs". Graf Maximilian von Leublfing (1819–1893), Kommandeur des 11. Bayerischen Infanterie-Regiments „Von der Tann".

Leuchtenbergweg (13, Königswiesen-Süd, D 10)
→ Gruppe „Mittelalter in Regensburg“. Die Leuchtenberg oder Liechtenberg waren eine Patrizierfamilie, die u. a. in Verwandtschaft zur Familie Auer, berühmt-berüchtigt durch den sog. „Auer-Aufstand“ im frühen 14. Jahrhundert, standen (→ Auergasse).

Lichtenfelser Straße (4, Haslbach, I 3)
→ Gruppe „Traditionelle Industriestädte in Nordostbayern“. Lichtenfels/Oberfranken, Standort der Korbflechterei-Industrie.

Lichtenwaldstraße (4, Sallern, F 5)
Borgias Lichtenwald, gebürtig aus Sallern, war zu Beginn des 20. Jhs. Mitglied des Ordens der Barmherzigen Brüder und Leiter der bayerischen Ordensprovinz. (Vgl. → Kuglerstraße.)

Liebermannweg (13, Kumpfmühl, D 9)
→ Gruppe „Bildende Künstler“. Max Liebermann (1847–1935), Maler und Grafiker des Impressionismus.

Liebhartstraße (17, Leoprechting, E/F 12)
Liebhart ist für die Namensforscher der vermutete Gründer und Namensgeber von Leoprechting (→ Leoprechtinger Weg).

Liebigstraße (10, Hohes Kreuz, I 9)
→ Gruppe „Entdecker, Erfinder, Firmengründer“. Justus von Liebig (1803–1873), Chemiker mit Forschungen zur Verbesserung der Landwirtschaft und ihrer Erträge mittels mineralischer Düngung.

Lieblstraße (1, Oberer Wöhrd, E/F 7/8a)
Johann Baptist Liebl († 1863) war Oberjustizrat beim Fürsten von Thurn und Taxis. Er kaufte 1830 die großzügige Gartenvilla in der Straße (heute: Lieblstraße 2), die nach einem späteren Besitzer allgemein als „Villa Lauser“ bekannt ist.

Lieperkingstraße (17, Leoprechting, F 12/13)
Früher wurde Leoprechting von den Einheimischen „Lieperking“ genannt. Diese Variante ist näher als die heutige an der ältesten überlieferten Form „Liuperingen“ und lässt den vermuteten sprachlichen Zusammenhang zu einer „Gründung des Liebhart“ besser erkennen (→ Leoprechtinger Weg, → Liebhartstraße).

Ligastraße (15, Prüfening, B 8/9)
An der Straße entstand ab 1936 eine kleine Wohnsiedlung, deren Häuser von der „Liga Spar- und Kreditgenossenschaft“ finanziert wurden. Die Bank war 1917 in Regensburg als Selbsthilfeorganisation von katholischen Landpfarrern gegründet worden. Nach mehreren Umbenennungen ist daraus die heutige Liga-Bank geworden; ihr Hauptsitz befindet sich nach wie vor in Regensburg.

Lilienthalstraße (14/15, Äußerer Westen, C 8/9)
→ Gruppe „Flieger und Flugzeugbauer“. Otto Lilienthal (1848–1896), Ingenieur, Konstrukteur von Flugzeugen, Pionier der Luftfahrt.

Lindenplatz (15, Margaretenau, D 9)
→ Gruppe „Bäume“.

Lindenstraße (15, Margaretenau, D 9)
→ Gruppe „Bäume“.

Lindnergasse (1, Altstadt, F 8b)
In einem Anwesen der Gasse an der Nordostecke zur Thundorferstraße, das heute abgebrochen ist, befand sich seit dem 14. Jh. eine Bäckerei; sie wurde im frühen 19. Jh. von einem Bäckermeister namens Georg Bartholomäus Lindner betrieben.

Linzer Straße (10, Ostenviertel, H 8)
→ Gruppe „Donaustädte“.

Lise-Meitner-Weg (18, Burgweinting, I 12)
→ Gruppe „Burgweinting 3: Frauen“. Lise Meitner (1878–1968), Physikerin, Mitarbeiterin von Otto Hahn. Sie gilt als eine der Wegbereiterinnen der Frauen in der Wissenschaft; sie war z. B. die erste Professorin für Physik in Deutschland.

Liskircherstraße (15, Innerer Westen, E 8/9)
Die Familie Liskircher siedelte im 15. Jh. von Passau nach Regensburg über; ihr Haus lag in der Unteren Bachgasse (heute: Untere Bachgasse 10). Sie gehörte zum Kreis der reichen Patrizier. Hans Liskircher stiftete 1469 zehn sonntägliche Mahlzeiten für Arme; sein Sohn Wolfgang war Stadtratsmitglied und hoher Verwaltungsbeamter. Er wurde 1513 im Zusammenhang mit einem innerstädtischen Aufstand wegen angeblicher Unterschlagung städtischer Gelder angeklagt, gefoltert, zum Tod verurteilt und hingerichtet.

Lisztstraße (12, Galgenberg, G 10)
→ Gruppe „Komponisten und Musiker“. Franz Liszt (1811–1886), Komponist der Romantik.

Löbelstraße (17, Graß, D 12)
→ Gruppe „Graß – Burg und Dorf“. Im 14. Jh. war die Regensburger Patrizierfamilie Löbl im Besitz der Burg von Graß.

Lohackerstraße (14, Dechbetten, C 9)
Hier, am Hang der „Platte“ (→ Auf der Platte), entsprang, wohl aus sumpfigen Gelände („Lohe“ = Loch, Sumpf), einer kleiner Bach, der nach Prebrunn floss und dort in die Donau mündete (→ Lohgrabenstraße, → Prebrunnstraße).

Lohgrabenstraße (15, Äußerer Westen, D 8)
Die Straße zeichnet ein kurzes Stück das kleinen Bachs nach, der von Dechbetten (→ Lohackerstraße) nach Prebrunn (→ Prebrunnstraße) floss und dort in die Donau mündete.

Loisachstraße (7, Reinhausen, H 6)
→ Gruppe „Flüsse in Bayern“.

Lore-Gollwitzer-Straße (18, Burgweinting, H 12)
→ Gruppe „Burgweinting 6: Frauen“. Lore Gollwitzer (1916–2003), gebürtig aus Affalterthal/Oberfranken, in Regensburg 1956–1999. Sie war aktiv in der evangelischen Frauenarbeit, im Diakonischen Werk, im Evangelischen Bildungswerk und im Arbeitskreis Südliches Afrika; dabei setzte sie sich ein für Frieden, Gerechtigkeit, Menschenwürde, Integration. Sie erhielt 1993 das Bundesverdienstkreuz.

Lore-Kullmer-Straße (12, Galgenberg, G 10/11)
Lore Kullmer, geborene Poschmann (1919–2011), gebürtig aus Elberfeld (heute: Wuppertal/Nordrhein-Westfalen), war Professorin für Wirtschafts- und Finanzwissenschaften an der Universität Regensburg 1967–1985. Sie war eine der ersten Frauen auf einem Lehrstuhl an der neugegründeten Hochschule. – Bezug: In der Nähe der Straße befindet sich die Universität. (Vgl. → Franz-Mayer-Straße, → Rudolf-Vogt-Straße.)

Lothgäßchen (1, Altstadt, E 8d)
In einem Anwesen der Straße (heute: Lothgäßchen 1) war im frühen 19. Jh. ein Schreinermeister namens Karl Christian Loth ansässig.

Lothringer Straße (3, Pfälzer Siedlung, F 6)
→ Gruppe „Pfalz und Nachbarregionen".

Lotte-Branz-Straße (18, Burgweinting, H 11)
→ Gruppe „Burgweinting 6: Frauen". Lotte Branz (1903–1987), gebürtig aus Regensburg, heiratete in München den Bibliothekar Gottlieb Branz. Beide waren bei der SPD aktiv und in der Zeit des Nationalsozialismus im Widerstand tätig. Gottlieb Branz war 1933 im Konzentrationslager Dachau und 1939 bis 1945 im Konzentrationslager Buchenwald inhaftiert. Nach dem Ende der NS-Herrschaft engagierten sich beide erneut in der Münchner Kommunalpolitik.

Lottnerstraße (15, Prüfening, B 8)
→ Gruppe „Widerstand". Michael Lottner (1899–1945), gebürtig aus Katzdorf bei Neunburg vorm Wald/Oberpfalz, ab 1935 in Regensburg, Polizist im Ruhestand, Bezirksinspektor im Versicherungswesen. Er nahm an einer Demonstration teil, die sich kurz vor Ende des Zweiten Weltkriegs am 23. April 1945 auf dem Moltkeplatz (→ Dachauplatz) spontan bildete und zur kampflosen Übergabe der Stadt an die heranrückenden amerikanischen Truppen aufrief. Er wurde von Sicherheitskräften abgeführt und erschossen, seine Leiche tags darauf unter den Galgen von zwei anderen Teilnehmern an der Demonstration, die am Ort des Geschehens verhaftet und in der folgenden Nacht hingerichtet worden waren – dem Domprediger Dr. Johann Maier (→ Dr.-Johann-Maier-Straße) und dem Arbeiter Josef Zirkl (→ Zirklstraße) –, zur Schau gestellt.

Ludwig-Eckert-Straße (15, Innerer Westen, E 8)
Ludwig Eckert (1874–1944) war Großkaufmann und Kommerzienrat in Regensburg mit starkem sozialen Engagement. – Bezug: Eckert lebte seit den 1920er-Jahren in einem Haus in der Straße (heute: Ludwig-Eckert-Straße 2).

Ludwig-Erhard-Straße (13, Königswiesen-Süd, D 10)
→ Gruppe „Politiker des demokratischen Deutschland und Bayern". Ludwig Erhard (1897–1977), Vorsitzender der CDU 1966–1967, Bundeswirtschaftsminister 1949–1963, Bundeskanzler 1963–1966, „Vater des deutschen Wirtschaftswunders".

Ludwig-Thoma-Straße (13, Kumpfmühl/Ganghofersiedlung/Prüll, E/F 10)

→ Gruppe „Schrifsteller 2". Ludwig Thoma (1867–1921), bayerischer Volks- und Heimatschriftsteller.

Ludwig-von-Andok-Straße (9, Schwabelweis, K/L 7)
Ludwig von Andok (1890–1981) war Maler und lebte vorübergehend als Schüler und dauerhaft ab 1925 in Regensburg. Seine Motive fand er in Landschaften der Alpen und der Oberpfalz. – Bezug: Ab 1930 lebte Andok in einem eigenen Haus in der Donaustaufer Straße in Schwabelweis. In der näheren Umgebung sind einige Straßen deshalb auch nach anderen Malern, meist mit Regensburg-Bezug, benannt (→ Barbara-Popp-Straße, → Camille-Claudel-Straße, → Gabriele-Münter-Straße, → Max-Wissner-Straße, → Otto-Baumann-Straße, → Willi-Ulfig-Straße).

Ludwigstraße (1, Altstadt, F 8a)
Im Mittelalter hieß die Straße zunächst „Auerstraße" (nach der bedeutenden Patrizierfamilie, die in der nahe gelegenen Gasse Am Römling wohnte), später dann „Goldene-Arm-Straße" (nach einem historischen Kaufhaus, heute: Ludwigstraße 1). Im Jahr 1830 besuchte König Ludwig I. von Bayern (1786–1868, reg. 1825–1848) Regensburg – der erste Besuch eines bayerischen Herrschers in der Stadt, die bis 20 Jahre zuvor lange Zeit eine Freie Reichsstadt gewesen war. Die Stadt wollte ihm untertänigst und gebührend die Ehre erweisen; ein Element des Festprogramms war die Umbenennung einer Straße in prominenter Lage.

Luise-Giese-Straße (18, Burgweinting, H 12)
→ Gruppe „Burgweinting 6: Frauen". Luise Giese war die Ehefrau des evangelischen Dekans und Stadtpfarrers Hermann Richard Giese. Zusammen mit Johanna Dachs (→ Johanna-Dachs-Straße) organisierte sie 1941 eine Demonstration gegen den sog. „Kruzifixerlass" der Nationalsozialisten, der die Kreuze aus den Schulen entfernen sollte. Die Demonstration mit 1000 Teilnehmerinnen bewirkte, dass an den Regensburger Schulen die Kreuze hängen blieben.

Luisenweg (15, Westheim, C/D 7)
→ Gruppe „Frauen aus Regensburgs Vergangenheit". Luise von Mecklenburg-Strelitz (1776–1810), Ehefrau König Friedrich Wilhelms III. von Preußen. Als seine Armee 1806 vernichtend von Napoleon geschlagen worden war, war sie es – und nicht ihr Mann –, die tatkräftig und erfolgreich die staatliche Fortexistenz Preußens sicherte. (Eine ähnliche

Rolle spielte ihre Schwester Therese für ihren Ehemann, den Fürsten von Thurn und Taxis, → Theresienweg.)

Luitpoldstraße (1/10, Innenstadt/Ostenviertel, F/G 9)
Als in der „Gründerzeit“ nach 1870 westlich und östlich der Altstadt neue Wohnviertel entstanden (→ Gruppe „Gründerzeit“), wurden u. a. auch die seinerzeitigen Herrscher und Herrscherfamilien verewigt. Hier: Prinzregent Luitpold von Bayern (1821–1912, reg. 1886–1912). (Vgl. → Augustenstraße, → Wilhelmstraße, → Wittelsbacherstraße.)

Luitwinstraße (17, Graß, D 12)
→ Gruppe „Graß – Burg und Dorf“. Als erster nachweisbarer Besitzer der Burg von Graß wird im 12. Jh. ein gewisser Luitwin aus dem Geschlecht der Herren von Graß genannt.

Lukasweg (17, Oberisling, G 12)
→ Gruppe „Oberisling und St. Emmeram“. Neben der Grundherrschaft übte das Kloster St. Emmeram in Oberisling traditionell auch die Seelsorge aus. Nach der Säkularisation des Klosters 1802/10 regte der Pfarrvikar Martin Lukas an, im Ort eine eigene Pfarrei zu installieren. Der Vorschlag wurde verworfen; Oberisling wurde 1817 eine Filiale der Pfarrei Hohengebraching.

Lunaweg (18, Burgweinting, I 12)
→ Gruppe „Burgweinting 5: Vor- und Frühgeschichte“. Luna, römische Mondgöttin.

Lusenstraße (7, Reinhausen, G 6)
→ Gruppe „Bayerischer Wald 3: Hochwald“. Berg im Bayerischen Wald.

Luzengasse (1, Altstadt, F 8d)
In der Straße war früher eine Familie namens Lutz ansässig; die genaue Lage des Anwesens ist unbekannt. In Regensburg wurden 1714 ein Blattgold-Hersteller und 1795 ein Gastwirt namens Lutz als Bürger aufgenommen; ob die Straße nach einem von ihnen oder nach einer anderen Familie benannt ist, bleibt unklar.

Macheinerweg (13, Kumpfmühl, D 10)
→ Gruppe „Bildende Künstler“. Georg Anton Machein (1685–1739), gebürtig aus Großprüfening, Bildhauer des Rokoko. Er war möglicherweise der Lehrmeister von Franz Anton Ney (→ Neyweg).

Machthildstraße (17, Oberisling, G 12)
→ Gruppe „Oberisling und St. Emmeram". Eine gewisse Machthild wird 1095 erwähnt; sie tauschte damals mit dem Kloster St. Emmeram Grundbesitz in Oberisling.

Mackensenstraße (11, Kasernenviertel, G 9/10)
→ Gruppe „Militär und Militärs". August von Mackensen (1849–1945), Offizier und Generalfeldmarschall des preußischen Heeres, Teilnehmer am Ersten Weltkrieg.

Mälzelweg (15, Äußerer Westen, C 8/9)
Johann Nepomuk Mälzel (1772–1838) war der Sohn eines Regensburger Musikinstrumentenbauers. Er ging 1792 nach Wien, wo er zunächst ebenfalls Instrumente, später dann Musikautomaten herstellte. Sein „Panharmonikon", das er in ganz Europa öffentlich präsentierte, machte ihn weithin bekannt; Ludwig van Beethoven komponierte eigens ein Stück dafür, „Wellingtons Sieg in der Schlacht bei Vittoria". Noch berühmter wurde er durch die Erfindung von „Mälzels Metronom", dem heute noch gebräuchlichen Taktgeber für Musiker – die „Erfindung" war allerdings nur die Weiterentwicklung eines bereits bestehenden Geräts. Seine skurrilste Erfindung war der „Schachtürke", eine mechanische Puppe, die angeblich Schach spielen konnte. Mit ihm ging er in seinen späteren Jahren sogar in Amerika auf Tournee. Erst nach seinem Tod fand man heraus, dass sich in der Maschine ein Mensch verbarg … (Vgl. → Elise-Barensfeld-Straße.)

Mälzereiweg (12, Galgenberg, F 9)
Am Nordhang des Galgenbergs, wo traditionell zahlreiche Bierkeller mit Ausschank lagen (→ Kellerweg), entstand in den Jahren 1898 bis 1900 das Produktionsgelände der Brauhaus Regensburg AG, später übernommen von der Fürstlichen Brauerei Thurn und Taxis. Das Gebäude der Mälzerei ist erhalten geblieben; hier befindet sich nach seiner Umnutzung das Kulturzentrum Alte Mälzerei (heute: Galgenbergstraße 20).

Maffeistraße (1, Unterer Wöhrd, G 8a)
Westlich und östlich der Straße befand sich von 1840 bis 1881 ein Zweigwerk mit angeschlossener Schiffswerft der Maschinenfabrik von Johann Anton Maffei (1790–1870) aus München. Das ehemalige Werksgelände links der Straße ist heute unbebaut, rechts der Straße stehen Mietshäuser aus der Zeit um 1900. (Vgl. → Werftstraße.)

Magdalena-Heymair-Straße (18, Burgweinting, H 12)
→ Gruppe „Burgweinting 6: Frauen". Magdalena Heymair (ca. 1535–ca. 1586), gebürtig aus Regensburg, war zunächst Erzieherin bei adeligen Familien in Straubing, später Lehrerin und Schulleiterin in Cham 1566–1570 und in Regensburg 1570–1578, danach wieder Erzieherin bei Adeligen in Grafenwöhr. Ihre letzten Jahre verbrachte sie in Kaschau (heute: Košice) in Ungarn (heute: Slowakei). Sie war die erste Frau, die Schulbücher verfasste und veröffentlichte. Zudem komponierte sie evangelische Kirchenlieder.

Maidenbergstraße (1, Unterer Wöhrd, G 8a)
Konrad von Megenberg oder Maidenberg (1309–1374), einer der großen Theologen und Wissenschaftler des Mittelalters, kam nach Studium und Lehrtätigkeit in Paris und Wien 1348 nach Regensburg, wo er als Domherr und von 1359 bis 1363 zusätzlich als Pfarrer der Dompfarrei St. Ulrich auf Dauer blieb.

Maierhoferstraße (10, Ostenviertel, G 9)
Ambrosius Mayrhofer (ca. 1530–1583), gebürtig aus Regensburg, war 1550–1583 Mönch im Kloster St. Emmeram (→ Emmeramsplatz) und 1575–1583 Abt. Er veranlasste die Ummantelung und Umgestaltung des mittelalterlichen Kirchturms von St. Emmeram im Stil der Renaissance.

Malergasse (1, Altstadt, F 8d)
Die Maler, Maller oder Mäller gehörten zu den bedeutenden Patrizierfamilien im mittelalterlichen Regensburg. Im 14. Jh. waren sie Eigentümer des Goliathhauses (→ Goliathstraße). Vermutlich hatten sie auch in der nach ihnen benannten Straße Besitzungen. Jedenfalls ist der Name in diesem Fall definitiv *nicht* – wie sonst so häufig – von ansässigen Handwerkern, nämlich Malern, abgeleitet.

Marc-Aurel-Ufer (1, Altstadt, F 8b)
Die Uferpromenade an der Donau zwischen Steinerner und Eiserner Brücke erhielt in jüngster Zeit ihren Namen nach dem römischen Kaiser Marc Aurel (121–180, reg. 161–180). Er ließ im Jahr 179 an der Donau, der Grenze des Römischen Reichs zu den feindlichen Germanen, dort wo der Fluss Regen in sie mündet, eine Legion seiner Armee in einem befestigten Militärlager mit Namen „Castra Regina" stationieren. Er gilt damit als Gründer der späteren Stadt Regensburg.

Margaretenau (15, Margaretenau, D 8/9)
Die Siedlung Margaretenau entstand ab 1919; zuvor war das Gelände eine baumbestandene Aue (→ Gruppe „Bäume"). Diese durchquerte ein Weg, der vom Schloss der Fürsten von Thurn und Taxis zu deren Rennplatz bei Großprüfening führte (→ Gruppe „Thurn und Taxis 3: Rennplatz"); er wurde häufig von Fürstin Margarete (→ Margaretenstraße) bei ihren Ausritten benutzt.

Margaretenstraße (1, Innenstadt, E/F 9)
→ Gruppe „Thurn und Taxis 1: Schloss". Erzherzogin Margarete von Österreich (1870–1955), Ehefrau von Fürst Albert von Thurn und Taxis (→ Albertstraße). Ehrenbürgerin der Stadt Regensburg 1950.

Maria-Beer-Platz (8, Weichs, G 7)
Maria Beer (1904–1998) war stadtbekannt als letzte Rettich-Verkäuferin (→ Weichser Radiweg), die jahrzehntelang auf dem → Krauterermarkt gegenüber dem Dom ihren Stand hatte. Mit ihr endete die uralte Tradition des Gemüseverkaufs an dieser Stelle.

Maria-Herbert-Straße (13, Ganghofersiedlung, E 10/11)
→ Gruppe „Schriftsteller 2". Therese Leiter (1859–1925), Schriftstellerin mit dem Pseudonym Maria bzw. Marianne Herbert. Sie lebte ab 1888 in Regensburg.

Maria-von-Ahlefeldt-Straße (6, Brandlberg, I 5)
→ Gruppe „Künstlerinnen". Maria von Ahlefeldt (1755–1823), gebürtig aus Regensburg, Tochter von Fürst Alexander Ferdinand von Thurn und Taxis (→ Alexander-Ferdinand-Straße). Sie war eine Pianistin und Komponistin, die hauptsächlich in Kopenhagen wirkte, wo ihr Ehemann Direktor am Königlichen Theater war.

Maria-von-Neuenstein-Straße (18, Burgweinting, H 11)
→ Gruppe „Burgweinting 6: Frauen". Maria Josepha Felicitas von Neuenstein (1739–1822), Äbtissin des adeligen Damenstifts Obermünster (→ Obermünsterstraße) 1775–1802/10. Ihre Amtszeit endete, als das Stift säkularisiert wurde.

Marie-Curie-Straße (18, Harting, L 11)
→ Gruppe „Entdecker, Erfinder, Firmengründer". Marie Curie (1867–1934), Physikerin und Chemikerin, Erforscherin der Radioaktivität.

Marie-Höhne-Straße (18, Burgweinting, H 11)
→ Gruppe „Burgweinting 6: Frauen". Marie Höhne (1874–1929) war Schneiderin in Regensburg und als Witwe jahrelang alleinerziehende Mutter von neun Kindern. Sie engagierte sich in der SPD und in der Arbeiterbewegung, gab Handarbeitsstunden im „Paradiesgarten" (→ Richard-Wagner-Straße) und war an der Gründung des Ortsverbands Regensburg des Arbeitersamariterbunds beteiligt.

Marie-Schandri-Straße (18, Burgweinting, H 11)
→ Gruppe „Burgweinting 6: Frauen". Margaretha Schandri (1800–1868), gebürtig aus Luhe/Oberpfalz, Köchin im renommierten Gasthaus „Goldenes Kreuz" am Haidplatz 1820–1860. Sie wurde berühmt durch ihr „Regensburger Kochbuch", das im Lauf der Zeit in fast 100 Auflagen gedruckt wurde. Es erschien erstmals 1867; unklar ist allerdings, ob Schandri es tatsächlich geschrieben oder nur die Rezepte geliefert hat.

Marienbader Straße (5, Konradsiedlung, H 6)
→ Gruppe „Deutsche Nation". Stadt im Sudetenland (Staat: Tschechien) mit (ehemals) deutscher Bevölkerung und deutscher Vergangenheit. Heutiger Name: Mariánské Lázně.

Marienstraße (11, Kasernenviertel, H/I 11)
Den Namen einfach nur mit dem weiblichen Vornamen Maria zu erklären, ist unbefriedigend, zumal sich dafür kein Anknüpfungspunkt bietet. Andererseits liegt die Straße in einem kleinen Viertel, dessen übrige Straßen nach Berliner Stadtteilen benannt sind (→ Gruppe „Berlin"). Unter diesen gibt es zwei, die direkt nebeneinander liegen und aus zwei Nachbardörfern entstanden sind: Mariendorf und Marienfelde. Möglicherweise soll der Name der Marienstraße auf beide zusammen verweisen.

Markomannenstraße (11, Kasernenviertel, H 11)
→ Gruppe „Germanisch-deutsche Volksstämme".

Marschallstraße (1, Altstadt, F 8c)
Die Erklärung des Straßennamens bereitet Schwierigkeiten. Die ältere Bezeichnung „Herrengasse" ist deutlich plausibler: Die Straße verläuft vom Emmerams- zum Ägidienplatz, wo sich früher die Gebäude des Deutschen Ordens oder, anders ausgedrückt, der Deutschherren befanden (→ Ägidienplatz). Die Bezeichnung „Marschallstraße" taucht parallel dazu 1806 erstmals auf und wird seit 1885 amtlich und ausschließlich verwendet. Sie scheint auf eine Behörde innerhalb des Hofstaats der Fürsten von Thurn und Taxis zu verweisen, das sog.

„Hofmarschallamt“. In der Zeit, als die Fürsten in ihrer Eigenschaft als Prinzipalkommissare am Immerwährenden Reichstag noch nicht im heutigen Schloss, sondern in Gebäuden am Emmeramsplatz logierten, also von 1748 bis 1812, wird auch diese Behörde dort ansässig gewesen sein. Genauer gefasst lag der Sitz der Fürsten zunächst an der Nordseite des Platzes (heute: Emmeramsplatz 9), nach einer Brandzerstörung ab 1792 dann an der Westseite (heute: Emmeramsplatz 8). Von dort zweigt die Straße ab – womit das Auftauchen des neuen Namens ab 1806 erklärbar wäre. Später befand sich das Hofmarschallamt im Schloss und seit einem Neubau von 1904/09 in einem eigenen Gebäude an der Westseite der Waffnergasse (heute: Waffnergasse 6 und 8).

Marsweg (18, Burgweinting, I 12)
→ Gruppe „Burgweinting 5: Vor- und Frühgeschichte“. Mars, römischer Gott des Krieges.

Martin-Ernst-Straße (15, Prüfening, B 8)
→ Gruppe „Widerstand“. Martin Ernst (1888–1962), gebürtig aus Regensburg, Politiker, Funktionär der SPD, Stadtrat 1946–1962. Während der Zeit des Nationalsozialismus war er mehrfach in Haft.

Martin-Greif-Straße (13, Ganghofersiedlung, E 10)
→ Gruppe „Schriftsteller 2“. Martin Greif (1839–1911), Schriftsteller mit patriotischem und historischem Bezug.

Martin-Mauerer-Weg (11, Kasernenviertel, G 9)
Johann Karl Martin Mauerer (1783–1828), gebürtig aus Sulzbürg/Oberpfalz, war 1818–1828 Erster Bürgermeister von Regensburg. Er war der erste Amtsträger dieser Art, nachdem der Staat Bayern, zu dem Regensburg seit 1810 gehörte (→ Maximilianstraße), den Städten und Gemeinden die kommunale Selbstverwaltung zugestanden hatte.

Martinweg (12, Galgenberg, F/G 10)
→ Gruppe „Komponisten und Musiker“. Johann Paul Ägidius Martini (1741–1816), Komponist der Klassik. Er war gebürtiger Oberpfälzer aus Freystatt bei Neumarkt; seine musikalisch aktive Zeit verbrachte er vor allem in Frankreich. Dort bekleidete er in den letzten Jahren seines Lebens sogar das Hofamt eines „Surintendant de la Musique du Roi“.

Mathildenstraße (15, Innerer Westen, E 8)
→ Gruppe „Thurn und Taxis 1: Schloss“. Prinzessin Mathilde von Öttingen (1816–1886), zweite Ehefrau von Fürst Maximilian Karl von Thurn und Taxis (→ Maximilian-Karl-Straße).

Mattinger Straße (14, Großprüfening, A/B 9/10)
Die Straße führt von → Großprüfening in südlicher Richtung an der Donau nach Matting, dem nächsten Ort flussaufwärts außerhalb des Stadtgebiets von Regensburg.

Mauttafelstraße (17, Oberisling, G 12)
Die „Mauttafeläcker“ liegen nordöstlich von Oberisling, wo der Unterislinger Weg in Richtung Innenstadt führt. Noch ein kleines Stück weiter nördlich verlief früher die Grenze zwischen dem Land Bayern, zu dem Oberisling gehörte, und dem Gebiet der Freien Reichsstadt Regensburg, dem sog. „Burgfrieden“ (→ Burgfriedenweg). Demzufolge bestand am Unterislinger Weg ein Grenzübergang mit Mautstelle. Hier wird es sicherlich Schilder und Tafeln mit Hinweisen über die zu zahlenden Zölle und Gebühren gegeben haben. (Vgl. → Stadtfeldweg, → Irlmauth.)

Max-Dauer-Gasse (7, Reinhausen, G 7)
Max Dauer war der letzte Bürgermeister von → Reinhausen vor der Eingemeindung nach Regensburg 1924 und anschließend Stadtrat von Regensburg 1924–1933.

Max-Planck-Straße (10/18, Ostenviertel/Harting, I/K/L 10/11/12/13)
→ Gruppe „Entdecker, Erfinder, Firmengründer“. Max Planck (1858–1947), Physiker, Begründer der Quantenphysik.

Max-Wissner-Straße (9, Schwabelweis, K/L 7)
Max Wissner (1873–1959) war Maler und lebte ab 1899 in Regensburg. Ein immer wiederkehrendes Motiv seines umfangreichen Schaffens sind Ansichten der Stadt Regensburg. (Vgl. → Ludwig-von-Andok-Straße.)

Maxhüttenstraße (10, Ostenviertel, K 9)
Im Industrie- und Gewerbegebiet im Osten von Regensburg verweisen die Straßennamen vielfach auf den Prozess der Industrialisierung der letzten 200 Jahre. Neben dessen Wegbereitern (→ Gruppe „Entdecker, Erfinder, Firmengründer“) wird dabei auch eine wichtige regionale Institution erwähnt, die Maxhütte. (Vgl. → Gruppe „Eisenindustrie in der Oberpfalz“.)

Maximilian-Aschenauer-Straße (16, Niederwinzer, D 7)
Maximilian Aschenauer (1865–1958) war Vorsitzender des Regensburger Verschönerungsvereins. Der Verein war vor allem um die

Wende vom 19. zum 20. Jh. aktiv; sein Ziel war es, die Umgebung Regensburgs durch Anpflanzungen zu bereichern. Mit besonders großem Aufwand bemühte man sich dabei um die durch den Rückgang des Weinbaus (→ Winzersteig) zunehmend verödende Winzerer Höhe.

Maximilian-Karl-Straße (13, Kumpfmühl, E 10)
→ Gruppe „Thurn und Taxis 2: Hofgarten". Maximilian Karl von Thurn und Taxis (1802–1871), amtierender Fürst 1827–1871.

Maximilianstraße (1, Altstadt/Innenstadt, F 8d/9)
Die Straße steht mit ihrer Größe und Geradlinigkeit im Gegensatz zu den sonstigen kleinteiligen und verwinkelten Strukturen der Altstadt. Sie entstand erst relativ spät, im Zusammenhang mit dem Wiederaufbau der Stadtteile, die bei der Schlacht von 1809 zerstört worden waren. Am 23. April 1809 hatte eine französische Armee unter Napoleon Regensburg, das von einer feindlichen österreichischen Armee besetzt worden war, erobert (→ Österreicherweg); bei der Beschießung eines Teils der Stadtmauer waren stadteinwärts gelegene Viertel großflächig zerstört worden. In der Folge beschloss man, die Gelegenheit zu nutzen und auch in Regensburg eine moderne, großzügige Prachtstraße und dazu eine Querstraße (→ Königsstraße) anzulegen. Man dachte an Pariser Vorbilder; das Ganze sollte den Namen „Napoleonsquartier" tragen. Kurz danach, 1810, wurde Regensburg jedoch bayerisch; jetzt, nach Jahrhunderten der Eigenständigkeit, ging es darum, Duftmarken der neuen Herrschaft zu setzen. So wurde die fertige Straße zu Ehren des regierenden Königs Maximilian I. (1756–1825, reg. 1799/1805–1825) benannt. – Nach dem Anschluss Regensburgs an das Eisenbahnnetz 1859 wurde die Straße bis zum neu gebauten Bahnhof verlängert (→ Bahnhofstraße).

Mecklenburger Straße (5, Konradsiedlung, H 5)
→ Gruppe „Deutsche Nation". Mitteldeutsche Region, von der deutschen Teilung betroffen (gewesen).

Melanchthonweg (13, Königswiesen-Süd, D 10)
Philipp Melanchthon (1497–1560) war ein vielseitig tätiger Wissenschaftler an der Universität Wittenberg in der Zeit, als dort auch Martin Luther wirkte. Er wurde zu dessen engstem Mitarbeiter und neben ihm zum prominentesten Repräsentanten der Reformation. Im Jahr 1541 war er im Auftrag Luthers Sprecher der evangelischen Seite auf dem berühmten Religionsgespräch in Regensburg.

Memeler Straße (5, Konradsiedlung, H/I 6)
→ Gruppe „Deutsche Nation". Stadt im Memelgebiet, von Deutschland im Friedensvertrag von Versailles an Litauen abgetreten. Heutiger Name: Klaipėda.

Meraner Straße (5, Konradsiedlung, H/I 5)
→ Gruppe „Deutsche Nation". Stadt in Südtirol (Staat: Italien) mit deutscher Bevölkerung und deutscher Vergangenheit.

Merianweg (14, Königswiesen, C/D 10)
→ Gruppe „Bildende Künstler". Matthäus Merian (1593–1650), Grafiker des Barock, bekannt für seine Städteansichten.

Merkurstraße (13, Ziegetsdorf, D 11)
→ Gruppe „Römische Götter". Merkur, römischer Gott der Reisenden, Händler und Diebe.

Merowingerstraße (12, Galgenberg, G 11)
→ Gruppe „Germanisch-deutsche Volksstämme", mit indirektem Bezug. Die Merowinger sind – streng genommen – kein Volksstamm, sondern die älteste Herrscherfamilie eines Volksstamms, nämlich der Franken, in der Zeit vom späten 5. bis zur Mitte des 8. Jhs.

Messerschmittstraße (15, Äußerer Westen, C 7/8)
→ Gruppe „Flieger und Flugzeugbauer". Willy Messerschmitt (1898–1978), Ingenieur, Konstrukteur von Flugzeugen, Gründer der Messerschmitt AG.

Metgebergasse (1, Altstadt, F 8a)
„Metgeb" war die Berufsbezeichnung für einen Gastwirt, der eine Schankerlaubnis für Met, ein aus Honig zubereitetes Getränk, besaß. Solche Gastwirte werden in Regensburg im Mittelalter mehrfach genannt. Aus der Berufsbezeichnung entwickelte sich – wie in vielen anderen Fällen – der Familienname „Metgeber". Eine Familie dieses Namens muss in der Straße ansässig gewesen sein; die genaue Lage des Anwesens ist unbekannt. (Vgl. → Baumhackergasse.)

Metzer Straße (5, Konradsiedlung, I 5/6)
→ Gruppe „Deutsche Nation". Stadt in Lothringen, von Deutschland im Friedensvertrag von Versailles an Frankreich abgetreten.

Metzgerweg (9, Schwabelweis, K 7)
Möglicherweise war hier eine Familie Metzger ansässig oder hatte Grundbesitz in der Gegend.

Metzlkellerweg (5, Sallerner Berg, G 6)
Dort, wo an den Südhängen des Sandbergs (→ Am Sandberg) Hopfen und Wein angebaut wurden (→ Hopfengartenweg, → Weinzierlweg), gab es passenderweise einen Bier- oder Weinkeller, der einem gewissen Metzl gehörte.

Michael-Burgau-Straße (15, Äußerer Westen, C 8/9)
Michael Burgau (1878–1949), gebürtig aus Regensburg, war gelernter Schneider. Seit 1899 war er in der Gewerkschaft und in der SPD tätig. Er war Mitglied in der deutschen Nationalversammlung bzw. im deutschen Reichstag 1919–1920 und Stadtrat von Regensburg 1929–1933. In der Zeit des Nationalsozialismus war er mehrfach in Haft, zuletzt im Konzentrationslager Flossenbürg.

Michelerstraße (9, Schwabelweis, K 7)
Der Unternehmer Joseph Micheler (1838–1900) gründete 1877 ein Kalkwerk mit Standort westlich von Schwabelweis, wo am Keilsteiner Hang Kalk (→ Jurastraße) abgebaut und über die nahe gelegene Eisenbahnlinie abtransportiert wurde. In derselben Zeit entstanden auch andere Kalkwerke (→ Büechlgasse, → David-Funk-Straße, → Kalkwerkstraße.)

Minervastraße (18, Burgweinting, I 11/12)
→ Gruppe „Burgweinting 5: Vor- und Frühgeschichte“. Minerva, römische Göttin der Weisheit.

Minoritenweg (1, Altstadt, F 8d/G 8c)
Die Straße zweigt vom → Dachauplatz, einst „Klarenanger“, am ehemaligen Minoritenkloster St. Salvator ab. Das Kloster wurde 1226 gegründet und 1802/10 im Zuge der Säkularisation aufgelöst. Als Regensburg 1810 bayerisch wurde, nutzte man den Komplex zur Kaserne um (mit der Kirche als Exerzierhalle!). Nach Verlegung der Soldaten ins neue Kasernenviertel (→ Gruppe „Militär und Militärs“) und diversen Zwischennutzungen ging das Areal 1931 an die Stadt, die dort wenig später ihr Museum einrichtete. Der Minoritenweg hatte früher tatsächlich den Charakter eines schmalen Weges, der ohne Durchgangsverkehr als Sackgasse bis zur Stadtmauer reichte. Erst durch den Anschluss des Neubaugebiets an der Reichsstraße im späten 19. Jh. (→ Gruppe „Gründerzeit“) und die Errichtung der groß dimensionierten Verwaltungsbauten an seinem Anfangsstück zur NS-Zeit wurde er zu einer echten Straße.

Mispelweg (6, Keilberg, L 5)
→ Gruppe „Wald und Flur"

Mitterweg (11, Kasernenviertel, G 10)
Der Flurname verweist auf die Lage eines Grundstücks inmitten anderer Parzellen oder Felder.

Mörikestraße (13, Neuprüll, E 11)
→ Gruppe „Schriftsteller 2". Eduard Mörike (1804–1875), Schriftsteller der Romantik.

Moosgrabenweg (18, Harting, M 12)
→ Gruppe „Harting – ein Dorf". Flurname mit Verweis auf die Nähe zu dem Bach, der durch das Dorf fließt.

Moosweg (18, Burgweinting, I 12)
→ Gruppe „Burgweinting 2: Flurnamen". Hier: Verweis auf den früheren landschaftlichen Charakter.

Mozartstraße (12, Galgenberg, F/G 9)
→ Gruppe „Komponisten und Musiker". Wolfgang Amadeus Mozart (1756–1791), Komponist der Klassik.

Mühlhausener Straße (5, Konradsiedlung, H/I 5)
→ Gruppe „Deutsche Nation". Stadt im Elsass, von Deutschland im Friedensvertrag von Versailles an Frankreich abgetreten. Heutiger Name: Mulhouse.

Mühlweg (11, Kasernenviertel, G 9)
Zu welcher Mühle der Weg führte, ist heute nur noch schwer zu erschließen. Die Straße liegt mitten in der Stadt und ist nur sehr kurz; erst bei einem Blick auf den Stadtplan erkennt man, dass in einer Linie weiter stadtauswärts ein ähnlicher Straßenname vorkommt (→ Hinterer Mühlweg). Nach einer kurzen Unterbrechung wird die gleiche Wegrichtung am Stadtrand von der Markomannenstraße aufgegriffen; sie führt jenseits der Autobahn nach Unterisling – dort lag früher eine Mühle (→ Unterislinger Weg, → Bollandweg).

Müller-Thurgau-Straße (16, Oberwinzer, B 6/7)
Die Weinsorte „Müller-Thurgau" verweist auf den traditionell und auch heute noch stattfindenden Weinanbau in Niederwinzer, Oberwinzer und Kager (→ Winzersteig).

Müllerstraße (1, Oberer Wöhrd, F 8a)
Georg Friedrich Müller (1760–1843) war Hof- und Geheimrat der Fürsten von Thurn und Taxis und wurde wegen seiner Verdienste in den Adelsstand erhoben. Als repräsentativen Wohnsitz ließ er 1804 das später sog. „Württembergische Palais" (→ Württembergstraße) errichten. Da er kinderlos blieb, stiftete er aus einem Teil seines Vermögens eine höhere Bildungsanstalt für Mädchen, aus der sich das „Von-Müller-Gymnasium" entwickelte.

Münchberger Straße (4, Haslbach, H/I 3)
→ Gruppe „Traditionelle Industriestädte in Nordostbayern". Münchberg/Oberfranken, Standort der Textilindustrie.

Münzerweg (15, Rennplatz, C 8)
Erasmus Münzer, gebürtig aus Nabburg/Oberpfalz, war Abt des Klosters St. Emmeram (→ Emmeramsplatz) 1493–1517. Er war ein Freund des Geschichtsschreibers Aventin (→ Thurmayerstraße) und veranlasste, dass die reichhaltige Bibliothek des Klosters katalogisiert und für Forscher zugänglich gemacht wurde.

Naabstraße (8, Weichs, G 7)
→ Gruppe „Flüsse in Bayern".

Nabburger Straße (4, Haslbach, H 3)
→ Gruppe „Städte in der Oberpfalz".

Nannette-Streicher-Straße (6, Brandlberg, I 5)
→ Gruppe „Künstlerinnen". Nannette Streicher, geborene Stein (1769–1833), gebürtig aus Augsburg, Sängerin und Pianistin, hauptsächlich in Wien tätig. In der Tradition ihres Vaters betrieb sie dort zunächst mit ihrem Bruder, später allein eine Klavierfabrik; ihre Kunden waren prominente Zeitgenossen wie Ludwig van Beethoven, Johann Wolfgang von Goethe und Carl Maria von Weber.

Nelkenweg (12, Galgenberg, G 10)
→ Gruppe „Blumen".

Neptunweg (18, Burgweinting, I 12)
→ Gruppe „Burgweinting 5: Vor- und Frühgeschichte". Neptun, römischer Gott des Wassers und des Meeres.

Nestroystraße (13, Ziegetsdorf, D 11)
→ Gruppe „Schriftsteller 2". Johann Nepomuk Nestroy (1801–1862), österreichischer volkstümlicher Theater-Schriftsteller.

Neue-Waag-Gasse (1, Altstadt, F 8a)
An der Südseite der Straße mit Hauptfassade zum Haidplatz liegt eines der klassischen ehemaligen Regensburger Patrizierhäuser (heute: Haidplatz 1, → Haidplatz). Das Haus war im Mittelalter im Besitz verschiedener prominenter Kaufleutefamilien (→ Altmannstraße) und wurde 1441 von der Stadt gekauft. Sie richtete hier die Stadtwaage ein, wo Handelsgüter vor ihrem Verkauf abgewogen wurden. Diese wichtige städtische Einrichtung hatte zuvor in der St.-Albans-Gasse bestanden, wo allerdings die Straßenverhältnisse sehr beengt waren; deshalb wurde sie an einen neuen Standort verlegt.

Neufferstraße (10, Ostenviertel, G 8)
Die Familie Neuffer gehörte im 19. und frühen 20. Jh. zu den gutbürgerlichen Honoratioren in Regensburg; ihre Mitglieder waren Großhändler, Fabrikanten, Gutsbesitzer. Wilhelm (seit 1868 Ritter von) Neuffer (1810–1893) war zudem Mitglied im Bayerischen Landtag 1845–1869 und wurde 1873 zum Reichsrat der Krone Bayern ernannt. In Regensburg war er u. a. Initiator der Wiedererrichtung des 1849 abgebrannten Theaters am Bismarckplatz 1851–1852; im Umland von Regensburg erwarb er 1841 das Schlossgut mit Brauerei Eichhofen, das bis 1936 im Besitz der Familie verblieb. Sein Sohn Wilhelm (1847–1917) war in der Kommunalpolitik aktiv.

Neuhausstraße (1, Altstadt, E 8b/d)
An der Ostseite der Straße erstreckt sich auf ihrer ganzen Länge der Komplex des Theaters Regensburg. Die Straße entstand erst 1803/04, als der Bau des Theaters den ehemaligen Jakobsplatz in zwei Hälften teilte (→ Arnulfsplatz, → Bismarckplatz) und ein Verbindungsweg zwischen beiden erforderlich wurde. Weil damals die Erinnerung an den kleineren, älteren Vorgängerbau des Theaters am Ägidienplatz noch sehr lebendig war, wurde der Neubau oftmals einfach „Neues Haus" genannt.

Neumannstraße (11, Kasernenviertel, H 9)
Carl Woldemar Neumann (1830–1888), gebürtig aus Landau/Pfalz, war ab 1859 Offizier im 11. Bayerischen Infanterie-Regiment „Von der Tann" und musste 1872 in relativ jungen Jahren aus gesundheitlichen Gründen den Dienst quittieren. Von nun an blieb ihm viel Zeit für seine wahre Leidenschaft, die Regensburger Stadtgeschichte. Er betrieb

umfangreiche Forschungen zu verschiedenen Personen und Gebäuden; u. a. identifizierte er die beiden Kepler-Häuser (→ Keplerstraße). Ehrenbürger der Stadt Regensburg 1872.

Neupfarrplatz (1, Altstadt, F 8c/d)
Mitten auf dem Platz steht die Neupfarrkirche, errichtet in den Jahren 1519 bis 1540, was sie für die Verhältnisse der Altstadt zu einer relativ „neuen" Einrichtung macht. Im Mittelalter befand sich auf dem heutigen Platz über Jahrhunderte das jüdische Viertel. In einem Pogrom wurden 1519 die Juden vertrieben, ihr Viertel mit etwa 40 Häusern und einer Synagoge zerstört (zusammen mit einem Friedhof außerhalb der Stadtmauern, → Am Judenstein) und als symbolischer Akt auf dem Abbruchareal eine Kirche errichtet. Sie war zunächst als Wallfahrtskirche gedacht; kurz nach ihrer Einweihung, als die Freie Reichsstadt in der Zeit der Reformation 1542 evangelisch wurde, wandelte sie sich zur ersten Pfarrkirche des neuen Glaubens.

Neuprüll (13, Neuprüll, E 11)
Nach der Säkularisation des Klosters Prüll 1803 (→ Karthaus-Prüll) erhielten sieben Taglöhner, die in seinen Diensten gestanden hatten und jetzt arbeitslos geworden waren, vom bayerischen Staat Grundstücke südlich der ehemaligen Klosteranlage zur landwirtschaftlichen Nutzung und zum Aufbau einer neuen Existenz zugewiesen. Die kleine Siedlung, die sie 1804 bezogen, erhielt den Namen „Neu-Prüll". Sie wurde 1904 nach Regensburg eingemeindet. Wie bei anderen Eingemeindungen bewahrt die einstige Hauptstraße den Namen des Orts fort.

Neutraublinger Straße (18, Harting, M/N 12)
Die Straße führt von Harting (→ Gruppe „Harting – ein Dorf") nach Neutraubling, dem nächsten Ort östlich außerhalb des Stadtgebiets von Regensburg. Seit dem Bau des BMW-Werks und der dadurch bedingten Anlage neuer Straßen erreicht sie nicht mehr direkt ihren Zielort.

Neyweg (14, Dechbetten, C 9)
→ Gruppe „Bildende Künstler". Franz Anton Ney oder Neu († 1758), Maler und Stuckateur des Rokoko. Er zog um 1700 von seiner Geburtsstadt Landshut nach → Großprüfening. Von ihm stammen u. a. die Altäre der Kirche St. Mang/St. Andreas in Stadtamhof (→ Andreasstraße). Ney war der Lehrmeister von Simon Sorg (→ Simon-Sorg-Straße).

Nibelungenstraße (13, Kumpfmühl, E 10)
→ Gruppe „Nibelungen".

Nicolaus-Gallus-Straße (13, Königswiesen-Süd, D 10)
Nicolaus Gallus (1516–1570) war Theologe an der Universität Wittenberg in der Zeit, als dort Martin Luther und Philipp Melanchthon (→ Melanchthonweg) wirkten, und gehörte zu den prominenten Repräsentanten der Reformation. Im Jahr 1543 ging er nach Regensburg, das kurz zuvor evangelisch geworden war (→ Neupfarrplatz, → Pfarrergasse), und wirkte dort bis 1548 und ein zweites Mal von 1552 bis zu seinem Tod 1570. In dieser Zeit war er maßgeblich am Aufbau der evangelischen Kirchenordnung in der Freien Reichsstadt beteiligt.

Niedermünstergasse (1, Altstadt, F 8b/d)
An der Ostseite der Straße liegt das ehemalige adelige Damenstift Niedermünster, so genannt zur Unterscheidung vom Stift Obermünster, das weiter von der Donau entfernt lag (→ Obermünsterstraße). Das Stift als klosterähnliche Einrichtung für Frauen aus dem Hochadel wurde um 890 erstmals erwähnt; die Existenz einer Kirche an dieser Stelle reicht aber sicherlich weiter zurück, da hier bereits um 700 der Missionar Erhard bestattet wurde (→ Erhardigasse). Als eigentliche Gründerin gilt die verwitwete Herzogin Judith, die 974 Äbtissin des Stifts wurde (→ Herzogin-Judith-Weg). Nach der Säkularisation 1802/10 wurden die Stiftsgebäude als bischöfliches Ordinariat genutzt und die Kirche als Pfarrkirche.

Niefangweg (15, Prüfening, B 9)
Der Flurname verweist auf ein vermutlich zu landwirtschaftlichen Zwecken genutztes Grundstück nördlich des Dorfs → Großprüfening, das von einem Zaun umgeben war („Niefang“ = Einfassung).

Nittenauer Straße (5, Wutzlhofen, H 5)
→ Gruppe „Bayerischer Wald 2: Vorwald“. Nittenau, Stadt im Landkreis Schwandorf/Oberpfalz.

Nonnenplatz (1, Altstadt, E 8b)
Den kleinen Platz begrenzt auf seiner Südseite eine Mauer, hinter der die Nonnen des Dominikanerinnenklosters Heilig Kreuz (→ Kreuzgasse) leben.

Nordgaustraße (4/7/8, Weichs/Reinhausen/Sallern, G 6/7/8)
Nördlich der Donau führte schon zu alten Zeiten eine Ausfallstraße für den Fernverkehr nach Norden in die Oberpfalz (→ Amberger Straße, → Schwandorfer Straße, → Chamer Straße, → Alte Waldmünchener Straße). In den 1930er-Jahren entstand im Zusammenhang mit dem

Bau der Nibelungenbrücke ergänzend dazu eine größere und leistungsfähigere Verkehrsachse; erneut orientierte man sich bei der Namengebung nach der Zielrichtung (und verwendete dabei eine historisch ältere Bezeichnung für die Oberpfalz). (Vgl. → Frankenstraße.)

Nothaftstraße (17, Graß, D 12)
→ Gruppe „Graß – Burg und Dorf". Zu Zeiten, als der Deutsche Orden Besitzer der Burg von Graß war, entspann sich 1452 eine Fehde zwischen ihm und dem Adeligen Emmeram Nothaft, in deren Verlauf die Burg erobert wurde und die Bauern von Graß schwer zu leiden hatten.

Nürnberger Straße (16, Ober-/Niederwinzer, A/B/C/D 6/7)
Die Straße ist das westliche Teilstück der alten Ausfallstraße nach Nürnberg. Moderne Verkehrsachsen in Gestalt der Autobahntrasse und der Frankenstraße machen den Zusammenhang mit ihrem weiter östlich stadteinwärts gelegenen Pendant (→ Alte Nürnberger Straße) heute weniger deutlich als früher.

Nußbergerstraße (7, Reinhausen, G 7)
→ Gruppe „Bayerischer Wald 3: Hochwald". Adelsgeschlecht im Bayerischen Wald, ansässig in der Gegend von Viechtach.

Nußweg (6, Keilberg, L 6)
→ Gruppe „Wald und Flur".

Obere Bachgasse (1, Altstadt, F 8c)
In der Gasse verlief über Jahrhunderte der Stadtbach, nach seinem Ursprung beim Kloster St. Vitus in Prüll südlich außerhalb der Stadt (→ Karthaus-Prüll) auch „Vitusbach" genannt (→ Am Vitusbach). Er durchquerte in süd-nördlicher Richtung die Stadt (→ Untere Bachgasse) und mündete in die Donau. Zwecks optimaler Nutzung zur Abfallbeseitigung und Straßenreinigung leitete man einen Teil des Wassers in einem Abzweiger nach Westen (→ Weißgerbergraben), einen anderen Teil nach Osten (→ Am Stärzenbach). Seit dem 19. Jh., als eine moderne Kanalisation gebaut wurde, verläuft der Bach unterirdisch.

Obere Regenstraße (7, Reinhausen, G 6/7) → *Info* S. 172
Der historische Dorfkern von → Reinhausen hat die Gestalt eines Straßendorfs, das sich am Regen hinzieht. Das Ortszentrum hält wegen Hochwassergefahr einen gewissen Abstand zum Fluss, parallel dazu gibt es direkt am Ufer eine weitere Straße. Sie verläuft auf beiden Seiten

der alten Regenbrücke; flussaufwärts liegt der „obere", flussabwärts der „untere" Teil (→ Untere Regenstraße, → Uferstraße).

REGEN UND REGENSBURG

Regen: Das ist in Regensburg nicht nur das Wort für einen Schlechtwetterzustand, sondern auch der Name für einen Fluss, der hier, von Norden kommend, in die Donau mündet. Die Bezeichnung ist uralt und geht auf die Sprache der Kelten zurück, die noch vor den Römern, also noch bevor Regensburg überhaupt gegründet wurde, in der Region – ebenso wie in großen Teilen des damaligen Europa – lebten. Im Keltischen bedeutete „Regino" (mit Betonung auf der ersten Silbe) einfach „fließendes Wasser" oder „Fluss"; dieser Wortstamm kommt auch anderswo vor und steckt zum Beispiel im „Rhein" und in der „Rhône". (Wie nahe „Regen" und „Rhein" sich sprachlich sind, wird in Regensburg am Namen des heutigen Stadtteils und einstigen Dorfs Reinhausen deutlich, das früher „Reginhusen" hieß.) Bleibt noch die Frage, warum Regensburg eigentlich nach dem kleinen Regen und nicht nach der großen Donau, an der sein historischer Kern ja eigentlich liegt, benannt ist. Das hängt mit den Römern zusammen: Sie hatten an der Donau, der Grenze ihres Reichs, Dutzende von Militärstützpunkten; einer davon lag an der Stelle, wo der Regen mündet. Zwecks präziser Lokalisierung nannten sie ihn „Castra Regina" (wieder mit Betonung auf der ersten Silbe), die „Festung am Regen" ; daraus wurde später im Deutschen „Regensburg".

Oberer Ehweg (18, Harting, L/M 12)
→ Gruppe „Harting – ein Dorf". Flurname, der darauf verweist, dass der Weg in wasserreichem Gelände nahe bei einem kleinen Bach verläuft, der durch das Dorf fließt („Ehe" = Aue). Weiter unten am Bach befindet sich der → Untere Ehweg.

Oberfeldweg (15, Prüfening, B 8/9)
Der Flurname verweist auf die frühere ländliche und landwirtschaftlich genutzte Umgebung nördlich des Dorfs → Großprüfening und auf die Topographie eines bestimmten Grundstücks im Verhältnis zur nahe gelegenen Donau.

Oberländerstraße (13, Kumpfmühl, E 9)
→ Gruppe „Bildende Künstler". Adolf Oberländer (1875–1923), gebürtig aus Regensburg, Maler, Zeichner und Karikaturist. Er lebte als

Künstler in München und wurde zu seiner Zeit in einem Atemzug mit Wilhelm Busch (→ Wilhelm-Busch-Straße) genannt.

Obermaierstraße (15, Innerer Westen, D 7/8)
Hugo Obermaier (1877–1946), gebürtig aus Regensburg, war nach dem Studium der Theologie und Geschichte am Lyzeum von Regensburg (→ Predigergasse) zunächst katholischer Pfarrer, studierte dann Archäologie, Paläontologie und Ethnologie in Wien, unternahm weltweite Forschungen zur Vor- und Frühgeschichte und war Professor an den Universitäten von Paris, Madrid und Freiburg/Schweiz.

Obermünsterplatz (1, Altstadt, F 8c/d)
Der Platz war früher eine Art Innenhof im Gesamtkomplex des Stifts Obermünster (→ Obermünsterstraße). Zu ihm gehörten nicht nur die eigentlichen Stiftsgebäude auf der Südseite des Platzes, sondern auch die Häuser auf der Nordseite.

Obermünsterstraße (1, Altstadt, F 8c/d)
An der Südseite der Straße liegt das ehemalige adelige Damenstift Obermünster, so genannt zur Unterscheidung vom Stift Niedermünster, das näher an der Donau lag (→ Niedermünstergasse). Das Stift als klosterähnliche Einrichtung für Frauen aus dem Hochadel geht wohl bis ins 8. Jh. zurück; als eigentliche Gründerin gilt im 9. Jh. Hemma, die Ehefrau König Ludwigs des Deutschen (→ Hemmaweg), die das Stift sehr förderte. Nach der Säkularisation 1802/10 wurden die Stiftsgebäude von verschiedenen kirchlichen Einrichtungen genutzt; heute befindet sich hier das Diözesanzentrum Regensburg. Die Kirche fiel als eines von wenigen Gebäuden in der Altstadt einem Luftangriff im Zweiten Weltkrieg zum Opfer; erhalten sind nur der Turm, Teile des Westchors und Reste der Außenmauern.

Oberndorferstraße (13, Kumpfmühl, E 9/19)
Dr. Johann Oberndorfer (1549–1625), Sohn eines evangelischen Pfarrers an der Neupfarrkirche, war von 1584 bis 1587 und erneut von 1597 bis 1625 als Arzt in Regensburg tätig. Dazwischen lebte und arbeitete er vorübergehend in Graz; dort lernte er den berühmten Mathematiker und Astronomen Johannes Kepler (→ Keplerstraße) kennen. In Regensburg legte er einen botanischen Garten an (→ Lehnerweg). – Bezug: Die Straße führt an einem Areal mit Kleingärten vorbei (→ Eigenheimweg).

Obertraublinger Straße (18, Burgweinting, I/K 11/12/13)
Die Straße durchquert das ehemalige Dorf Burgweinting (→ Gruppe „Burgweinting 1: Dorf") und führt nach Obertraubling, den nächsten Ort südlich außerhalb des Stadtgebiets von Regensburg. In größerer Perspektive ist sie ein Teil der Fernverbindung nach Landshut (→ Landshuter Straße).

Odenwaldstraße (4, Sallerner Berg, G 6)
→ Gruppe „Mittelgebirge in Mitteleuropa".

Odessa-Ring (9/10/11, Schwabelweis/Ostenviertel/Kasernenviertel, J/K 7/8/9/10)
In den letzten Jahrzehnten wurden markante Ausfall- und Umgehungsstraßen nach Regensburger Partnerstädten benannt, in diesem Fall die Osttangente von Schwabelweis über die Donau nach Süden. Odessa ist seit 1990 die Partnerstadt in der Ukraine. (Vgl. → Clermont-Ferrand-Allee, → Pilsen-Allee.)

Ödenthal (4, Ödenthal, H 2/3)
Das ehemalige Dorf Ödenthal – der Name steht für die naturnahe und abgelegene Umgebung – wurde 1924 nach Regensburg eingemeindet. Wie bei anderen Eingemeindungen bewahrt die einstige Haupt- oder Dorfstraße den Namen des Orts fort.

Ödenthalweg (5, Wutzlhofen, H 4)
Die Straße zweigt von der Chamer Straße nordwärts ab in Richtung → Ödenthal. Sie ist allerdings keine Verbindungsweg, sondern eine Erschließungsstraße in einem Wohngebiet und führt deshalb auch nicht bis an den Zielort.

Österreicherweg (3, Steinweg, F 7)
Der Name erinnert an die Schlacht vom 23. April 1809 zwischen Franzosen und Österreichern in den Napoleonischen Kriegen (→ Maximilianstraße). Nachdem französische Soldaten im Lauf des Tages Regensburg erobert hatten, versuchten am Abend die österreichischen Truppen, die sich auf das nördliche Donauufer zurückgezogen hatten, ihre Feinde am Überqueren des Flusses zu hindern. Vom Dreifaltigkeitsberg (→ Am Dreifaltigkeitsberg) aus beschossen sie die Steinerne Brücke; dabei wurde das in der Schusslinie liegende Stadtamhof fast vollständig in Schutt und Asche gelegt.

Ohmstraße (18, Burgweinting, K 12)
→ Gruppe „Entdecker, Erfinder, Firmengründer“. Georg Simon Ohm (1789–1854), Physiker, Erforscher der Elektrizität, Entdecker des „Ohmschen Gesetzes“. – Bezug: An der Straße liegt das Gelände der Firma Starkstrom Gerätebau GmbH.

Orleansstraße (10, Ostenviertel, G 8)
→ Gruppe „Gründerzeit“. Die Schlacht von Orléans fand am 3. und 4. Dezember 1870 statt.

Ortenburgerstraße (7, Reinhausen, G 7)
→ Gruppe „Bayerischer Wald 3: Hochwald“. Adelsfamilie, deren Hauptsitz, die Grafschaft Ortenburg, zwar südlich der Donau bei Passau lag, die aber auch im Bayerischen Wald Besitzungen hatte, z. B. Murach bei Oberviechtach.

Ortnergasse (1, Altstadt, F 8c)
In einem Anwesen der Straße an der Ecke zur Silbernen-Fisch-Gasse (heute: Ortnergasse 7) war um die Wende vom 18. zum 19. Jh. ein Mehlhändler namens Johann Ortner ansässig.

Ostendorferstraße (13, Kumpfmühl, E 9)
→ Gruppe „Bildende Künstler“. Michael Ostendorfer (ca. 1490–1559), Zeichner und Maler der Renaissance. Stilistisch in der Tradition von Albrecht Altdorfer (→ Altdorferplatz, → Altdorferstraße) stehend, lebte er ab 1519 in Regensburg. Sein bekanntestes Werk ist der sog. „Reformationsaltar“ für die Neupfarrkirche (→ Neupfarrplatz), der sich heute im Historischen Museum befindet. (Vgl. → Richard-Wagner-Straße.)

Ostengasse (1, Altstadt, F 8b/G 8a/c)
Lange Zeit endete Regensburg im Osten auf Höhe der D.-Martin-Luther-Straße (wo im Untergrund des Parkhauses noch Reste der römischen Mauer zu sehen sind). Ab dem 11. Jh. begann entlang der Ausfallstraße in Richtung Straubing, die am heutigen St.-Georgen-Platz ansetzte (→ Straubinger Straße), ein neues Viertel zu entstehen; um 1300 wurde es in die Befestigungsanlagen integriert und „Ostnerwacht“ genannt. Seine Erschließungsachse, der allererste Teil der Straße nach Straubing, erhielt einen dazu passenden Namen, und auch das Stadttor an ihrem Ende hieß konsequenterweise „Ostentor“.

Osterbergweg (3, Steinweg, F 7)
Die Straße führt von Osten auf den Dreifaltigkeitsberg, der früher, vor dem Bau der Kirche (→ Am Dreifaltigkeitsberg), „Osterberg" (oder auch „Geiersberg", → Geiersbergweg) genannt worden war. Die Namensbezeichnung hat möglicherweise damit zu tun, dass es sich bei der Anhöhe um den östlichsten Ausläufer der Winzerer Höhe (→ Auf der Winzerer Höhe) handelt.

Osterhofener Straße (10, Hohes Kreuz, I 9)
→ Gruppe „Donaustädte".

Osthafenstraße (10, Ostenviertel, L 9)
Östlich der Straße liegt das Hafenbecken des Osthafens. Er entstand in zwei Bauabschnitten 1960/61 und 1970/72 als Erweiterung eines bereits bestehenden, weiter westlich stadteinwärts gelegenen Hafens. Der Westhafen war 1910 angelegt worden, ursprünglich mit dem Namen „Luitpold-Hafen", nach dem damaligen bayerischen Prinzregenten (→ Prinz-Ludwig-Straße).

Ostheim (10, Hohes Kreuz, I 9)
Die Siedlung Ostheim, benannt nach ihrer Lage, entstand 1905 mit etwa 40 Wohneinheiten als Werkssiedlung der ein Stück weiter westlich stadteinwärts gelegenen Zuckerfabrik (→ Zuckerfabrikstraße).

Ostpreußenstraße (5, Konradsiedlung, H 5)
→ Gruppe „Deutsche Nation". Ostdeutsche Region, nach dem Zweiten Weltkrieg verloren gegangen.

Otlohstraße (17, Oberisling, G 12)
→ Gruppe „Oberisling und St. Emmeram". Otloh (ca. 1010–ca. 1070), Mönch von St. Emmeram 1032–ca. 1070, Schriftsteller und Historiker.

Otterbachweg (7, Reinhausen, H 7)
→ Gruppe „Flüsse in Bayern".

Otto-Baumann-Straße (9, Schwabelweis, K/L 7)
Otto Baumann (1901–1992) war Maler; geboren in Regensburg, lebte er als Künstler von 1934 bis 1959 in Oberndorf bei Bad Abbach und ab 1995 wieder in Regensburg. Seine Motive fand er in der Landschaft des Donauraums und des Bayerischen Walds. Für sein Werk erhielt er mehrere Preise und Auszeichnungen der Stadt Regensburg. (Vgl. → Ludwig-von-Andok-Straße).

Otto-Hahn-Straße (12, Galgenberg, F 10/11)
Otto Hahn (1879–1968) war Physiker und Chemiker mit maßgeblicher Bedeutung in der Kernphysik, Träger des Nobelpreises für Chemie 1944. Seine Forschungen lieferten einen wesentlichen Beitrag zur Entwicklung der Atombombe; er selbst sprach sich entschieden gegen die militärische Nutzung der Kernenergie aus. Mit seinen Leistungen kann er als Vorbild für Wissenschaftler der Gegenwart und Zukunft gelten, wie sie auch in der nahegelegenen Universität tätig sind.

Otto-Prager-Weg (13, Königswiesen-Süd, D 10/11)
→ Gruppe „Mittelalter in Regensburg". Otto Prager, erster namentlich genannter Bürgermeister von Regensburg, erwähnt in den Jahren 1243, 1248 und 1254/55.

Otto-Wels-Straße (13, Königswiesen-Süd, D 10/11)
→ Gruppe „Politiker des demokratischen Deutschland und Bayern". Otto Wels (1873–1939), Vorsitzender der SPD 1931–1933 sowie der SPD im Exil 1933–1939. Er hielt im deutschen Reichstag 1933 eine Rede, mit der er für sich und seine Partei das sog. „Ermächtigungsgesetz" zugunsten Hitlers ablehnte – eine der letzten freien Meinungsäußerungen am Beginn der Zeit des Nationalsozialismus.

Ottrichstraße (17, Leoprechting, E/F 12/13)
In Verlängerung der Straße, südlich von Leoprechting, jenseits des heutigen Stadtgebiets von Regensburg, liegt die kleine Siedlung Posthof, die früher „Ottraching" hieß. Der Name deutet auf die „Gründung eines Mannes namens Ottrich" im frühen Mittelalter hin.

Paarstraße (8, Weichs, G 7)
→ Gruppe „Flüsse in Bayern".

Pappelweg (6, Keilberg, L 6)
→ Gruppe „Wald und Flur".

Pappenheimerstraße (7, Reinhausen, G 7)
→ Gruppe „Bayerischer Wald 3: Hochwald". Adelsfamilie, deren Besitzungen zwar hauptsächlich in Franken und in Schwaben lagen, die aber – neben der erblichen Würde des Reichsmarschallamts – seit dem 15. Jh. auch die erbliche Würde des Reichsforst- und -jägermeisteramts für den Nordgau, also die heutige Oberpfalz (→ Nordgaustraße), innehatten.

Paracelsusstraße (1, Galgenberg, F 9)
Philippus Theophrastus Aureolus Bombastus von Hohenheim, genannt Paracelsus (1493–1541), war Arzt, Alchimist, Astrologe und Philosoph. Mit seinem ganzheitlichen Ansatz stand er oftmals im Widerspruch zur geltenden Schulmedizin. Er lebte und wirkte in unterschiedlichen Ländern Europas; 1530 hielt er sich in Beratzhausen in der Oberpfalz auf. – Bezug: Wichtigster Anlieger an der Straße ist ein Ärzte- und Gesundheitszentrum.

Pariciusstraße (15, Innerer Westen, D 8)
Georg Heinrich Paricius (1675–1725), gebürtig aus Regensburg, war Notar, Schreib- und Rechenmeister. Er verfasste zahlreiche Handbücher und Nachschlagewerke über Regensburg, z. B. über die Gesandten am Immerwährenden Reichstag, die Domherren und die Bürger. (Vgl. → Wendlerstraße.)

Parsberger Straße (5, Wutzlhofen, H 4)
→ Gruppe „Städte in der Oberpfalz".

Passauer Straße (10, Ostenviertel, L/M 9)
→ Gruppe „Donaustädte".

Paul-Heyse-Straße (13, Ganghofersiedlung, E 11)
→ Gruppe „Schriftsteller 2". Paul Heyse (1830–1914), Schriftsteller in der Tradition der Klassik.

Paulsdorferweg (13, Königswiesen-Süd, D 11)
→ Gruppe „Mittelalter in Regensburg". Die Paulsdorfer waren ein ursprünglich aus der Oberpfalz stammendes Adelsgeschlecht. An der Minoritenkirche (→ Minoritenweg) ließen sie um 1300 eine Grabkapelle errichten, die ihren Namen trägt; sie gehört heute zum Komplex des Historischen Museums.

Pentlbergweg (4, Ödenthal, H 2/3)
Der Flurname verweist auf die topographische Lage. Nördlich von → Ödenthal, außerhalb des Stadtgebiets von Regensburg, befindet sich eine kleine Anhöhe, Pentlberg genannt.

Pestalozzistraße (11, Kasernenviertel, G 9)
Johann Heinrich Pestalozzi (1746–1827) war ein Pädagoge und Bildungsreformer aus der Schweiz; sein Ideal war eine ganzheitliche, zur Selbständigkeit führende Erziehung im Sinn der Aufklärung. – Bezug:

An der Straße liegt die Pestalozzi-Mittelschule der Stadt Regensburg. (Vgl. → Puchnerstraße.)

Peter-Henlein-Straße (10, Ostenviertel, K 9)
→ Gruppe „Entdecker, Erfinder, Firmengründer". Peter Heinlein (ca. 1480–1542), Feinmechaniker, Erfinder der Taschenuhr.

Pettendorfer Straße (16, Oberwinzer/Kager, A/B 6/7)
Die Straße zweigt unmittelbar an der Grenze des Stadtgebiets von der Nürnberger Straße ab und führt in Richtung Pettendorf, dem nächsten Ort nördlich außerhalb von Regensburg.

Pfälzer Straße (3, Pfälzer Siedlung, F 6)
→ Gruppe „Pfalz und Nachbarregionen".

Pfaffensteiner Weg (2, Stadtamhof, E/F 7)
Die Straße führt von Stadtamhof nordwestlich in Richtung Pfaffenstein (→ Am Pfaffensteiner Hang). Seit dem Bau des Donau-Seitenkanals (→ Am Europakanal) erreicht sie nicht mehr direkt ihren Zielort.

Pfarrergasse (1, Altstadt, F 8c/d)
In einem Anwesen der Straße (heute: Pfarrergasse 5) wurde 1553 das erste evangelische Pfarrhaus Regensburgs eingerichtet, nachdem kurz zuvor, 1542, die Freie Reichsstadt evangelisch und die nahe gelegene Neupfarrkirche zur Hauptkirche des neuen Glaubens geworden war (→ Neupfarrplatz). Noch heute befinden sich hier ein evangelisches Pfarramt und das evangelische Dekanat Regensburg.

Pfauengasse (1, Altstadt, F 8d)
In einem Anwesen an der Westseite der Straße, das heute im Neubau eines Großkaufhauses aufgegangen ist, befand sich ab dem späten 16. Jh. bis zu seinem Abbruch 1954 das Gasthaus „Zum Goldenen Pfau".

Pfeilstraße (13, Kumpfmühl, D/E 9/10)
Die Straße verläuft geradlinig und wird von einer gequert, die bogenförmig ist. Im Stadtplan ergibt sich so ein Bild, das an Pfeil und Bogen erinnert. (Vgl. → Bogenstraße.)

Pflanzenmayerstraße (15, Innerer Westen, D 8)
Anton Mayer (1867–1951), gebürtig aus Regensburg, war Lehrer an verschiedenen Schulen der Stadt. Er war außerdem Botaniker mit zahl-

reichen Forschungen zu Weiden, Brombeeren und anderen Pflanzen. Aufgrund seiner Tätigkeit erhielt er den Beinamen „Pflanzen-Mayer“.

Pfluggasse (1, Altstadt, F 8d)
In einem Anwesen der Straße an der Ecke zur Erhardigasse (heute: Erhardigasse 13) befand sich vom 16. Jh. bis zu seiner Zerstörung in der Schlacht von Regensburg 1809 (→ Maximilianstraße) das Gasthaus „Zum Goldenen Pflug“. Der Pflug ist das Wappen der Stadt Straubing; sie hatte mit dem Gasthaus eine eigene Anlaufstelle für Besucher in Regensburg. (Vgl. → Drei-Helm-Gasse.)

Pilsen-Allee (4/6, Haslbach/Brandlberg, I 3/4/5/6/7)
In den letzten Jahrzehnten wurden markante Ausfall- und Umgehungsstraßen nach Regensburger Partnerstädten benannt, in diesem Fall die Ostumgehung längs der Eisenbahntrasse in Richtung Norden. Pilsen ist seit 1993 die Partnerstadt in Tschechien (Vgl. → Clermont-Ferrand-Allee, → Odessa-Ring).

Placidusstraße (11, Kasernenviertel, G 9)
Joseph Heinrich (1758–1825), gebürtig aus Schierling/Oberpfalz, lebte ab 1776 als Mönch mit dem Namen Placidus im Kloster St. Emmeram. Er war dort als Naturwissenschaftler, Astronom und Meteorologe tätig; zudem war er als Nachfolger von Cölestin Steiglehner (→ Steiglehnerweg) Professor für Mathematik, Physik und Astronomie an der Universität Ingolstadt 1791–1798. Nach der Säkularisation 1802/10 war er Professor für Physik am Lyzeum von Regensburg (→ Predigergasse) 1812–1821.

Plankstraße (7, Reinhausen, G 7)
Hermann Plank (1894–1971) war Lehrer, später Rektor der Sonderschule Regensburg-Nord (heute: Jakob-Muth-Schule, Sonderpädagogisches Förderzentrum Regensburg an der Harzstraße). In dieser Funktion machte er sich um das Sonderschulwesen insgesamt verdient. Außerdem war er ein profunder Kenner der Geschichte von → Reinhausen.

Plato-Wild-Straße (11, Kasernenviertel, H 9/10)
Georg Gottlieb Plato-Wild (1710–1777) stammte aus der Regensburger Familie Wild und wurde als Jugendlicher vom Ratsherrn Johann Heinrich Plato adoptiert. Er war als Beamter der Freien Reichsstadt Regensburg in den Funktionen eines Stadtschreibers, Archivars und Bibliothekars tätig. Als solcher wurde er zu einem der frühesten Lokalhistoriker von Regensburg.

Plattenweg (18, Burgweinting, I/K 12)
→ Gruppe „Burgweinting 2: Flurnamen“. Hier: Verweis auf den früheren landschaftlichen Charakter („Platte“ = Ebene).

Plattlinger Straße (10, Hohes Kreuz, I 9)
→ Gruppe „Donaustädte“.

Platz der Einheit (1, Innenstadt, E 8)
Der Platz unmittelbar stadtauswärts des Jakobstors war zu allen Zeiten ein Verkehrsknotenpunkt (→ Dechbettener Straße, → Prüfeninger Straße). Über die Zeiten trug er verschiedene Namen. Im 19. Jh. hieß er „Wittelsbacherplatz“, passend zur nahe gelegenen → Wittelsbacherstraße; im Nationalsozialismus „Hans-Schemm-Platz“, nach dem Gauleiter des Gaus „Bayerische Ostmark“, zu dem auch Regensburg gehörte; nach der NS-Zeit „Platz der Republik“. Im Kontext des Kalten Kriegs und der deutschen Teilung wurde er schließlich zum „Platz der Einheit“. (Vgl. → Ernst-Reuter-Platz.)

Plesser Straße (5, Konradsiedlung, H/I 6)
→ Gruppe „Deutsche Nation“. Stadt in Oberschlesien, von Deutschland im Friedensvertrag von Versailles an Polen abgetreten. Heutiger Name: Pszczyna.

Poetengäßchen (1, Altstadt, F 8c)
Die Gasse zweigt von der Gesandtenstraße an der Stelle ab, wo sich von 1537 bis 1802 das Gymnasium der Freien Reichsstadt befand (heute: Gesandtenstraße 13). Dem ganzheitlich humanistischen Bildungsideal der Zeit entsprechend hieß es „Gymnasium Poeticum“. Als Regensburg 1810 bayerisch wurde (→ Maximilianstraße), bestand es unter dem Namen „Königlich Bayerisches Gymnasium“ fort, bis es in einen Neubau am Ägidienplatz umzog; heute ist aus ihm das „Albertus-Magnus-Gymnasium“ in der Hans-Sachs-Straße geworden. Am alten Standort befindet sich jetzt die Staatliche Bibliothek.

Pohligstraße (11, Kasernenviertel, G 9)
Carl Theodor Pohlig (1841–1921), war Lehrer am Neuen Gymnasium von Regensburg (heute: Albrecht-Altdorfer-Gymnasium) 1884–1911. Neben seiner beruflichen Tätigkeit war er Bauforscher und Architekturzeichner und dokumentierte in Wort und Bild zahlreiche Örtlichkeiten und Gebäude in der Stadt, die heute verschwunden sind, so z. B. den Salzburger Hof (→ Salzburger Gasse).

Pommernstraße (5, Konradsiedlung, H 5)
→ Gruppe „Deutsche Nation". Ost- bzw. mitteldeutsche Region, nach dem Zweiten Weltkrieg verloren gegangen (Hinterpommern) bzw. von der deutschen Teilung betroffen (gewesen) (Vorpommern).

Pomonaweg (18, Burgweinting, I 12)
→ Gruppe „Burgweinting 5: Vor- und Frühgeschichte". Pomona, römische Göttin der Früchte.

Portnergasse (1, Altstadt, E 8b)
Wegen ihres geknickten Verlaufs hieß die Gasse ursprünglich, im 13. Jh., „Krumme Gasse", später dann „Grünes Gässchen". Weil es diesen Namen aber auch noch an einem anderen Ort gab (→ Grünes Gässchen), wurde sie 1906 nach einer alten Patrizierfamilie umbenannt. Die Portner lebten vom 14. bis zum 17. Jh. in Regensburg; sie waren zu verschiedenen Zeiten Eigentümer von so prominenten Häusern wie dem Zanthaus (heute: Gesandtenstraße 3, → Zandtengasse), dem Liskircher-Haus (heute: Untere Bachgasse 10, → Liskircherstraße), dem Kepler-Haus (heute: Keplerstraße 5, → Keplerstraße) und dem Haus Heuport (heute: Domplatz 7).

Posener Straße (5/7, Konradsiedlung/Reinhausen, I 5/6)
→ Gruppe „Deutsche Nation". Stadt in der ehemaligen preußischen Provinz Posen, von Deutschland im Friedensvertrag von Versailles an Polen abgetreten. Heutiger Name: Poznań.

Posthorngäßchen (1, Altstadt, F 8b)
Im Eckhaus zur Goldenen-Bären-Straße (heute: Goldene-Bären-Straße 10) befand sich vom 17. Jh. bis in die 1960er-Jahre das Gasthaus „Zum Goldenen Posthorn" mit der ersten Poststation Regensburgs. Das alte Wirtshausschild, das von der Fassade in die Goldene-Bären-Straße hinausragt, ist erhalten geblieben, und es ist auch noch Gastronomie hier ansässig. (Vgl. → Goldene-Bären-Straße.)

Praschweg (15, Äußerer Westen, D 8)
Johann Ludwig Prasch (1637–1690) war zeit seines Lebens im Dienst der Freien Reichsstadt tätig. Er brachte es bis zum Ratsherren, Kämmerer und Vertreter der Stadt beim Immerwährenden Reichstag. Daneben war er Sprachwissenschaftler und -pädagoge und schrieb Dramen und Gedichte. Er veröffentlichte ein bayerisches Wörterbuch („Glossarium Bavaricum") – ein Vorgänger des berühmten „Bayerischen Wörterbuchs" von Johann Andreas Schmeller (→ Schmellerstraße). Seine

zweite Frau Susanna Elisabeth war ebenfalls hochgebildet und veröffentlichte wissenschaftliche Werke, z. B. eine Theorie des Romans („Réflexions sur les Romans").

Prebrunnallee (15, Innerer Westen, E 8)
Der westliche Teil der Parkanlagen, die die Altstadt auf ihrer Südseite umgeben, ist heute offiziell nicht mehr nach ihrem Stifter Fürst Karl Anselm von Thurn und Taxis benannt (→ Fürst-Anselm-Allee), sondern nach der benachbarten Siedlung Prebrunn (→ Prebrunnstraße).

Prebrunnstraße (15, Innerer Westen, D/E 8)
Der einzige Ort, der früher jenseits der Stadtmauern noch zur Freien Reichsstadt gehörte, war eine kleine Siedlung namens Prebrunn, die unmittelbar westlich lag; alle anderen Dörfer im Umkreis lagen bereits hinter der Grenze zum Land Bayern (→ Burgfriedenweg). Der Name „Prebrunn" verweist auf einst hier gelegene Weiher („Brunnen"), die im Sonnenlicht glänzten („brehen"); sie wurden vom Wasser eines kleinen Baches (→ Lohackerstraße, → Lohgrabenstraße) gespeist.

Predigergasse (1, Altstadt, F 8c)
Südlich der Straße liegt mit ihrer Längsseite die Kirche St. Blasius des ehemaligen Klosters der Dominikaner; sie hießen wegen einer ihrer wichtigsten Tätigkeiten im Volksmund auch die „Prediger". Das Kloster wurde 1229 gegründet; die Kirche entstand über einen langen Zeitraum von 1230 bis 1384. Nach der Säkularisation 1802/10 war in den Klostergebäuden das sog. „Lyzeum", ab 1923 „Philosophisch-Theologische Hochschule" genannt, ansässig; heute befinden sich hier Verwaltungseinrichtungen der Regierung der Oberpfalz.

Preiselbeerweg (6, Keilberg, L 5)
→ Gruppe „Wald und Flur".

Preßburger Straße (10, Ostenviertel, I 8/9)
→ Gruppe „Donaustädte".

Prinz-Ludwig-Straße (10, Ostenviertel, H 8)
Die Straße führt von der Straubinger Straße zum Westhafen. Das Projekt eines modernen Hafens mit einem richtigen Hafenbecken anstatt der bisherigen einfachen Anlegestellen an der Donau war zu Beginn des 20. Jhs. entwickelt worden; prominentester Fürsprecher war Prinz Ludwig von Bayern (1845–1921), der Sohn des damals amtierenden bayerischen Prinzregenten Luitpold (→ Luitpoldstraße). Der Hafen

wurde 1910 als „Luitpold-Hafen“eröffnet; heute heißt er „Westhafen“ (→ Osthafenstraße). Prinz Ludwig wurde später als Ludwig III. (reg. 1913–1918) der letzte König von Bayern.

Prinz-Rupprecht-Straße (11, Kasernenviertel, G/H 10)
→ Gruppe „Militär und Militärs“. Herzog Rupprecht von Bayern (1869–1955), Sohn König Ludwigs III. (→ Prinz-Ludwig-Straße), Kronprinz, Offizier und Generalfeldmarschall des bayerischen Heeres, Teilnehmer am Ersten Weltkrieg.

Prinzenweg (1, Altstadt, G 8c)
Im Eckhaus zur Ostengasse (heute: Ostengasse 26) befand sich im 18. Jh. eine Brauerei mit Gaststätte der Familie Prinz. Ende des 18. Jhs. kam südlich der Altstadt, in der neu angelegten → Fürst-Anselm-Allee, eine Gartengaststätte hinzu, der sog. „Prinzengarten“ (heute: Albertstraße 1).

Proskestraße (1, Unterer Wöhrd, F 8b)
Karl Proske (1794–1861) war ursprünglich Arzt im preußischen Staatsdienst. 1823 kam er in Kontakt mit Johann Michael von Sailer und dem „Sailerkreis“ in Regensburg (→ Sailerstraße); daraufhin orientierte er sich komplett um, wurde 1826 in Regensburg zum Priester geweiht, 1830 zum Kanoniker am Kollegiatsstift zur Alten Kapelle (→ Kapellengasse) ernannt und widmete sich seither der Pflege der katholischen Kirchenmusik. Er betrieb ausgedehnte Forschungen zu ihrer Vergangenheit, sammelte alte Manuskripte und entwickelte davon ausgehend Ideen, wie die Kirchenmusik seiner eigenen Zeit grundlegend zu reformieren sei. Eine langfristige Folge seines Wirkens ist die Gründung der Kirchenmusikschule im Jahr 1874 (→ Andreasstraße, → Haberlstraße).

Prüfeninger Schloßstraße (14, Dechbetten/Großprüfening, B/C 9)
→ Gruppe „Prüfening – Kloster und Schloss“. Die Straße ist der zweite Teil der Verbindung zwischen Regensburg und → Großprüfening, die heute durch die Eisenbahntrasse unterbrochen ist (→ Prüfeninger Straße). Sie führt am ehemaligen Schloss Prüfening vorbei.

Prüfeninger Schulgasse (14, Großprüfening, A 9)
Die Gasse zweigt von der Hauptstraße von → Großprüfening an der Stelle ab, wo sich einst das Schulhaus befand. Es enthielt eine typische Dorfschule mit allen Klassen in einem Raum und der Lehrerwohnung im gleichen Gebäude.

Prüfeninger Straße (15, Innerer/Äußerer Westen, C/D/E 8/9)
Die Straße führte von Regensburg westwärts nach → Großprüfening; durch die Eisenbahntrasse ist die Verbindung heute unterbrochen (→ Prüfeninger Schloßstraße). In größerer Perspektive war sie eine der traditionellen Ausfallstraßen, die im Mittelalter, bis zur Anlage einer Route am nördlichen Donauufer um 1500 (→ Alte Nürnberger Straße), über Großprüfening und die dortige Donaufähre nach Franken und Nürnberg führten (→ Am Prebrunntor, → Hochweg, → Fährenweg).

Puchnerstraße (11, Kasernenviertel, G 9)
Joseph Benedikt Puchner (1773–1824) war Mönch im Kloster St. Emmeram und als Lehrer, ab 1799 als Leiter an einer der katholischen Schulen von Regensburg tätig. Als Mitglied der Schulkommission des Fürstentums Regensburg unter Karl Theodor von Dalberg (→ Dalbergstraße) initiierte er grundlegende Reformen im Schulwesen der Stadt. – Bezug: An der Straße liegt die Pestalozzi-Mittelschule der Stadt Regensburg. (Vgl. → Pestalozzistraße.)

Pürkelgutweg (10, Ostenviertel, H 9)
Die Straße zweigte früher direkt von der Straubinger Straße ab und führte südostwärts in Richtung eines in freiem Gelände einzeln stehenden Gutshofs (→ Einhauser Straße). Er wurde 1237 erstmals erwähnt, kam 1728 in den Besitz des Regensburger Handelsherrn Johann Jakob Pürkel, wurde von ihm zum repräsentativen Landsitz umgebaut und seither „Pürkelgut" genannt. Heute ist nur das erste Stück der Straße erhalten; der Rest ist durch die Eisenbahntrassen und die Kasernenbauten des späten 19. Jhs. überbaut worden.

Puricellistraße (15, Äußerer Westen, C/D 8)
Die Familie Puricelli, später Kirsch-Puricelli, ursprünglich aus Italien stammend, war im 19. Jh. eine Industriellen-Familie, die mit Stahlwerken ein großes Vermögen erwarb. Schwerpunkt ihrer Besitzungen war das Rheinland; doch auch in und um Regensburg war sie reich begütert (→ Am Gutshof). Die letzte Namensträgerin ist 1993 gestorben.

Rabenkellerweg (3, Pfaffenstein, E 7)
Am Ende der Straße (heute: Rabenkellerweg 6) befand sich früher der Bierkeller der Gastwirtschaft „Zum Raben", die ihrerseits vorne, an der Alten Nürnberger Straße als Durchgangsstraße, lag (heute: Rabenkellerweg 1). Der Standort ergab sich aus der Hanglage an der Winzerer Höhe, die ideal für den Bau von kühlen Lagerkellern war (→ Spital-

kellerweg; ähnlich war es an den Hängen auf der Südseite der Donau in Kumpfmühl und am Galgenberg, → Kellerweg).

Rachelstraße (7, Reinhausen, G 6)
→ Gruppe „Bayerischer Wald 3: Hochwald". Berg im Bayerischen Wald.

Raiffeisenstraße (3, Steinweg, F 6)
Friedrich Wilhelm Raiffeisen (1818–1888) war der Gründer erster landwirtschaftlicher Genossenschaften als Hilfsorganisationen für Bauern. Aus den genossenschaftlichen Kassen und Kreditanstalten entwickelten sich die Raiffeisen-Banken.

Ramwoldstraße (17, Oberisling, G 12)
→ Gruppe „Oberisling und St. Emmeram". Ramwold, Abt des Klosters St. Emmeram 975–1000. Er war der Begünstigte der Schenkung, durch die Oberisling kurz vor dem Jahr 1000 an das Kloster St. Emmeram kam.

Raseliusweg (15, Rennplatz, B/C 8)
Andreas Raselius (1562/64–1602), gebürtig aus Hahnbach bei Amberg/Oberpfalz, war Lehrer am Gymnasium Poeticum (→ Poetengässchen) und Kantor der evangelischen Kirche 1584–1600. Nach seinem Weggang aus Regensburg wurde er Kapellmeister am Hof des Kurfürsten von der Pfalz. Er komponierte zahlreiche Werke der Kirchenmusik und verfasste eine Chronik von Regensburg.

Rathausplatz (1, Altstadt, F 8a)
Im Jahr 1245 wurde Regensburg durch ein Privileg Kaiser Friedrichs II. (→ Kaiser-Friedrich-Allee) zur Freien Reichsstadt erhoben und durfte sich fortan selbst regieren. Für die neu entstehende Stadtverwaltung errichtete man in diesem Zusammenhang das Rathaus; es lag bezeichnenderweise nicht am bisherigen Herrschaftsmittelpunkt (→ Alter Kornmarkt), sondern im Viertel der Bürger -und Patrizierfamilien, die von jetzt an politisch den Ton angaben (→ Haidplatz).

Rathenaustraße (18, Harting, L 11/12)
→ Gruppe „Entdecker, Erfinder, Firmengründer". Emil Rathenau (1835–1915), Industrieller, Mitgründer der Firma AEG. Walter Rathenau (1867–1922), sein Sohn, Industrieller und Politiker, Reichsaußenminister 1922, Präsident der AEG. – Bezug: An der Straße liegt das Gelände des einstigen AEG-Werks in Regensburg, heute Teil des Konzerns Schneider Electric GmbH.

Raubbergweg (6, Keilberg, L 6)
Der Flurname verweist auf die – früher wie heute – ländliche und landwirtschaftlich genutzte Umgebung unter schwierigen Bedingungen auf der Hochfläche von Keilberg (→ Keilberger Hauptstraße).

Rauberstraße (17, Oberisling, F/G 12)
Der Flurname verweist nicht etwa auf einen Familiennamen oder einen Räuber, sondern auf die – früher wie heute – ländliche und landwirtschaftlich genutzte Umgebung („Raub" = Ernte, Ertrag).

Regerstraße (12, Galgenberg, F/G 10)
→ Gruppe „Komponisten und Musiker". Max Reger (1873–1916), Komponist der Moderne. Er war gebürtiger Oberpfälzer aus Brand bei Kemnath und wuchs in Weiden auf.

Rehauer Straße (4, Haslbach, H 3)
→ Gruppe „Traditionelle Industriestädte in Nordostbayern". Rehau/Oberfranken, Standort der Porzellan- und der Kunststoffindustrie.

Rehgäßchen (1, Altstadt, F 8a)
In einem Anwesen der Straße (heute: Rehgäßchen 6) war um die Wende vom 18. zum 19. Jh. ein Bürger namens Bernhard Reh ansässig.

Reibergassl (18, Burgweinting, K 11)
→ Gruppe „Burgweinting 1: Dorf". Die Straße verläuft nicht geradlinig, sondern krumm; sie macht – auf Bayerisch – eine „Reibn".

Reichenberger Straße (5, Konradsiedlung, H 5/6)
→ Gruppe „Deutsche Nation". Stadt im Sudetenland (Staat: Tschechien) mit (ehemals) deutscher Bevölkerung und deutscher Vergangenheit. Heutiger Name: Liberec.

Reichsstiftstraße (9, Schwabelweis, K 7/8)
→ Gruppe „Schwabelweis und St. Emmeram". „Reichsstift" ist die juristisch korrekte Bezeichnung für die weltlichen Besitzungen eines reichsunmittelbaren Klosters. Große Teile von Schwabelweis gehörten zum Reichsstift St. Emmeram. (Vgl. → Hochstiftstraße.)

Reichsstraße (10, Ostenviertel, G/H 8)
→ Gruppe „Gründerzeit".

Reinhausen (7, Reinhausen, G 6/7)
Das ehemalige Dorf Reinhausen wurde 1007 erstmals erwähnt und 1924 – damals als das größte Dorf in der Oberpfalz mit 5.000 Einwoh-

nern – nach Regensburg eingemeindet. Wie bei anderen Eingemeindungen bewahrt die einstige Hauptstraße den Namen des Orts fort. Er wurde früher „Reginhusen" geschrieben; das beschreibt exakt, was das Dorf ursprünglich war: eine Ansiedlung am Fluss Regen.

Reinhausener Damm (8, Reinhausen/Weichs, G 7/8)
Dort, wo der Fluss Regen zwischen Reinhausen und Weichs eine Biegung macht und in die Donau mündet, war das Ufer früher flach und das Wasser leicht erreichbar. Deshalb wurde hier das auf dem Regen geflößte Holz gelagert (→ Holzgartenstraße). Andererseits bestand aufgrund dieser topographischen Bedingungen auch eine dauernde Hochwassergefahr, die erst durch eine Uferbefestigung mittels eines Damms gebannt wurde. (Vgl. → Weichser Damm, → Schwabelweiser Donauufer.)

Reiterstraße (11, Kasernenviertel, H 10)
→ Gruppe „Militär und Militärs". Die Straße befindet sich an der Längsseite der ehemaligen Kavallerie-Kaserne (→ Kavalleriestraße).

Reithmayrstraße (13, Kumpfmühl, D/E 9)
Joseph Reithmayr († 1877), war gelernter Buch- und Steindrucker, später Buchverleger, ab 1834 Herausgeber der Zeitung „Regensburger Tagblatt", die von ihrer politischen Ausrichtung her protestantisch-liberal war und bis 1908 bestand. – Bezug: In der Nachbarschaft befindet sich die Straße, die nach Reithmayrs Pendant, dem katholisch-konservativen Verleger und Zeitungsherausgeber Josef Habbel, benannt ist (→ Habbelstraße).

Rennerstraße (12, Galgenberg, G 10)
→ Gruppe „Komponisten und Musiker". Joseph Renner jun. (1868–1934), Komponist und Lehrer für katholische Kirchenmusik, ab 1893 Domorganist, ab 1895 Dozent an der Kirchenmusikschule Regensburg. Joseph Renner sen. (1832–1895), sein Vater, Musikforscher und -lehrer in Regensburg, u. a. bei den Fürsten von Thurn und Taxis und an der Kirchenmusikschule.

Rennweg (15, Prüfening/Rennplatz, A/B/C 9)
→ Gruppe „Thurn und Taxis 3: Rennplatz".

Residenzstraße (1, Altstadt, F 8b/d)
An der Ostseite der Straße mit Hauptfassade zum Domplatz befindet sich ein Gebäude im Stil des Klassizismus, das als Neubau um 1800 die

Dompropstei beherbergte (→ Lerchenfeldstraße). Wenig später, von 1802 bis 1810, war es die Residenz Karl Theodors von Dalberg in seiner Eigenschaft als Fürstprimas des Fürstentums Regensburg (→ Dalbergstraße) und somit protokollarisch das erste Haus in der Stadt. Aus diesem Grund quartierte sich Napoleon nach seinem Sieg in der Schlacht von Regensburg 1809 für zwei Tage hier ein (→ Maximilianstraße, → Österreicherweg).

Rettenbacher Straße (5, Wutzlhofen, H 5)
→ Gruppe „Bayerischer Wald 2: Vorwald". Rettenbach, Gemeinde im Landkreis Cham/Oberpfalz.

Rhönstraße (4, Sallerner Berg, G 6)
→ Gruppe „Mittelgebirge in Mitteleuropa".

Richard-Wagner-Straße (10, Ostenviertel, G 8/9)
Anders als die planmäßig angelegten sonstigen Straßen im Viertel um die Reichsstraße (→ Gruppe „Gründerzeit") geht die Richard-Wagner-Straße auf einen Feldweg zum ehemaligen Leprosenhaus St. Niklas (→ St.-Niklas-Straße) zurück. Im Zuge der Bebauung des Viertels wurde sie in → Ostendorferstraße umbenannt, nach einem Regensburger Maler. In der Zeit des Nationalsozialismus erhielt sie den Namen „Horst-Wessel-Straße"; dies hing damit zusammen, dass damals die Gaststätte „Paradiesgarten" in Nummer 2, die seit 1926 Versammlungs- und Veranstaltungsort von Gewerkschaften und SPD gewesen war, von der NS-Organisation „Deutsche Arbeitsfront" beschlagnahmt und als „Horst-Wessel-Haus" genutzt wurde. (Nach 1945 wurde es zurückerstattet und firmiert heute unter „Gewerkschaftshaus".) Weil kurz danach bei der Anlage der NS-„Göring-Heim-Siedlung", der heutigen Ganghofersiedlung, eine neue „Horst-Wessel-Straße" entstand, die natürlich längst umbenannt ist (→ Gruppe „Schriftsteller 2"), folgte die unverfänglichere Benennung nach dem Komponisten Richard Wagner (1813–1883), bei der es bis heute geblieben ist.

Riegergasse (9, Schwabelweis, K 7)
Joseph Rieger (1833–1915) war ein Bürger von Schwabelweis, der sich durch starkes soziales Engagement auszeichnete.

Riesengebirgstraße (4/5, Sallerner Berg, F/G 5/6)
→ Gruppe „Mittelgebirge in Mitteleuropa".

Rilkestraße (15, Innerer Westen, D 8)
→ Gruppe „Schriftsteller 1". Rainer Maria Rilke (1875–1926), Schriftsteller der Moderne.

Robert-Bosch-Straße (10, Ostenviertel, K 10)
→ Gruppe „Entdecker, Erfinder, Firmengründer". Robert Bosch (1861–1942), Ingenieur, Erfinder im Bereich Motoren- und Automobiltechnik, Gründer der Firma Robert Bosch GmbH.

Rodinger Straße (4, Gallingkofen, G 5)
→ Gruppe „Bayerischer Wald 1: Regental".

Röhrlbergweg (7, Reinhausen, G 6)
Der Flurname verweist auf die topographische Lage am Fuß des Sallerner Bergs (→ Am Sallerner Berg) und auf einen ehemaligen Grundbesitzer.

Röhrlgässel (1, Altstadt, G 8c)
In der Straße war vom 16. bis 19. Jh. eine Familie von Kräuter- und Gemüsebauern (→ Von-der-Tann-Straße, → Krauterermarkt) namens Röhrl ansässig; die genaue Lage des Anwesens ist unbekannt.

Römerstraße (18, Burgweinting, H 11)
→ Gruppe „Burgweinting 5: Vor- und Frühgeschichte". Im archäologischen Areal von Burgweinting fanden sich u. a. Zeugnisse aus der Zeit der Römer.

Röntgenstraße (18, Burgweinting, K 12)
→ Gruppe „Entdecker, Erfinder, Firmengründer". Wilhelm Conrad Röntgen (1845–1923), Physiker, Entdecker der Röntgenstrahlen.

Rösselsteig (11, Kasernenviertel, H 10)
→ Gruppe „Militär und Militärs". Die Straße befindet sich in der Nähe der ehemaligen Kavallerie-Kaserne (→ Kavalleriestraße).

Roggenweg (18, Burgweinting, I 11)
→ Gruppe „Burgweinting 4: Feldfrüchte".

Roritzerstraße (1, Innenstadt, G 9)
Aus der Familie Roritzer stammten einige der bedeutendsten Regensburger Dombaumeister des Mittelalters: Wenzel († 1419), Dombaumeister 1411–1419; dessen Sohn Konrad († 1477), Dombaumeister 1456–1476; dessen Sohn Matthäus († 1495), Dombaumeister 1476–1495; dessen Bruder Wolfgang († 1514), Dombaumeister 1495–1514.

Matthäus Roritzer ist bekannt als Verfasser des ersten in Deutsch geschriebenen Architektur-Lehrbuchs („Von der Fialen Gerechtigkeit", 1486); Wolfgang Roritzer wurde wegen angeblicher Beteiligung an einem politischen Aufstand hingerichtet. (Vgl. → Heydenreichstraße.)

Roseggerstraße (13, Ganghofersiedlung, D/E 10/11)
→ Gruppe „Schriftsteller 2". Peter Rosegger (1843–1918), österreichischer Volks- und Heimatschriftsteller.

Rosenweg (11, Kasernenviertel, H 10)
→ Gruppe „Blumen".

Rosinusweg (15, Rennplatz, B 9)
Bartholomäus Rosinus (1520–1586), gebürtig aus Pößneck/Thüringen, war Theologe und Geistlicher. Nach verschiedenen Wirkungsstätten in Thüringen und Sachsen war er Superintendent, also Leiter der evangelischen Kirche, in Regensburg 1574–1586.

Roßbachstraße (5, Wutzlhofen, H 4)
→ Gruppe „Bayerischer Wald 2: Vorwald". Roßbach, Ortsteil der Gemeinde Wald im Landkreis Cham/Oberpfalz.

Rotdornweg (6, Keilberg, L 5)
→ Gruppe „Wald und Flur".

Rote-Hahnen-Gasse (1, Altstadt, F 8a/c) → Info S. 192
In einem Anwesen der Straße (heute: Rote-Hahnen-Gasse 10) befand sich vom späten 16. Jh. an das Gasthaus „Zum Roten Hahn". Es besteht als Hotel und Restaurant noch heute.

Rote-Löwen-Straße (1, Altstadt, E 8b) → Info S. 192
In einem Anwesen der Straße (heute: Rote-Löwen-Straße 10) befand sich vom frühen 18. Jh. an das Gasthaus „Zum Roten Löwen". Noch heute ist hier Gastronomie ansässig.

Rote-Stern-Gasse (1, Altstadt, F 8c) → Info S. 192
In einem Anwesen der Straße (heute:Rote-Stern-Gasse 1) befand sich früher das Gasthaus „Zum Roten Stern".

Roter Herzfleck (1, Altstadt, F 8a) → Info S. 192
In einem Anwesen der Straße (heute: Roter Herzfleck 2) befand sich seit dem frühen 17. Jh. eine Schenke. Im Jahr 1700 wurde daraus das Gasthaus „Zum Roten Herz", das bis 1792 bestand. Die Bezeichnung „Fleck" weist darauf hin, dass der Straßenzug nur sehr kurz ist.

WIRTSHÄUSER UND WIRTSHAUSNAMEN
Auffällig viele Straßen in der Altstadt sind nach Gasthäusern benannt. Ihre Bezeichnungen klingen meist sehr fantasievoll: „Weiße Lilie“, „Roter Hahn“, „Drei Mohren“ und so weiter. Die Erklärung, die dahinter steckt, ist allerdings relativ banal: Gasthäuser sind Einrichtungen, die man einfach kennt. Mit ihrer Hilfe kann man sich in einer Stadt gut orientieren oder Fremden den Weg weisen – und genau aus solchen alltäglichen Situationen sind die Straßennamen in der Altstadt ja entstanden. Und woran erkannte man die Gasthäuser? An ihren auffälligen, weit in die Straße hinausragenden Schildern, die meist aus Metall bestanden, farbig angestrichen waren und einfache, einprägsame Erkennungszeichen trugen – in Gestalt von Tieren, Pflanzen oder Gegenständen. Einzelne davon sind bis heute im Stadtbild erhalten geblieben, so zum Beispiel die „Blaue Lilie“ in der Blauen-Lilien-Gasse 4 oder der „Blaue Hecht“ in der Keplerstraße 7. Beides zusammen – die allgemeine Bekanntheit der Gasthäuser und die Auffälligkeit ihrer Werbeschilder – führte dazu, dass Gasthausnamen häufig zu Straßennamen wurden.

Roter-Brach-Weg (15, Prüfening, B/C 8/9)
Der Flurname verweist auf die frühere ländliche und landwirtschaftlich genutzte Umgebung nördlich des Dorfs → Großprüfening, wo der Boden beim Umpflügen seine rötliche Färbung zeigte.

Roter-Lilien-Winkel (1, Altstadt, F 8c) → *Info oben*
In einem Anwesen der Straße (heute: Roter-Lilien-Winkel 2) befand sich vom 17. Jh. an das Gasthaus „Zur Roten Lilie“. Noch heute ist hier Gastronomie ansässig.

Rothmahlweg (18, Harting, M 12)
→ Gruppe „Harting – ein Dorf“. Flurname mit Verweis auf die Lage an einem ehemaligen farbigen Grenzstein („Mal“ = Markierung). (Vgl. → Beim Roten Kreuz.)

Rotkleeweg (18, Burgweinting, I 11)
→ Gruppe „Burgweinting 4: Feldfrüchte“.

Rotteneckstraße (12, Galgenberg, F 9)
→ Gruppe „Katholisches Regensburg“. Heinrich von Rotteneck, Bischof von Regensburg 1277–1296. Er wurde von Zeitgenossen und Nachwelt für seine Frömmigkeit und Wohltätigkeit hoch gelobt.

Ruckäckerweg (18, Harting, M 12)
→ Gruppe „Harting – ein Dorf". Flurname mit Verweis auf die ländliche und landwirtschaftlich genutzte Umgebung („Rucke" = Rauke).

Rudolf-Aschenbrenner-Platz (18, Burgweinting, K 11/12)
Rudolf Aschenbrenner (1907–1994) war Ingenieur bei der Firma Sachsenwerk in Niedersedlitz bei Dresden. Nach dem Ende des Zweiten Weltkriegs 1945 war er maßgeblich an der Verlagerung des Betriebs nach Regensburg und später am Aufbau der Firma Starkstrom Gerätebau GmbH beteiligt. – Bezug: In der Nachbarschaft liegt das Gelände der Firma Starkstrom Gerätebau GmbH.

Rudolf-Schlichtinger-Straße (18, Burgweinting, K 12)
Rudolf Schlichtinger (1915–1994) war Politiker (SPD) und Oberbürgermeister von Regensburg 1959–1978. Er war maßgeblich an der Gründung der Universität Regensburg und damit an der Entwicklung der Stadt zur modernen Großstadt beteiligt. Ehrenbürger der Stadt Regensburg 1978.

Rudolf-Vogt-Straße (12, Galgenberg, F/G 10)
Rudolf Vogt (1927–2007) war Lehrer, Dozent und Professor an den Vorgängereinrichtungen der heutigen Ostbayerischen Technischen Hochschule Regensburg: der Ingenieurschule, dem Johannes-Kepler-Polytechnikum und der Fachhochschule Regensburg 1959–1992. Er war zudem Präsident der Fachhochschule 1972–1990. – Bezug: In der Nähe der Straße befindet sich die Ostbayerische Technische Hochschule. (Vgl. → Franz-Mayer-Straße, → Lore-Kullmer-Straße.)

Rüdigerstraße (17, Graß, D/E 12)
→ Gruppe „Graß – Burg und Dorf". Ein gewisser Rüdiger aus dem Geschlecht der Herren von Graß wird um 1200 als Zeuge in Urkunden des Klosters St. Emmeram genannt.

Rühlgässel (1, Altstadt, E 8b)
In der Straße war im 18. Jh. eine Familie namens Rühl ansässig; die genaue Lage des Anwesens ist unbekannt.

Runtingerstraße (11, Kasernenviertel, H 9)
Die Familie Runtinger gehörte zu den bedeutenden Patrizierfamilien im mittelalterlichen Regensburg. Sie ist ab 1347 nachweisbar; ab 1367 wohnte sie in dem nach ihr benannten „Runtinger-Haus" (heute: Keplerstraße 1). Die prominentesten Angehörigen der Familie waren

Matthäus Runtinger und seine Frau Margarethe; von ihnen ist – eine Rarität! – ein originales Handelsbuch mit Eintragungen von 1383 bis 1407 erhalten.

Rupert-Preißl-Weg (14, Dechbetten, C 9)
→ Gruppe „Bildende Künstler". Rupert Preißl (1925–2003), gebürtig aus Eitlbrunn bei Regenstauf/Oberpfalz, zeitgenössischer Künstler aus Regensburg, Träger des Kulturpreises der Stadt Regensburg 1979.

Saarstraße (3, Pfälzer Siedlung, F 6)
→ Gruppe „Pfalz und Nachbarregionen".

Saazer Straße (5, Konradsiedlung, H 6)
→ Gruppe „Deutsche Nation". Stadt im Sudetenland (Staat: Tschechien) mit (ehemals) deutscher Bevölkerung und deutscher Vergangenheit. Heutiger Name: Žatec.

Sachsengäßchen (1, Altstadt, F 8c)
In der Straße war im 17. und 18. Jh. eine Familie namens Sachs ansässig; die genaue Lage des Anwesens ist unbekannt.

Sachsenstraße (11, Kasernenviertel, H 10)
→ Gruppe „Germanisch-deutsche Volksstämme".

Safferlingstraße (11, Kasernenviertel, G/H 9)
→ Gruppe „Militär und Militärs". Benignus (seit 1881 Ritter von) Safferling (1825–1899), Offizier im 11. Bayerischen Infanterieregiment „Von der Tann" 1844–1870, bayerischer Kriegsminister 1890–1893. Ehrenbürger der Stadt Regensburg 1890.

Sailerstraße (12, Galgenberg, F 9)
→ Gruppe „Katholisches Regensburg". Johann Michael von Sailer (1751–1832), Domherr, Weihbischof, Dompropst, Generalvikar und Koadjutor in Regensburg 1821–1829, Bischof 1829–1832. Er war einer der wichtigsten Vertreter der katholischen Erneuerungsbewegung um die Wende vom 18. zum 19. Jh.; um sich versammelte er eine Gruppe von Freunden und Schülern, den sog. „Sailerkreis". (Vgl. → Barbara-Popp-Straße, → Diepenbrockstraße, → Proskestraße, → Von-Schenk-Straße.)

Sallerergasse (4, Sallern, F 5)
Das ehemalige Dorf Sallern wurde im Jahr 1095 erstmals erwähnt, als Sitz der adeligen Familie der Sallerer; sie beherrschten es in der Folge bis ins 15. Jh. Ob der Familienname vom Ortsnamen abgeleitet ist oder

umgekehrt, ist nicht restlos geklärt; manchmal wird „Sallern“ mit dem uralten, noch vor der Zeit der Römer existierenden Volk der Illyrer in Verbindung gebracht, in deren Sprache es „Leute vom Fluss“ heißen könnte. Sallern wurde 1924 nach Regensburg eingemeindet. (Vgl. → Gallingkofen.)

Salzburger Gasse (1, Altstadt, F 8d)
Die Gasse zweigt vom Domplatz an der Stelle ab, wo früher der sog. „Salzburger Hof“ stand, der 1893 bis 1895 abgerissen und durch die Dompost ersetzt wurde (→ Domstraße). Name und Funktion des Gebäudes stammten aus dem frühen Mittelalter: Damals befand sich hier der repräsentative Sitz des Erzbischofs von Salzburg, den er als standesgemäße Residenz bei Besuchen in der Haupt- und Residenzstadt Regensburg (→ Alter Kornmarkt) nutzen konnte. (Vgl. → Am Brixener Hof.)

Salzgasse (2, Stadtamhof, F 7)
Die Straße verläuft an der Donau in unmittelbarer Nähe des ehemaligen Salzstadels von Stadtamhof, der um 1600 errichtet wurde. Hier wurden seitdem Salzhandelsschiffe entladen. Die Tatsache, dass es unmittelbar gegenüber, am Südufer der Donau, noch einen zweiten Salzstadel gibt, verweist auf die scharfe wirtschaftliche Konkurrenz zwischen dem bayerischen Stadtamhof und der Freien Reichsstadt Regensburg. (Vgl. → Wehrlochweg, → Am Beschlächt.)

Sanddornweg (6, Keilberg, L 5)
→ Gruppe „Wald und Flur“.

Sandgasse (5, Konradsiedlung, H/I 5/6)
Die Straße verläuft am Fuß des westlich gelegenen Sandbergs (→ Am Sandberg). Ab 1937 entstand hier der vierte Bauabschnitt der Konradsiedlung (→ Harthofkapellenplatz, → Am Flachlberg, → Im Reichen Winkel, → Gruppe „Deutsche Nation“).

Sandra-Paretti-Weg (14, Dechbetten, C 9)
Sandra Paretti, eigentlich Irmgard Schneeberger (1935–1994), gebürtig aus Regensburg, war Journalistin, später freie Schriftstellerin. Sie schrieb zahlreiche Romane, die in 28 Sprachen übersetzt und teilweise verfilmt wurden. Damit gehört sie zu den meistgelesenen deutschsprachigen Autorinnen. Über Regensburg schrieb sie 1989 in ihren Erinnerungen „Mein Regensburger Welttheater“: „Und doch ist dies immer noch Heimat und wird es immer sein.“

Sarmanna-Straße (15, Innerer Westen, E 9)
Bei Ausgrabungen des einstigen römischen Gräberfelds südwestlich der Altstadt wurde im 19. Jh. ein Grabstein aus der Zeit um 500 gefunden, der einer „Sarmannana“ gewidmet ist, „quiescenti in pace, martiribus sociatae“, „ruhend im Frieden, den Märtyrern beigesellt“. Mit diesen Formulierungen ist der Grabstein der früheste konkrete Hinweis auf die Existenz des Christentums in Regensburg. – Bezug: Die Straße verläuft in einem Wohngebiet im Bereich des Gräberfelds. (Vgl. → Joseph-Dahlem-Straße.)

Sattelbogenerstraße (4, Gallingkofen, F 5/6)
Die adelige Familie der Sattelbogener herrschte im 15. Jh. in → Gallingkofen als Teil der Hofmark Sallern.

Saturnusweg (18, Burgweinting, I 11/12)
→ Gruppe „Burgweinting 5: Vor- und Frühgeschichte“. Saturnus, römischer Gott des Alters und des Ackerbaus.

Sazenhofener Straße (7, Reinhausen, G 7)
→ Gruppe „Bayerischer Wald 3: Hochwald“. Adelsfamilie mit Besitzungen im Bayerischen und im Oberpfälzer Wald.

Schäffnerstraße (1, Altstadt, F 8d)
Früher lebten die Menschen in Städten oft nach Berufsgruppen zusammen. In der Straße (und in ihrer nördlichen Fortsetzung, heute → Am Brixener Hof) waren Handwerker ansässig, die Schäfte, also Speere, Spieße, Pfeile und ähnliches produzierten.

Scharnhorststraße (15, Äußerer Westen, C 9)
→ Gruppe „Befreiungskriege“. Gerhard Johann David von Scharnhorst (1755–1813), preußischer General und Militärreformer.

Schattenhofergasse (1, Altstadt, G 8a/c)
An der Westseite der Straße lässt sich im 16. Jh. das Anwesen eines ehemaligen Stadtbauernhofs nachweisen (heute: Schattenhofergasse 2 und 4). In einem ähnlichen Hof war im Mittelalter eine Familie namens Schad ansässig; sein Name war demgemäß „Schad-Hof“ oder „Schadenhof“. Die genaue Lage des Anwesens ist unbekannt; da aber die komplette Ostseite der Straße von Stadelbauten eingenommen wurde, ist es wohl ebenfalls an der Westseite zu vermuten, möglicherweise sogar als Vorgänger des erwähnten Stadtbauernhofs.

Schelchshornstraße (7, Reinhausen, G 7)
Die Schelchshorn waren eine bekannte Glockengießer-Familie, deren Mitglieder vom 16. bis zum 18. Jh. in Regensburg lebten. Als erster wird Paul Schelchshorn († um 1585) genannt. In der jeweils nächsten Generation folgten Georg, der Glocken für die Neupfarrkirche (→ Neupfarrplatz) und die Klosterkirche St. Georg in Prüfening (→ Gruppe „Prüfening – Kloster und Schloss“) sowie Bleirohre für die Wasserleitung von Dechbetten (→ An der Brunnstube) herstellte, Johann mit Glocken für das Damenstift Obermünster (→ Obermünsterstraße), Johann Georg mit zahlreichen Glocken außerhalb von Regensburg und schließlich Johann Gordian mit zwei Glocken für den Regensburger Dom. (Vgl. → Thurnknopfstraße.)

Schelmengraben (3, Steinweg, F 6/7)
Hier war früher ein „Schelm“ ansässig. Schelme (auch als „Schinder“, „Abdecker“ oder „Wasenmeister“ bezeichnet) waren für die Beseitigung und Verwertung von Tierkadavern zwecks Herstellung von Fett, Leim, Seife und anderem zuständig. Wegen der Geruchsbelästigung und der Ansteckungsgefahr lebten und arbeiteten sie grundsätzlich am Rand bestehender Siedlungen, oft an alten Hohlwegen; ihr Beruf galt als unehrenhaft. (Vgl. → Am Schindergraben.)

Schenkendorfstraße (15, Innerer Westen, E 8)
→ Gruppe „Schriftsteller 1“. Max von Schenkendorf (1783–1817), Schriftsteller der Romantik.

Scheuchenbergstraße (9, Schwabelweis, K/L 7)
Schwabelweis (→ Gruppe „Schwabelweis und St. Emmeram“) wird landschaftlich vom Keilstein und seinen steilen Hängen (→ Am Keilsteiner Hang) geprägt. Eine der nächsten charakteristischen Anhöhen weiter donauabwärts ist der Scheuchenberg bei Donaustauf.

Scheugäßchen (1, Altstadt, F 8a)
In einem Anwesen an der Nordseite der Straße, das heute abgebrochen und im Areal des Kinderspielplatzes aufgegangen ist (früher: Scheugäßchen 2), war um die Wende vom 18. zum 19. Jh. ein Metzgermeister namens Scheu ansässig.

Schiedenstraße (9, Schwabelweis, K/L 8)
„Schieden“ war der Name eines Weinbergs in Schwabelweis; im Gegensatz zu anderen Fällen (→ Sigenhofferstraße, → Uternagelstraße) ist der Besitzer unbekannt. (Vgl. → Weinbergstraße, → Sittauerstraße, → Zwerchpaintstraße.)

Weiße-Lilien-Gasse

Schikanederstraße (12, Galgenberg, F 9)
→ Gruppe „Komponisten und Musiker". Emanuel Schikaneder (1751–1812), Bühnenautor und Theaterindendant. Er ist bekannt als Leiter des Theaters an der Wien, als Freund Mozarts (→ Mozartstraße) und Verfasser des Librettos von dessen Oper „Die Zauberflöte". Er war gebürtig aus Straubing, wuchs in Regensburg auf, war vermutlich Mitglied des Domchors und später, als Erwachsener, Theaterintendant in Regensburg 1787–1789.

Schillerstraße (15, Innerer Westen, D/E 8)
→ Gruppe „Schriftsteller 1". Friedrich Schiller (1759–1805), Schriftsteller der Klassik. (Vgl. → An der Schillerwiese.)

Schimmelweg (11, Kasernenviertel, H 10)
→ Gruppe „Militär und Militärs". Die Straße befindet sich in der Nähe der ehemaligen Kavallerie-Kaserne (→ Kavalleriestraße).

Schindlfeldweg (6, Keilberg, L 6)
Der Flurname verweist auf die – früher wie heute – ländliche und land- bzw. forstwirtschaftlich genutzte Umgebung. Ein „Schindelbaum" ist ein Baum, dessen Holz, das „Schindelholz", besonders gut zum Herstellen von Dachschindeln geeignet ist. Ein „Schindelfeld" ist also vermutlich ein Grundstück, auf dem eine spezielle Art von Holzwirtschaft betrieben wurde.

Schlehenweg (6, Keilberg, K 5/6)
→ Gruppe „Wald und Flur".

Schlemmhüttenweg (6, Keilberg, L 6)
Auf der Hochfläche von Keilberg wurde im 19. Jh. in zwei kleinen Betrieben der Unternehmer Joseph Micheler (→ Michelerstraße) und Georg Mann vorübergehend Kaolin abgebaut (und Eisenerz, → Eisenerzweg). Das Kaolin musste nach der Förderung aus dem Stein gewaschen, „geschlämmt" werden.

Schlesierstraße (5, Konradsiedlung, H 4/5)
→ Gruppe „Deutsche Nation". Ostdeutsche Region, nach dem Zweiten Weltkrieg verloren gegangen.

Schlettstädter Straße (5, Konradsiedlung, I 6)
→ Gruppe „Deutsche Nation". Stadt im Elsass, von Deutschland im Friedensvertrag von Versailles an Frankreich abgetreten. Heutiger Name: Sélestat.

Schmellerstraße (13, Ziegetsdorf, D 11)
→ Gruppe „Schriftsteller 2", mit indirektem Bezug. Johann Andreas Schmeller (1785–1852), Sprachwissenschaftler in München, Erforscher der bayerischen Mundart, Verfasser des „Bayerischen Wörterbuchs". (Vgl. → Eberlstraße.)

Schmerbühl (1, Altstadt, F 8a)
An der Westseite des heutigen Fischmarkts befand sich früher der Ort, an dem Fleisch verkauft wurde; hier stand auch das städtische Fleischhaus (heute: Fischmarkt 1). Der Markt lag somit etwas abseits; seine Anbindung an das Zentrum, über die Fleisch in größeren Mengen weitertransportiert wurde, war eine leicht bergauf führende Gasse, der Schmerbühl. (Vgl. → Weingasse, → Fischgässel.) Dort wurde ein Nebenprodukt der Fleischverarbeitung feilgeboten, nämlich Fett und Schmiere. – Im Jahr 1888 wurde weiter außerhalb am damaligen östlichen Stadtrand ein neuer Schlachthof errichtet (→ Am alten Schlachthof); das Fleischhaus wurde abgerissen; der Fleischmarkt verschwand.

Schmidäckerweg (17, Oberisling, F/G 12)
Der Flurname verweist auf die – früher wie heute – ländliche und landwirtschaftlich genutzte Umgebung und auf einen Grundbesitzer.

Schöneberger Straße (11, Kasernenviertel, H 11)
→ Gruppe „Berlin".

Schönwerthstraße (15, Rennplatz, B 9)
Franz Xaver von Schönwerth (1810–1866), gebürtig aus Amberg/Oberpfalz, war Jurist in hohen Positionen in der Verwaltung des Königreichs Bayern. Er war außerdem wissenschaftlich als Volkskundler tätig. Dabei konzentrierte er sich auf seine ursprüngliche Heimatregion und gilt deshalb als Begründer der Volkskunde der Oberpfalz.

Schopperplatz (1, Oberer Wöhrd, E 7/8b)
Der Platz befindet sich am Südufer der Donauinsel Oberer Wöhrd (→ Wöhrdstraße). Dort arbeiteten Schiffsbauer, die einfache Boote und Kähne aus Holz herstellten. Als einer der letzten Arbeitsschritte mussten die Bretter verfugt und abgedichtet werden, indem man Füllmaterial in die Ritzen schob („schoppen" = schieben).

Schottenstraße (1, Altstadt, E 8d)
An der Westseite der Straße liegt das ehemalige Kloster St. Jakob (→ Jakobstraße), das im Volksmund wegen der Herkunft seiner Mönche das „Schottenkloster" genannt wurde. Es bestand von etwa

1090 bis 1862; nach seine Auflösung wurde das Gebäude zum Priesterseminar umgenutzt.

Schubertstraße (12, Galgenberg, F/G 9/10)
→ Gruppe „Komponisten und Musiker". Franz Schubert (1797–1828), Komponist der Romantik.

Schuegrafstraße (13, Kumpfmühl, F 9)
Joseph Rudolf Schuegraf (1790–1861), gebürtig aus Cham/Oberpfalz, war Historiker und lebte ab 1827 in Regensburg. Er verfasste über 190 Schriften und Abhandlungen zur Geschichte der Stadt und ihrer Umgebung; 1848/49 veröffentlichte er nach 17-jährigen Forschungen sein Hauptwerk, die „Geschichte des Doms von Regensburg".

Schützenheimweg (15, Prüfening, B 8/9)
An der Straße befanden sich von 1907 bis 1972 das Schützenheim und die Schießanlage der „Königlich Privilegierten Hauptschützengesellschaft Regensburg". Die Regensburger Schützengesellschaften haben eine Tradition, die bis ins Mittelalter zurückreicht. Traditionell gab es Armbrust-Schützen (→ Stahlzwingerweg) und Feuer- bzw. Büchsenschützen. Beide hatten ihre Schießplätze zunächst „Unter den Linden" im östlichen Bereich des heutigen Stadtparks. Die Feuer- bzw. Büchsenschützen zogen 1907 im Zusammenhang mit der zunehmenden Verstädterung in den äußeren Stadtwesten um; als auch dort die Wohnbebauung immer dichter wurde, verlegten sie 1973 ihren Standort ins nördliche Umland von Regensburg nach Tremmelhausen.

Schwabelweiser Donauufer (9, Schwabelweis, K 7/8)
Die Straße verläuft direkt an der Donau, genauer gesagt: am Damm, der zum Fluss hin aus Gründen des Hochwasserschutzes gebaut wurde. Hochwasserkatastrophen waren früher eine regelmäßige Begleiterscheinung des Lebens in Schwabelweis. (Vgl. → Reinhausener Damm, → Weichser Damm.)

Schwabelweiser Friedhofstraße (9, Schwabelweis, L 7/8)
Die Straße ist eine Abzweigung von der Donaustaufer Straße und führt südwärts zum Friedhof von Schwabelweis.

Schwabelweiser Kirchstraße (9, Schwabelweis, K 7/8)
→ Gruppe „Schwabelweis und St. Emmeram". An der Straße liegt die Kirche St. Georg. Sie wurde von 1770 bis 1776 an der Stelle einer baufällig gewordenen alten romanischen Kirche auf Kosten des Klosters St. Emmeram neu gebaut.

Schwabelweiser Weg (8/9, Weichs/Schwabelweis, H/I/K 7)
Die Straße führt von Weichs (→ Weichser Weg) direkt an der Donau nach Schwabelweis (→ Gruppe „Schwabelweis und St. Emmeram").

Schwabenstraße (11, Kasernenviertel, H 10/11)
→ Gruppe „Germanisch-deutsche Volksstämme".

Schwalbennestraße (14, Dechbetten, B/C 9/10)
Die Straße führt von → Dechbetten südwestwärts in Richtung Schwalbennest, einer Ausflugsgaststätte am Donauufer kurz hinter der Grenze des Stadtgebiets von Regensburg. Wegen der unterwegs zu querenden Autobahntrasse führt sie nicht direkt bis zum Zielort.

Schwandorfer Straße (3, Steinweg, F 7)
Der Fernverkehr nach Norden verließ Regensburg jahrhundertelang über die Steinerne Brücke, durchquerte Stadtamhof und Steinweg und teilte sich am Fuß des Dreifaltigkeitsbergs in eine westliche (→ Alte Nürnberger Straße) und eine nordöstliche Route. Sie führte über die Regenbrücke zwischen Steinweg und Reinhausen und dann am Regen entlang in die Oberpfalz, bis nach Schwandorf (und Amberg, → Amberger Straße). (Vgl. → Chamer Straße, → Alte Waldmünchener Straße.)

Schwanenplatz (1, Altstadt, F 8d)
Der heutige Platz hat mit der historischen Situation kaum mehr etwas zu tun; an seiner Süd-, West- und Nordseite wurden in den 1960er-Jahren aus Gründen der damaligen Verkehrsplanung mehrere Häuser abgerissen. In einem davon, an der Nordseite zur Kalmünzergasse hin gelegen, befand sich vom 18. bis ins frühe 19. Jh. das Gasthaus „Zum Silbernen Schwan".

Schwarzdornweg (6, Keilberg, L 5)
→ Gruppe „Wald und Flur".

Schwarze-Bären-Straße (1, Altstadt, F 8d)
In einem Anwesen der Straße an der Ecke zur Salzburger Gasse (heute: Salzburger Gasse 2) befand sich vom 17. bis ins frühe 19. Jh. das Gasthaus „Zum Schwarzen Bären".

Schwarzholzweg (6, Keilberg, L 6)
Der Flurname verweist auf die – früher wie heute – ländliche und land- bzw. forstwirtschaftlich genutzte Umgebung.

Schweinfurter Straße (3, Pfaffenstein, E 7)
→ Gruppe „Städte in Franken".

Schwindgrabenweg (18, Harting, M 12)
→ Gruppe „Harting – ein Dorf". Flurname mit Verweis auf die Nähe zu dem Bach, der durch das Dorf fließt.

Schwindweg (13, Kumpfmühl, E 10)
→ Gruppe „Bildende Künstler". Moritz von Schwind (1804–1871), Maler der Spätromantik.

Sedanstraße (10, Ostenviertel, G 8/9)
→ Gruppe „Gründerzeit". Die Schlacht von Sedan fand am 1. und 2. September 1870 statt und war der größte Sieg der preußisch-deutschen Truppen im Deutsch-Französischen Krieg. Im deutschen Kaiserreich wurde in der Folge alljährlich am 2. September der „Sedantag" als inoffizieller Nationalfeiertag begangen.

Seifensiedergasse (2, Stadtamhof, F 7)
In einem Anwesen in der Straße (heute: Seifensiedergasse 6) waren im 19. Jh. über längere Zeit Seifensieder ansässig.

Seiffertstraße (15, Innerer Westen, D 8)
Johann Seiffert (1655–1733) war ein in Regensburg lebender Jurist und Genealoge. Er verfasste Ahnentafeln und Familienstammbäume adeliger Familien (z. B. „Genealogische Beschreibung aller des Heiligen Römischen Reichs jetzt lebender Grafen und Herren", 1677) oder berühmter Wissenschaftler (z. B. „Stamm-Tafeln gelehrter Leute", 1728).

Serpiliusweg (15, Rennplatz, B 8/9)
Georg Serpilius (1668–1723), gebürtig aus Ödenburg (heute: Šopron/Ungarn), war Theologe und Geistlicher. Nach verschiedenen Wirkungsstätten in Sachsen lebte er ab 1695 in Regensburg. Er war hier Superindentent, also Leiter der evangelischen Kirche, 1709–1723.

Seybothstraße (12, Galgenberg, F 10)
Hermann Seyboth (1900–1974), gebürtig aus Regensburg, war Journalist und Schriftsteller in Regensburg und München, tätig u. a. für die satirische Zeitschrift „Simplicissimus". Er war mit dem Maler Josef Achmann und dem Schriftsteller Georg Britting (→ Brittingstraße) befreundet.

Siebenbürgener Straße (5, Konradsiedlung, G/H 6)
→ Gruppe „Deutsche Nation". Region in Rumänien mit (ehemals) deutscher Bevölkerung.

Siebenkeesstraße (15, Prüfening, B 8)
Konrad Siebenkees (1867–1945) war ein Förderer des Sports in Regensburg.

Siegensteinstraße (5, Wutzlhofen, H 4)
→ Gruppe „Bayerischer Wald 2: Vorwald". Siegenstein, Ortsteil der Gemeinde Wald im Landkreis Cham/Oberpfalz.

Siegfriedstraße (13, Kumpfmühl, E 10)
→ Gruppe „Nibelungen".

Siemensstraße (10, Ostenviertel, I/K 9/10)
→ Gruppe „Entdecker, Erfinder, Firmengründer". Werner von Siemens (1816–1892), Ingenieur, Begründer der Elektrotechnik, Mitgründer der Firma Siemens & Halske, der heutigen Siemens AG. – Bezug: An der Straße liegt das Gelände der einstigen Firma Siemens Automotive AG, heute Teil des Konzerns Continental AG.

Sigenhofferstraße (9, Schwabelweis, L 7)
„Sigenhoffer" war der Name eines Weinbergs in Schwabelweis im Besitz der Familie Sittauer (→ Sittauerstraße). (Vgl. → Uternagelstraße, → Schiedenstraße, → Zwerchpaintstraße, → Weinbergstraße.)

Silbernagelgasse (1, Altstadt, G 8c)
Eine Familie von Kräuter- und Gemüsebauern (→ Von-der-Tann-Straße, → Krauterermarkt) namens Silbernagel besaß vom 16. bis zum 18. Jh. ein teils bebautes, teils landwirtschaftlich genutztes Grundstück an der Ostseite der Gasse, das den Minoritenweg entlang bis zum Prinzenweg reichte.

Silberne-Fisch-Gasse (1, Altstadt, F 8c)
In einem Anwesen der Straße (heute: Silberne-Fisch-Gasse 15) befand sich vom 17. bis ins späte 19. Jh. das Gasthaus „Zum Silbernen Fisch".

Silberne-Kranz-Gasse (1, Altstadt, F 8a)
Im hintersten Anwesen der Straße (heute: Silberne-Kranz-Gasse 8) befand sich vom 18. bis in die Mitte des 19. Jhs. das Gasthaus „Zum Silbernen Kranz".

Silberweiherweg (6, Keilberg, L 6)
Der Flurname verweist auf früheres Wasservorkommen in der Gegend. Allerdings gab es wegen des porösen Kalksteinbodens auf der Hochfläche von Keilberg (→ Keilberger Hauptstraße) kein Oberflächenwasser, also keinen richtigen „Weiher"; das Wasser wurde vielmehr aus einem Brunnen geschöpft, dem sog. „Silberbrunnen". Er war in Betrieb, bis Keilberg 1925, also erst sehr spät, an die Regensburger Wasserleitung angeschlossen wurde. (Vgl. → Brunnensteg.)

Silvanerweg (16, Oberwinzer, B 6)
Die Weinsorte „Silvaner" verweist auf den traditionell und auch heute noch stattfindenden Weinanbau in Niederwinzer, Oberwinzer und Kager (→ Winzersteig).

Simadergasse (1, Altstadt, F 8d)
In der Straße war im 18. Jh. ein Wollstreicher namens Simader ansässig; die genaue Lage des Anwesens ist unbekannt.

Simmernstraße (13, Kumpfmühl, E 9/10)
→ „Katholisches Regensburg". Gottfried Langwerth von Simmern (1669–1741), Weihbischof von Regensburg und Bistumsadministrator 1716/1717–1741. Er war während der Amtszeit der Bischöfe Clemens August (1716–1719) und Johann Theodor (1719–1763) über lange Zeit der eigentliche Leiter des Bistums, da die Bischöfe, aus der hochadeligen Familie der Wittesbacher stammend, der typischen Praxis des 17. und 18. Jhs. folgten und aus politischem Kalkül gleich mehrere Bischofswürden sammelten, ansonsten aber ein eher weltliches Leben führten und deshalb praktisch nie in Regensburg anwesend waren. Neben anderen sozialen Initiativen, die er ergriff, gründete Simmern 1731 ein katholisches Waisenhaus (→ Heiliggeistgasse).

Simon-Oberdorfer-Platz (1, Altstadt, E 8b)
Der Vorplatz des Velodroms, einer der Spielstätten des Theaters Regensburg, westlich hinter dem Arnulfsplatz gelegen, trägt seit einiger Zeit den Namen seines Erbauers. Simon Oberdorfer (1872–1943) war ein angesehener und populärer Fahrrad-, später auch Autohändler, Gründer eines Fahrradvereins, der das Kunst-Fahrradfahren pflegte. Für öffentliche Veranstaltungen ließ er 1897/98 das Velodrom erbauen, einen großen Saal, in dem mit Fahrrädern Vorführungen und Rennen, später auch Konzerte, Bälle, Varieté-Darbietungen und politische Kundgebungen organisiert wurden; zuletzt, vor seiner umfassenden Sanierung, diente es als Kino. Oberdorfers Schicksal war tragisch: Als

Jude versuchte er 1938 zu emigrieren; er war einer der Passagiere auf dem Schiff „St. Louis“, denen weder in Kuba noch in den USA die Einreise gestattet wurde. Er kehrte nach Europa zurück, fand Aufnahme in den Niederlanden und wurde dort in der Zeit der Besetzung durch die Deutschen während des Zweiten Weltkriegs verhaftet, ins Vernichtungslager Sobibor verschleppt und ermordet.

Simon-Sorg-Straße (14, Königswiesen, C 9)
→ Gruppe „Bildende Künstler“. Simon Sorg (1708–1792), Bildhauer des Rokoko, Hofbildhauer der Fürsten von Thurn und Taxis. Er war maßgeblich an den Rokoko-Gestaltungen der Alten Kapelle (→ Kapellengasse), der Kirche Heilig Kreuz (→ Kreuzgasse) und der Kirche St. Mang/St. Andreas (→ Andreasstraße) beteiligt.

Sinzinger Weg (14, Großprüfening, A/B 9/10)
Die Straße zweigt am Ortseingang von → Großprüfening von der → Prüfeninger Schloßstraße ab und führt in südwestlicher Richtung an der Ingolstädter Eisenbahntrasse entlang zur Donau; dort geht eine Brücke über den Fluss nach Sinzing, den nächsten Ort außerhalb des Stadtgebiets von Regensburg.

Sittauerstraße (9, Schwabelweis, K/L 7/8)
Die Sittauer waren eine mittelalterliche Regensburger Patrizierfamilie. Im 15. Jh. besaßen sie mehrere Weinberge in Schwabelweis (→ Sigenhofferstraße, → Uternagelstraße). (Vgl. → Schiedenstraße, → Zwerchpaintstraße, → Weinbergstraße).

Solweg (18, Burgweinting, I 11)
→ Gruppe „Burgweinting 5: Vor- und Frühgeschichte“. Sol, römischer Sonnengott.

Sommestraße (11, Kasernenviertel, H 10)
→ Gruppe „Militär und Militärs“. Fluss in der Picardie/Nordfrankreich, Schauplatz wichtiger Schlachten im Ersten Weltkrieg.

Sonderburger Straße (5, Konradsiedlung, I 5)
→ Gruppe „Deutsche Nation“. Stadt in Nordschleswig, von Deutschland im Friedensvertrag von Versailles an Dänemark abgetreten. Heutiger Name: Sønderborg.

Sonnenstraße (7, Reinhausen, G 6)
Die Straße ist Teil der sog. „Arbersiedlung“, die in den 1920er-Jahren lebenswerten Wohnraum auch für einfache Menschen bereitstellen

sollte (→ Hans-Hayder-Straße). Zur angestrebten Lebensqualität gehörte eine aufgelockerte Bebauung, die Luft und Licht in die Wohnungen bringen sollte; vor diesem Hintergrund erklärt sich der Straßenname. Möglicherweise spielt auch die Lage am Fuß des Südhangs zum Sallerner Berg hinauf eine Rolle.

Sophie-Scholl-Straße (18, Burgweinting, I/K 12)
→ Gruppe „Burgweinting 3: Frauen". Sophie Scholl (1921–1943) war als Studentin gemeinsam mit ihrem Bruder Hans und anderen in der Gruppe „Weiße Rose" im Widerstand gegen den Nationalsozialismus tätig und wurde deshalb hingerichtet.

Sophienweg (15, Westheim, C/D 7)
→ Gruppe „Frauen aus Regensburgs Vergangenheit". Sophia von Thurn und Taxis (1800–1870), Tochter von Fürstin Therese von Thurn und Taxis (→ Theresienweg). Sie heiratete 1827 Herzog Paul Wilhelm von Württemberg. Ein Palais in Regensburg, das sie von ihrem Bruder, Fürst Maximilian Karl (→ Maximilian-Karl-Straße) überlassen bekommen hatte, wurde in der Folge „Württembergisches Palais" genannt (→ Württembergstraße).

Spandauer Straße (11, Kasernenviertel, I 11)
→ Gruppe „Berlin".

Spatzengäßchen (1, Altstadt, E 8b)
In der Straße war im 18. Jh. eine Familie von Gerbern namens Spatz ansässig. Die genaue Lage des Anwesens ist unbekannt; möglicherweise ist es in Ecklage zur → Gerbergasse, von der die Straße abzweigt, zu suchen. Dort war das Gerber-Handwerk schwerpunktmäßig vertreten.

Speerweg (15, Rennplatz, C 8)
Martin Speer (1701–1765), gebürtig aus Wildsteig bei Rottenbuch/Oberbayern, war Maler in der Zeit des Barock. Nach Lehr- und Wanderjahren in Österreich, Italien, Frankreich, England und Böhmen lebte er ab 1743 in Regensburg. Er war sehr produktiv; seine Werke befinden sich in verschiedenen Kirchen in Regensburg ebenso wie in Orten in ganz Bayern.

Speichergasse (1, Altstadt, F 8d)
An der Westseite der Straße liegen Gebäude, die früher zum Komplex des Kollegiatstifts zur Alten Kapelle (→ Kapellengasse) gehörten. In einem davon (heute: Speichergasse 2) befand sich der Getreidespeicher des Stifts.

Spessartstraße (4, Sallerner Berg, F/G 6)
→ Gruppe „Mittelgebirge in Mitteleuropa".

Spiegelgasse (1, Altstadt, F 8c)
In einem Anwesen der Straße (heute: Spiegelgasse 4) befand sich vom 17. Jh. bis ins späte 19. Jh. das Gasthaus „Zum Goldenen Spiegel". Der Hausname „Im Spiegel" ist jedoch älter als das Gasthaus; es ist unklar, worauf er sich ursprünglich bezog.

Spindelbachweg (7, Reinhausen, H 7)
→ Gruppe „Flüsse in Bayern".

Spitalgasse (2, Stadtamhof, F 7)
Die Straße führt an der westlichen Grenze des St.-Katharinen-Spitals entlang. Früher verlief hier tatsächlich eine richtige Grenze, weil das Spital wegen seiner Verwaltung durch den Bischof und die Freie Reichsstadt (→ St.-Katharinen-Platz) politisch zu Regensburg und nicht zum bayerischen → Stadtamhof gehörte.

Spitalkellerweg (3, Steinweg, F 7)
An der Straße befand sich seit alters der Bierkeller der Brauerei des St.-Katharinen-Spitals (→ St.-Katharinen-Platz). Der Standort ergab sich aus der Hanglage an der Winzerer Höhe, die ideal für den Bau von kühlen Lagerkellern war (→ Rabenkellerweg; ähnlich war es an den Hängen auf der Südseite der Donau in Kumpfmühl und am Galgenberg, → Kellerweg). Ursprünglich dienten die Keller zur Lagerung und Frischhaltung des Biers. Als es im 19. Jh. modern wurde, in der Freizeit Ausflüge ins Grüne zu unternehmen, kamen die Brauereien auf die Idee, an ihren Kellern, die meist außerhalb der geschlossenen Ortschaften lagen, das Bier auch gleich zu verkaufen, meist im Freien unter schattenspendenden Bäumen. So entstanden die Biergärten. Der am Spitalkeller existiert nach wie vor (heute: Alte Nürnberger Straße 12).

Spitzwegstraße (13, Kumpfmühl, D 9)
→ Gruppe „Bildende Künstler". Karl Spitzweg (1808–1885), Maler des Realismus.

St.-Albans-Gasse (1, Altstadt, F 8a)
Gegenüber der Einmündung der Gasse in die Keplerstraße (heute: Keplerstraße 20) befand sich im Mittelalter die Kapelle St. Alban; sie wurde 1198 erstmals erwähnt und 1552 abgebrochen. Zu ihr gehörte in der Gasse (heute: St.-Albans-Gasse 9) ein von einem reichen Regens-

burger Bürger gestiftetes „Seelhaus“, in dem acht fromme Frauen in einer klosterähnlichen Gemeinschaft zusammen lebten und beteten.

St.-Benedikt-Straße (17, Oberisling, F/G 12)
→ Gruppe „Oberisling und St. Emmeram“. Die Kirche St. Benedikt stammt erst aus dem Jahr 1984; sie wurde errichtet, weil die alte Kirche St. Martin in Oberisling zu klein geworden war. Die Wahl des Patrons verweist aber sehr deutlich auf die alten Beziehungen des Dorfs zum Kloster St. Emmeram, dessen Mönche aus dem Orden der Benediktiner stammten.

St.-Georgen-Platz (1, Altstadt, F 8b)
An der Südseite des Platzes befand sich seit dem 12. Jh. die Kapelle St. Georg und Afra. Sie gehörte zum Stift Niedermünster (→ Niedermünstergasse) und wurde nach dessen Säkularisation 1802/10 profaniert und zu Wohnzwecken umgebaut. An der Ostseite des heutigen Gebäudes sind noch bauliche Überreste der einstigen Kapelle zu sehen.

St.-Joseph-Straße (7, Reinhausen, G 7)
Ein Stück östlich der Straße liegt die Pfarrkirche St. Joseph von Reinhausen. → Reinhausen gehörte ursprünglich zur Pfarrei Sallern und hatte deshalb nur ein kleines Kirchlein direkt am Fluss Regen, St. Nikolaus genannt. Als der Ort um die Wende vom 19. zum 20. Jh. im Zuge der beginnenden Verstädterung zum größten Dorf der Oberpfalz anwuchs, wurde von 1906 bis 1912 an der Donaustaufer Straße ein großzügiger Neubau errichtet und ein Jahr später die eigenständige Pfarrei Reinhausen gegründet. (Vgl. → Wieshuberstraße, → Wimmerstraße.)

St.-Kassians-Platz (1, Altstadt, F 8d)

An der Südwestseite des Platzes befindet sich die Kirche St. Kassian. Sie wurde 885 erstmals erwähnt und befindet sich seit dieser Zeit in enger Verbindung mit dem Kollegiatsstift zur Alten Kapelle (→ Kapellengasse), dessen Pfarrkirche sie bis heute ist.

St.-Katharinen-Platz (2, Stadtamhof, F 7) → *Info S. 210*
Der Platz ist eigentlich der Innenbereich des St.-Katharinen-Spitals, der bedeutendsten Sozialeinrichtung des mittelalterlichen Regensburgs, initiiert um 1213/14 von Bischof Konrad (→ Bischof-Konrad-Straße) zur Pflege von Alten und Kranken, jahrhundertelang paritätisch verwaltet vom Bischof und von der Freien Reichsstadt. Heute besteht das Spital als reines Altersheim; erhalten geblieben ist auch die von Anfang an bestehende hauseigene Brauerei.

REGENSBURG UND STADTAMHOF

Manchmal lohnt es sich, bei den Häusern und ihren Nummernschildern ganz genau hinzusehen. In den eingemeindeten, ehemals selbständigen Gemeinden außerhalb der Altstadt taucht auf ihnen oftmals unter der Nummer und der Straße in eingeklammerter Form der Name des einstigen Ortes auf, also Steinweg, Reinhausen, Weichs und so weiter; so sollen die alten Benennungen auch optisch erhalten bleiben. Mitunter gibt es dabei hoch interessante Details zu entdecken. Wenn man zum Beispiel vom St.-Katharinen-Platz in westlicher Richtung zum Franziskanerplatz geht, fällt auf, dass auf dem Schild des letzten Hauses am St.-Katharinen-Platz unter der Nummer 5 „Regensburg" steht und gleich daneben, auf dem ersten am Franziskanerplatz mit der Nummer 2, „Stadtamhof". Wenn man als nächstes die Spitalgasse, die die beiden Plätze trennt, entlangschaut, kann man sehen, dass auf der einen Straßenseite so gut wie keine Haustüren zu sehen sind, sondern nur Mauerwerk und ein paar Fenster. Und dann wird einem plötzlich klar, dass man hier an der alten Grenze zwischen Regensburg, der Freien Reichsstadt, und dem bayerischen Stadtamhof steht, die nicht direkt an der Donau verlief, sondern um den Komplex des St.-Katharinen-Spitals als Brückenkopf am nördlichen Donauufer herum. Die Grenze selbst ist seit langer Zeit obsolet; ihre architektonische und administrative Manifestation dagegen ist bis heute erhalten geblieben.

St.-Koloman-Weg (18, Harting, M 12)
→ Gruppe „Harting – ein Dorf". Hier, mitten im alten Dorfkern, befindet sich die Kirche von Harting, die dem heiligen Koloman geweiht ist; sie lässt sich bis ins 12. Jh. zurückdatieren. Gleich daneben lag der einstige Gutshof (→ Am Gutshof).

St.-Konrad-Platz (5, Konradsiedlung, H 5)
Am Platz liegt die Kirche St. Konrad, die Pfarrkirche der Konradsiedlung. Die Siedlung entstand zur Zeit des Nationalsozialismus auf Initiative des damaligen Oberbürgermeisters und wurde ihm zu Ehren „Schottenheim-Siedlung" genannt (→ Gruppe „Deutsche Nation"). Im Zuge des Siedlungsbaus wurde von 1935 bis 1936 auch eine Kirche errichtet. Sie war organisatorisch zunächst der Pfarrei Reinhausen zugeordnet; 1953 wurde sie zur eigenständigen Pfarrei. Nach dem Ende der NS-Herrschaft wurde die Kirche namengebend für die ganze Siedlung.

St.-Leonhards-Gasse (1, Altstadt, E 8b)
Die Straße führt an drei Seiten um den Gebäudekomplex von St. Leonhard (→ St.-Leonhards-Platz) herum.

St.-Leonhards-Platz (1, Altstadt, E 8b)
Am Platz befand sich eine Einrichtung des Johanniter-Ordens, „Kommende" oder „Komturei" genannt, mit der zugehörigen Kirche St. Leonhard. Die Einrichtung existierte spätestens seit 1276, möglicherweise schon früher; die Kirche selbst ist über 100 Jahre älter. Nach der Säkularisation 1802/10 betrieb die katholische Kirche hier zunächst eine Schule und seit 1886 ein Jugendheim. (Vgl. → Ägidienplatz.)

St.-Mihiel-Straße (11, Kasernenviertel, H 10)
→ Gruppe „Militär und Militärs". Stadt an der Maas in Lothringen/Nordfrankreich, Schauplatz wichtiger Schlachten im Ersten Weltkrieg.

St.-Niklas-Straße (10, Ostenviertel, H 8)
Die Straße zweigt von der Adolf-Schmetzer-Straße an der Stelle ab, wo sich früher auf dem Grundstück der heutigen Hausnummer 44 das Leprosenhaus St. Niklas, betrieben vom Stift Niedermünster (→ Niedermünstergasse), gegründet wahrscheinlich von dessen Äbtissin Judith (→ Herzogin-Judith-Weg), befand. Wegen der großen Ansteckungsgefahr lag es außerhalb der Stadtmauer, an der Ausfallstraße nach Straubing (→ Adolf-Schmetzer-Straße, → Straubinger Straße). Von den Baulichkeiten ist noch die profanierte Kapelle mit ihrer charakteristischen Architektur zur Adolf-Schmetzer-Straße hin zu sehen.

St.-Peters-Weg (1, Altstadt/Innenstadt, F 8c/d/9)
Der südliche Ausgang aus dem mittelalterlichen Regensburg hieß Peterstor (→ Am Peterstor), weil ein Stück stadtauswärts in südöstlicher Richtung, ungefähr am heutigen Ernst-Reuter-Platz, eine kleine Kirche stand, die Weih St. Peter genannt wurde. Sie wurde um 1070 erstmals erwähnt und 1552 aus verteidigungsbedingten Gründen in einem Krieg abgerissen. (Das heutige Peterskirchlein in der Nähe des Hauptbahnhofs hat mit der ursprünglichen Kirche nichts zu tun – allenfalls indirekt: Neben der Weih-St.-Peter-Kirche wurden im 16. Jh. ein evangelischer und im 19. Jh. weiter stadtauswärts dahinter ein katholischer Friedhof angelegt. Beide hießen „Petersfriedhof"; als der katholische eine Kirche bekam, nannte man sie passend dazu auch wieder St. Peter.) Der Weg außerhalb der Stadtmauer vom Peterstor zur Weih-St.-Peter-Kirche wurde nach ihr benannt, außerdem ein Stück der Straße, die westlich vom Tor unmittelbar innerhalb der Stadtmauer verlief.

St.-Rupert-Straße (9, Schwabelweis, K 7/8)
→ Gruppe „Schwabelweis und St. Emmeram". Das Kloster St. Emmeram war in Schwabelweis für die Seelsorge zuständig. Die Kirche St. Georg im Dorf (→ Schwabelweiser Kirchstraße) war deshalb eine Nebenkirche der Pfarrkirche St. Rupert, die in der Stadt direkt beim Kloster bestand.

St.-Veit-Weg (13, Kumpfmühl, E 10)
Die Straße ist eine kurze Stichstraße , die von der Karthauser Straße kurz vor dem ehemaligen Kloster St. Vitus (→ Karthaus-Prüll) abzweigt. St. Veit ist der Name des Heiligen in deutscher Fassung.

St.-Wolfgang-Straße (13, Kumpfmühl, E 10)
→ Gruppe „Katholisches Regensburg". Wolfgang (ca. 924–994), Bischof von Regensburg 972–994. Er war bedeutend als Vertreter der „Reform von Gorze" innerhalb der katholischen Kirche, als Erzieher der Kinder des bayerischen Herzogs und nicht zuletzt als Begründer des Domchors, aus dem die Domspatzen hervorgegangen sind (→ Engelhartstraße). Aufgrund seiner Verdienste wurde er 1052 von Papst Leo IX. während dessen Besuch in Regensburg heiliggesprochen. – Bezug: In der Nähe der Straße liegt die Kirche St. Wolfgang, die von 1938 bis 1940 als neue Pfarrkirche von Kumpfmühl errichtet wurde.

Stadlerstraße (17, Unterisling, H 12)
Johann Stadler (1878–1949) war ein Bauer aus Unterisling. Lange bevor die vor- und frühgeschichtlichen Siedlungen am Südrand des heutigen Stadtgebiets planmäßig erforscht wurden (→ Gruppe „Burgweinting 5: Vor- und Frühgeschichte"), machte er mit viel Spürsinn bei der Feldarbeit immer wieder Gelegenheitsfunde aus dieser Zeit und übergab sie zur fachgerechten Konservierung und Auswertung dem Historischen Verein für Oberpfalz und Regensburg sowie den Museen der Stadt Regensburg.

Stadtamhof (2, Stadtamhof, F 7)
Stadtamhof wird 981 erstmals erwähnt, damals als „Vorstadt von Regensburg beim Gutshof Schierstadt" (→ An der Schierstadt). Als Regensburg 1245 eine Freie Reichsstadt wurde (→ Rathausplatz), blieb Stadtamhof bayerisch und wurde 1496 selbst in den Rang einer Stadt erhoben (→ Herzog-Albrecht-Straße). 1924 wurde es nach Regensburg eingemeindet. Wie bei anderen Eingemeindungen bewahrt die einstige Hauptstraße den Namen des Orts fort.

Stadtfeldweg (17, Oberisling, F/G 12)
Das „Stadtfeld" liegt nordöstlich von Oberisling (→ Gruppe „Oberisling und St. Emmeram"). Noch ein kleines Stück weiter nördlich verlief früher die Grenze zwischen dem Land Bayern, zu dem Oberisling gehörte, und dem Gebiet der Freien Reichsstadt Regensburg, dem sog. „Burgfrieden" (→ Burgfriedenweg). (Vgl. → Mauttafelstraße, → Irlmauth.)

Stahlzwingerweg (1, Altstadt, E 8a/b/d) → *Info unten*
Unmittelbar innerhalb der Stadtmauern führten früher Straßen entlang. Die Befestigungswerke bestanden aus zwei parallelen Mauern mit einer Freifläche dazwischen, „Zwinger" genannt; dementsprechend hießen die Straßen „Zwingerwege". Um Angreifern keine Deckung zu verschaffen, war der Zwinger unbebaut. Eine erste Ausnahme von dieser Regel wurde 1640 gemacht, als die Stadt der Armbrust-Schützengesellschaft „Zum Großen Stahl", die seit 1513 existierte, erlaubte, ihre Übungs-Schießstände in den westlichen Teil des Zwingers zu verlegen, nachdem die alten, außerhalb der Stadtmauern gelegenen Anlagen im Dreißigjährigen Krieg zerstört worden waren. Kurz danach, in den Jahren 1652 bis 1666, entstand zusätzlich ein Schützenhaus, das in veränderter Form noch erhalten ist (heute: Stahlzwingerweg 15/17). Die Schützengesellschaft existierte an dieser Stelle bis ins Jahr 2013. (Vgl. → Schützenheimweg.)

ZWINGER UND ZWINGERWEGE

Mauern und Befestigungswerke gehörten früher zu den wichtigsten Merkmalen von dem, was eine „Stadt" im Kern ausmachte. In Regensburg entstanden sie von der Römerzeit bis ins Mittelalter in mehreren Etappen. Wegen wachsender Größe musste die Stadt zweimal erweitert werden; um 1300 war schließlich der Umfang von dem, was heute die Altstadt ausmacht, erreicht. Der Prozess, die Stadt optimal abzusichern, war damit allerdings noch lange nicht abgeschlossen; die nächsten 100 Jahre verwandte man darauf, die Mauer zu verdoppeln, also eine zweite parallel außerhalb der ersten zu bauen – zumindest auf der Landseite, abseits der Donau, wo die Gefahr im Fall eines feindlichen Angriffs am größten war. Die Freifläche zwischen den beiden Mauern wurde „Zwinger" genannt; der militärstrategische Sinn des Ganzen bestand darin, dass ein Angreifer, wenn er die äußere Mauer überwunden hatte, von der inneren aus, die ein Stück höher war, bekämpft und „be-

zwungen“ werden konnte – daher der Name. Stadteinwärts führten an den Mauern Straßen entlang, über die ihre einzelnen Abschnitte im Verteidigungsfall leicht zu erreichen waren. Diese „Zwingerwege“ sind auf dem Stadtplan noch gut zu erkennen; von West nach Ost waren es der Stahlzwingerweg, der Wiesmeierweg, der St.-Peters-Weg, der Fuchsengang, die Von-der-Tann-Straße und der Lehnerweg.

Steckgasse (1, Altstadt, F 8c)
In einem Anwesen der Straße an der Ecke zur Blauen-Stern-Gasse (heute: Steckgasse 2) war um die Wende vom 18. zum 19. Jh. ein Perückenmacher namens Steck ansässig.

Stefan-Zweig-Weg (13, Neuprüll, E 11)
→ Gruppe „Schriftsteller 2“. Stefan Zweig (1881–1942) Schriftsteller mit pazifistischem Bezug.

Steigerwaldstraße (4, Sallerner Berg, G 5)
→ Gruppe „Mittelgebirge in Mitteleuropa“.

Steiglehnerweg (13, Kumpfmühl, E 10)
→ Gruppe „Katholisches Regensburg“. Georg Christoph Steiglehner (1738–1819), ab 1759 mit dem Namen Cölestin Mönch im Kloster St. Emmeram, Naturwissenschaftler, Professor für Physik, Astronomie und Meteorologie an der Universität Ingolstadt 1781–1791, letzter Fürstabt von St. Emmeram 1791–1802/10.

Steinäckerweg (6, Keilberg, L 6)
Der Flurname verweist auf die – früher wie heute – ländliche und landwirtschaftlich genutzte Umgebung unter schwierigen Bedingungen auf der Hochfläche von Keilberg (→ Keilberger Hauptstraße).

Steinbrecherweg (17, Leoprechting, F 12)
Der Flurname verweist auf die topographische Lage. Südlich von Leoprechting befand sich früher ein kleiner Steinbruch.

Steinergasse (1, Altstadt, F 8c)
In einem Anwesen der Straße an der Ecke zur Glockengasse (heute: Steinergasse 4) war um die Wende vom 18. zum 19. Jh. eine Familie Steiner ansässig.

Steinfederweg (6, Keilberg, L 5)
→ Gruppe „Wald und Flur“.

Steingrube (4, Gallingkofen, F/G 5)
In → Gallingkofen, am Hang des Sallerner Bergs, befanden sich früher Steinbrüche. Einen davon kaufte im 17. Jh. die Freien Reichsstadt Regensburg zwecks Materialbeschaffung wegen anstehender Reparaturarbeiten an der Stadtmauer und am Straßenpflaster.

Steinmetzstraße (15, Innerer Westen, E 8)
Dr. Georg Steinmetz (1850–1945), gebürtig aus Nürnberg, war Altphilologe. Er war Lehrer am Alten Gymnasium (heute: Albertus-Magnus-Gymnasium) in Regensburg 1875–1917 und Konrektor 1904–1917. Nach seiner Pensionierung 1917 widmete er sich verstärkt historischen Forschungen zur römischen Vergangenheit der Stadt.

Steinweg (2/3, Steinweg, F 7)
Das ehemalige Dorf Steinweg wurde 1320 erstmals erwähnt und 1924 nach Regensburg eingemeindet. Wie bei anderen Eingemeindungen bewahrt die einstige Hauptstraße den Namen des Orts fort. Er verweist auf die Besonderheit des Zugangs vom südlich benachbarten Stadtamhof her: Der Weg führte früher durch feuchtes, sumpfiges und oftmals von Hochwasser betroffenes Gelände (→ Am Protzenweiher), was – aufgrund der Wichtigkeit für den Fernverkehr (→ Alte Nürnberger Straße, → Schwandorfer Straße) – eine Befestigung mit Steinen notwendig machte.

Sternbergstraße (1/10/11, Innenstadt/Ostenviertel/Kasernenviertel, G 9)
Kaspar Maria von Sternberg (1761–1838), gebürtig aus Prag, lebte ab 1783 in Regensburg. Er war hier Domherr, Diplomat am Immerwährenden Reichstag und schließlich Vizepräsident der Landesdirektion im Fürstentum Regensburg 1803–1806 (→ Dalbergstraße). Er war ein Freund und Förderer der Naturwissenschaften, Besitzer eines botanischen Gartens und Mitinitiator der Errichtung des Kepler-Denkmals (→ Keplerstraße); sein großes Ziel der Gründung einer naturwissenschaftlichen Akademie in Regensburg konnte er jedoch nicht erreichen. Aufgrund familiärer Verpflichtungen kehrte er 1810 nach Böhmen zurück. Dort gehörte er zu den Gründern des Böhmischen Nationalmuseums in Prag und stand in Kontakt zu Goethe und anderen naturwissenschaftlich interessierten Zeitgenossen.

Steyrerweg (15, Äußerer Westen, D 8)
Die Steyrer waren eine der Patrizierfamilien im Regensburg des späten Mittelalters. Vom 15. bis zum 16. Jh. wohnten sie in dem nach ihnen

benannten „Steyrer-Haus“ (heute: Untere Bachgasse 3 und 5). (Vgl. → Hanns-Steurer-Weg.)

Stobäusplatz (10, Ostenviertel, G 9)
Oskar von Stobäus (1830–1914), gebürtig aus Nördlingen/Schwaben, war von 1868 bis 1903 Erster Bürgermeister von Regensburg. In seiner langen Amtszeit wurden die Fundamente einer modernen Infrastruktur in der Stadt gelegt; dazu gehörte die Kanalisation (→ Obere/Untere Bachgasse), ein Wasserwerk (→ Am Hochbehälter), ein Elektrizitätswerk, die Straßenbahn, Schulbauten und ähnliches mehr. Ehrenbürger der Stadt Regensburg 1886.

Stollenweg (13, Ziegetsdorf, D 11)
An den Hängen des Ziegetsbergs wurde im 19. Jh. Braunkohle abgebaut. Am Westhang im Gemeindegebiet von Pentling gibt es noch heute eine kleine Siedlung mit Namen „Kohlenschacht“. (Vgl. → Zechenweg, → Ziegeleistraße.)

Stolzenbergstraße (15, Rennplatz, B/C 8)
Christoph Stolzenberg (1690–1764), gebürtig aus Wertheim/Baden, war Lehrer am Gymnasium Poeticum (→ Poetengässchen) und Kantor der evangelischen Kirche 1714–1764 und auch als Komponist von Kirchenmusik tätig. Ehrenreich Karl Stolzenberg (1721–1785), sein Sohn, gebürtig aus Regensburg, war ebenfalls Lehrer am Gymnasium Poeticum 1750–1781 und als Nachfolger seines Vaters Kantor der evangelischen Kirche 1764–1781.

Straßbreiten (18, Burgweinting, I 11)
→ Gruppe „Burgweinting 1: Dorf“. Flurname mit Verweis auf die Lage eines Grundstücks an der Dorfstraße (heute: → Obertraublinger Straße).

Straßburger Straße (5, Konradsiedlung, I 5/6)
→ Gruppe „Deutsche Nation“. Stadt im Elsass, von Deutschland im Friedensvertrag von Versailles an Frankreich abgetreten. Heutiger Name: Strasbourg.

Straubinger Straße (10, Ostenviertel, H/I/K/L/M/N 8/9/10)
Ursprünglich begann die Straße direkt am Ostentor (im frühen Mittelalter sogar noch weiter stadteinwärts, → Ostengasse); sie war die traditionelle Ausfallstraße für den Fernverkehr flussabwärts entlang der Donau. Nächstgelegene Station auf diesem Weg war die Stadt Strau-

bing. (Vgl. → Alte Straubinger Straße.) Das erste Teilstück wurde später umbenannt (→ Adolf-Schmetzer-Straße). Der Name inspirierte weitere Benennungen in einigen der rechts und links der Straße liegenden Wohn- und Gewerbegebieten (→ Gruppe „Donaustädte").

Straußgäßchen (1, Altstadt, F 8d)
In einem Anwesen an der Südseite der Straße, das heute abgebrochen und in einem Neubau aufgegangen ist (früher: Straußgäßchen 6), befand sich im 17. Jh. das Gasthaus „Zum Goldenen Strauß".

Stromerstraße (15, Rennplatz, C 9)
Heinrich Stromer (ca. 1476–1542), gebürtig aus Auerbach/Oberpfalz, studierte Medizin an der Universität Leipzig und wurde dort – wegen seiner Herkunft meist „Dr. Auerbach" genannt – Doktor (1511), Professor (1516) und Dekan (1523) an der medizinischen Fakultät. Er war Leibarzt mehrerer deutscher Fürsten, stand in Kontakt mit Martin Luther, Philipp Melanchthon, Ulrich von Hutten und Erasmus von Rotterdam und spielte eine wichtige Rolle zur Zeit der Reformation. In Leipzig übernahm und vergrößerte er einen Weinkeller, der als „Auerbachs Keller" weithin berühmt wurde – nicht zuletzt durch Goethes „Faust".

Stubaiweg (5, Konradsiedlung, H 5)
In der Umgebung befinden sich mehrere Straßen, die nach Gebirgszügen benannt sind. Diese Bezeichnungen verstehen sich allerdings nicht geographisch, sondern verweisen auf Schlachtorte im Ersten Weltkrieg und sind damit Bestandteil der speziellen „Erinnerungskultur", die die ganze Konradsiedlung prägt (→ Gruppe „Deutsche Nation"). In den Stubaier Alpen, einem Gebirgszug im österreichischen Tirol, hat es damals allerdings *keine* Kämpfe gegeben, so dass der Name in diesem Fall tatsächlich rein geographisch gemeint ist.

Sudetendeutsche Straße (5/7, Konradsiedlung/Reinhausen, H 6)
→ Gruppe „Deutsche Nation". Region in Tschechien mit (ehemals) deutscher Bevölkerung und deutscher Vergangenheit.

Süssenbachweg (5, Wutzlhofen, H 5)
→ Gruppe „Bayerischer Wald 2: Vorwald". Süssenbach, Ortsteil der Gemeinde Wald im Landkreis Cham/Oberpfalz.

Sulzbachweg (6, Brandlberg, I 6)
→ Gruppe „Eisenindustrie in der Oberpfalz". Sulzbach-Rosenberg bei Amberg, (ehemaliger) Standort der Maxhütte.

Sulzfeldstraße (10, Irl, M/N 10)
Der Flurname verweist auf den früheren Charakter der Gegend am flachen Ufer der Donau („Sulze“ = eigentlich: Salzwasser, aber auch allgemein: Sumpf, Morast).

Susanne-Böhm-Straße (6, Brandlberg, I 6)
→ Gruppe „Künstlerinnen“. Susanne Böhm (1946–2000), gebürtig aus Königs Wusterhausen/Brandenburg, Architektin und Malerin. Sie wirkte ab 1982 als freischaffende Künstlerin in Regensburg.

Tändlergasse (1, Altstadt, F 8a/b/c)
Früher lebten die Menschen in Städten oft nach Berufsgruppen zusammen. In der Gasse – und in der mit ihr zusammen ein kleines Viertel bildenden → Kramgasse und dem → Kramwinkel – waren die Tändler und Krämer ansässig, Kleinhändler mit ihren Läden, in denen sie alle möglichen Gegenstände des täglichen Bedarfs – „Tand“ und „Kram“ – zum Verkauf anboten.

Talblick (6, Keilberg, L 6)
Die Straße verläuft auf den Höhen des Keilsteins, des südlichen Bereichs der Hochfläche von Keilberg (→ Am Keilstein). Von dort aus hat man einen guten Fernblick ins Donautal.

Talbreitenweg (18, Harting, M 12)
→ Gruppe „Harting – ein Dorf“. Flurname mit Verweis auf die Nähe zu dem Bach, der durch das Dorf fließt.

Tannenweg (6, Keilberg, L 6)
Aus der Gruppe „Wald und Flur“.

Tassiloweg (13, Königswiesen-Süd, D 10)
→ Gruppe „Mittelalter in Regensburg“. Im frühen Mittelalter gab es mehrere Herzöge von Bayern mit Namen Tassilo aus dem Geschlecht der Agilolfinger. Tassilo III. (ca. 742–ca. 796, reg. 748–788), wurde vom fränkischen König (und bald auch Kaiser) Karl dem Großen abgesetzt, sein Herzogtum dessen Reich angegliedert. Für Regensburg bedeutete dies, dass die herzogliche Residenzstadt zu einer königlichen und kaiserlichen Residenzstadt aufstieg (→ Alter Kornmarkt).

Taubengäßchen (1, Altstadt, F 8b)
In einem Anwesen der Straße an der Ecke zur Goliathstraße (heute: Taubengäßchen 5) befand sich vom 18. bis ins frühe 19. Jh. das Gasthaus „Zur Weißen Taube“.

Taunusstraße (5, Sallerner Berg, G/H 5/6)
→ Gruppe „Mittelgebirge in Mitteleuropa".

Taxisstraße (15, Innerer Westen, E 8)
→ Gruppe „Thurn und Taxis 1: Schloss". Die Familie der Fürsten von Thurn und Taxis trug ursprünglich nur den Namen „Taxis", und zwar nach dem Monte Tasso, dem Hausberg des Orts Cornello bei Bergamo, wo ihre Ursprünge liegen. Erst 1649/50 wurde der Name zur heutigen Form erweitert.

Tegernheimer Schluchtweg (6, Keilberg, L 6/7)
Die Straße führt von der Hochfläche von Keilberg (→ Keilberger Hauptstraße) in die Tegernheimer Schlucht. Dort, in einem Einschnitt östlich des Keilsteins (→ Am Keilstein) unmittelbar außerhalb des Stadtgebiets von Regensburg in der Nachbargemeinde Tegernheim, stoßen die Kalkformationen des Jura-Gebirges (→ Jurastraße) unmittelbar auf den Gneis und Granit des Bayerischen Waldes – einer der geologisch interessantesten Orte in ganz Deutschland.

Tegernheimer Weg (9, Schwabelweis, K/L 8)
Die Straße führt von Schwabelweis (→ Gruppe „Schwabelweis und St. Emmeram") an der Donau in Richtung Tegernheim, dem nächsten Ort östlich außerhalb des Stadtgebiets von Regensburg. Heute ist nur das erste Stück erhalten; der Rest ist durch ein Gewerbegebiet am Rand von Schwabelweis überbaut worden.

Tellusweg (18, Burgweinting, I 11)
→ Gruppe „Burgweinting 5: Vor- und Frühgeschichte". Tellus, römische Göttin der Erde.

Teplitzer Straße (5, Konradsiedlung, H 5/6)
→ Gruppe „Deutsche Nation". Stadt im Sudetenland (Staat: Tschechien) mit (ehemals) deutscher Bevölkerung und deutscher Vergangenheit. Heutiger Name: Teplice.

Thannsteinweg (15, Rennplatz, C 8)
Alto von Thannstein († 1385) stammte aus einer adeligen Familie, die sich nach ihrem Stammsitz, der Burg Thanstein im Bayerischen Wald nahe Neunburg vorm Wald, benannte. Er war Abt des Klosters St. Emmeram 1358–1385; in seiner Amtszeit wurde der gotische Südflügel des Kreuzgangs im Kloster errichtet. Sein Grab befindet sich im nördlichen Seitenschiff der Kirche St. Emmeram.

Theodolindeweg (18, Burgweinting, H/I 11)
→ Gruppe „Burgweinting 5: Vor- und Frühgeschichte". Im archäologischen Areal von Burgweinting fanden sich u. a. die Gräber von zwei Frauen aus der Zeit um 600. Beide waren mit äußerst kostbaren Grabbeigaben ausgestattet, die wahrscheinlich aus dem Reich der Langobarden in Italien stammten und Persönlichkeiten aus dem Umfeld der in Regensburg residierenden bayerischen Herzöge (→ Alter Kornmarkt) gehörten. Dieser Befund der Archäologen passt perfekt zu dem, was aus derselben Zeit die Historiker berichten. Sie machen die Verbindungen, die zwischen Bayern und Italien in höchsten Kreisen bestanden, an einer prominenten Person fest: Theodolinde (ca. 570–ca.627/28), Tochter des bayerischen Herzogs Garibald und Ehefrau der langobardischen Könige Authari und Agilulf.

Theodor-Heuss-Platz (13, Königswiesen-Süd, D 11)
→ Gruppe „Politiker des demokratischen Deutschland und Bayern". Theodor Heuss (1884–1963), Vorsitzender der FDP 1948–1949, Bundespräsident 1949–1959.

Theodor-Körner-Straße (15, Innerer Westen, D/E 8)
→ Gruppe „Schriftsteller 1". Theodor Körner (1791–1813), Schriftsteller der Romantik.

Theodor-Storm-Straße (13, Kumpfmühl/Ganghofersiedlung, E 10/11)
→ Gruppe „Schriftsteller 2". Theodor Storm (1817–1888), norddeutscher Volks- und Heimatschriftsteller.

Theresienweg (15, Westheim, C/D 7)
→ Gruppe „Frauen aus Regensburgs Vergangenheit". Therese von Mecklenburg-Strelitz (1773–1839), Ehefrau Fürst Karl Alexanders von Thurn und Taxis (→ Karl-Alexander-Straße). Als in den unruhigen Zeiten Napoleons der Bestand des Hauses Thurn und Taxis wegen des Verlusts des Postmonopols existentiell gefährdet war, war sie es – und nicht ihr Mann –, die tatkräftig und erfolgreich die Interessen der Familie vertrat und sicherte. (Eine ähnliche Rolle spielte ihre Schwester Luise für ihren Ehemann, den König von Preußen, → Luisenweg.)

Thomas-Dehler-Weg (13, Königswiesen-Süd, D 10/11)
→ Gruppe „Politiker des demokratischen Deutschland und Bayern". Thomas Dehler (1897–1967), Vorsitzender der FDP 1954–1957, Bundesjustizminister 1949–1953.

Thomas-Ried-Straße (11, Kasernenviertel, H 9)
Thomas Ried (1773–1827), gebürtig aus Hohenburg/Oberpfalz, war ab 1801 Kanzleiangestellter der bischöflichen Verwaltung, ab 1822 Domvikar und ab 1826 Domkapitular in Regensburg. Er betreute u. a. das bischöfliche Archiv und verfasste mehrere historische Werke; das wichtigste war eine umfangreiche Urkundensammlung zur Geschichte der Bischöfe von Regensburg („Codex chronologico-diplomaticus Episcopatus Ratisbonensis“).

Thorner Straße (5, Konradsiedlung, I 6)
→ Gruppe „Deutsche Nation“. Stadt im ehemaligen Westpreußen, von Deutschland im Friedensvertrag von Versailles an Polen abgetreten. Heutiger Name: Toruń.

Thundorferstraße (1, Altstadt, F 8b)
Leo Thundorfer († 1277), aus einer der Regensburger Bürger- und Patrizierfamilien stammend, war von 1262 bis 1277 Bischof von Regensburg. In seine Amtszeit fiel der Beschluss, den Dom im gotischen Stil neu zu erbauen (→ Domgarten). Der Straßenname wurde erst 1885 eingeführt; davor hieß der westliche Teil der Straße „Am Kräncher Tor“ (nach einem ehemaligen Durchgang in der Stadtmauer zur Donau hin, der sich in der Nähe eines Krans zum Be- und Entladen der Schiffe befand) und der östliche Teil „Am Stecken“ (nach Holzpfählen in der Donau, an denen Schiffe festgemacht wurden).

Thüringerstraße (11, Kasernenviertel, H 10)
→ Gruppe „Germanisch-deutsche Volksstämme“.

Thurmayerstraße (15, Innerer Westen, E 9)
Johann Thurmayer (1477–1534), gebürtig aus Abensberg/Niederbayern, nach seinem Herkunftsort Johannes Aventinus genannt, war der bedeutendste Historiker Bayerns in der frühen Neuzeit. Im Auftrag des bayerischen Herzogs verfasste er ein umfangreiches Werk zur Geschichte Bayerns, das er nach langen Recherchen 1521 in Latein und 1533 in Deutsch vollendete. Wegen Verwicklungen in Auseinandersetzungen im Zusammenhang mit der Reformation wurde er verhaftet; nach seiner Freilassung verließ er deshalb 1529 Bayern und siedelte in die Freie Reichsstadt Regensburg über.

Thurnknopfstraße (8, Weichs, G 7)
Hans Thurnknopf († um 1553) war Metallgießer und Bürger in Regensburg. Er fertigte sowohl Kanonen als auch Kirchenglocken. (Vgl. → Schelchshornstraße.)

Tillystraße (11, Kasernenviertel, H 9/10)
→ Gruppe „Militär und Militärs". Johann T'Serclaes Graf von Tilly (1559–1632), bayerischer General und (zeitweise) kaiserlicher Generalissimus im Dreißigjährigen Krieg.

Töpferstraße (3, Steinweg, F 6)
Aus der Gruppe „Holz und Holzverarbeitung". Möglicher Bezug: Zum Brennen der Töpferware benötigt man Holz.

Toni-Pfülf-Weg (18, Burgweinting, K 12)
→ Gruppe „Burgweinting 3: Frauen". Toni Pfülf (1877–1933), Politikerin (SPD), Mitglied des deutschen Reichstags (als eine der ersten Frauen) 1919–1933, seit 1924 für den Wahlkreis Niederbayern/Oberpfalz. Wohnhaft in München, war sie häufig in Regensburg zu Besuch, wo sie eng mit Alfons Bayerer (→ Alfons-Bayerer-Straße) zusammenarbeitete. Nach der Machtergreifung der Nationalsozialisten organisierte sie hier einen Protestzug, an dem 900 Menschen teilnahmen – eine Widerstandsaktion, die auf Jahre hinaus die letzte bleiben sollte. Wenig später beging sie Selbstmord.

Traberweg (15, Prüfening, B 8)
→ Gruppe „Thurn und Taxis 3: Rennplatz".

Traubengasse (2, Steinweg, F 7)
Die Straße zweigt von der Hauptstraße von → Steinweg an der Stelle ab, wo bis in die Mitte der 1970er-Jahre die traditionsreiche Weinschenke „Zur Blauen Traube" (heute: Steinweg 11) bestand. Die blaue Traube ist das Wappen von Steinweg und erinnert an den Weinbau, der früher in großem Stil an den Hängen der Winzerer Höhe betrieben wurde (→ Winzersteig).

Traublinger Weg (18, Harting, M 12)
Die Straße führte früher von Harting (→ Gruppe „Harting – ein Dorf") in Richtung Ober- und Niedertraubling, den nächsten Orten südlich außerhalb des Stadtgebiets von Regensburg. Heute ist nur das allererste Stück erhalten; der Rest ist durch das BMW-Werk überbaut worden.

Tremmelhauser Weg (16, Oberwinzer/Kager, B 5/6)
Die Straße ist eine Abzweigung von dem Weg → Auf der Winzerer Höhe und führt in Richtung Tremmelhausen, einer kleinen Siedlung unmittelbar nordwestlich außerhalb des Stadtgebiets von Regensburg.

Trothengasse (1, Altstadt, G 8a/c)
Die Herkunft des Namens ist unklar. Vielleicht ist er von einer einst hier ansässigen Familie abgeleitet, so wie es bei etlichen umliegenden Straßen der Fall ist (→ Gichtlgasse, → Hallergasse, → Kalmünzergasse, → Klostermeyergasse, → Schattenhofergasse, → Trunzergasse). Ein Familienname, der „Trothen" oder ähnlich lautet, ist in Regensburg allerdings nirgends dokumentiert.

Trunzergasse (1, Altstadt, G 8a)
In einem Anwesen der Straße an der Ecke zur Ostengasse (heute: Trunzergasse 10) war im 18. Jh. eine Familie namens Trunzer ansässig.

Tucherstraße (11, Kasernenviertel, H 9)
Ein Angehöriger der berühmten Patrizierfamilie Tucher aus Nürnberg, Martin Tucher, war im 16. Jh. in Regensburg ansässig. Er gehörte auch hier zum städtischen Patriziat. Entsprechend standesgemäß wohnte er von 1521 bis 1546 im „Goliathhaus" (heute: Goliathstraße 4).

Tulpenweg (11, Kasernenviertel, G 10)
→ Gruppe „Blumen".

Turfweg (15, Prüfening, B 8)
→ Gruppe „Thurn und Taxis 3: Rennplatz".

Udetstraße (15, Äußerer Westen, C 8)
→ Gruppe „Flieger und Flugzeugbauer". Ernst Udet (1896–1941), deutscher Jagdflieger im Ersten Weltkrieg (→ Gruppe „Jagdflieger im Ersten Weltkrieg"), danach Kunst- und Schauflieger, zuletzt „Generalluftzeugmeister" im NS-Luftfahrtministerium.

Uferstraße (7, Reinhausen, F/G 6)
Die Straße führt als Verlängerung der → Unteren und → Oberen Regenstraße in Ufernähe noch ein kleines Stück am Regen flussaufwärts.

Uhlandstraße (15, Innerer Westen, D 8)
→ Gruppe „Schriftsteller 1". Ludwig Uhland (1787–1862), Schriftsteller der Romantik.

Ulmenstraße (15, Margaretenau, D 9)
→ Gruppe „Bäume".

Universitätsstraße (12/13, Galgenberg/Kumpfmühl/Neuprüll, E/F 9/10/11)
Die Straße bindet die Universität im Süden von Regensburg an die Innenstadt an. Sie erhielt ihren Namen, nachdem 1962 die Universität gegründet wurde. Zuvor hatte sie „Eisbuckelstraße" geheißen. Auf dem Hügel, auf den sie hinaufführt, hatte die Stadt Regensburg im 17. Jh. einen Keller angelegt, in dem Eis gelagert wurde, mit dem während der heißen Jahreszeit Speisen und Getränke, gedacht zur Bewirtung von Ehrengästen wie Kaisern und Königen, frischgehalten werden konnten.

Unter den Schwibbögen (1, Altstadt, F 8b)
„Schwibbögen" verbinden über die Straße hinweg gegenüberstehende Häuser miteinander; sie dienen entweder zur gegenseitigen Stabilisierung oder – seltener – als Übergänge. Drei besonders große (und begehbare) gab es bis ins 19. Jh. hinein in der Straße nördlich des Bischofshofs, wo sich im mittleren Bereich auf beiden Seiten kirchliche Immobilien befanden. (Ihre Zusammengehörigkeit stammte aus der Zeit des frühen Mittelalters; damals, als noch der romanische Dom bestand (→ Domgarten), erstreckte sich der sog. „Alte Bischofshof" in süd-nördlicher Richtung vom Dom über die Straße hinweg bis zur Donau.) Mit der Veränderung der Eigentumsverhältnisse im 19. Jh. wurden die Schwibbögen überflüssig und schließlich abgerissen; der Straßenname blieb bestehen.

Untere Bachgasse (1, Altstadt, F 8a/c)
In der Gasse verlief über Jahrhunderte der Stadtbach, nach seinem Ursprung beim Kloster St. Vitus in Prüll südlich außerhalb der Stadt (→ Karthaus-Prüll) auch „Vitusbach" genannt (→ Am Vitusbach). Er durchquerte in süd-nördlicher Richtung die Stadt (→ Obere Bachgasse) und mündete in die Donau. Zwecks optimaler Nutzung zur Abfallbeseitigung und Straßenreinigung leitete man einen Teil des Wassers in einem Abzweiger nach Westen (→ Weißgerbergraben), einen anderen Teil nach Osten (→ Am Stärzenbach). Seit dem 19. Jh., als eine moderne Kanalisation gebaut wurde, verläuft der Bach unterirdisch.

Untere Regenstraße (7, Reinhausen, G 7)
Der historische Dorfkern von → Reinhausen hat die Gestalt eines Straßendorfs, das sich am Regen hinzieht. Das Ortszentrum hält wegen Hochwassergefahr einen gewissen Abstand zum Fluss, parallel dazu gibt es direkt am Ufer eine weitere Straße. Sie verläuft auf beiden Seiten

der alten Regenbrücke; flussabwärts liegt der „untere“, flussaufwärts der „obere“ Teil (→ Obere Regenstraße, → Uferstraße).

Unterer Ehweg (18, Harting, M 12)
→ Gruppe „Harting – ein Dorf“. Flurname, der darauf verweist, dass der Weg in wasserreichem Gelände nahe bei einem kleinen Bach verläuft, der durch das Dorf fließt („Ehe“ = Aue). Weiter oben am Bach befindet sich der → Obere Ehweg.

Unterislinger Weg (11/12/17, Kasernenviertel/Galgenberg/Ober-/Unterisling, G/H 10/11/12/13)
Die Straße ist eine Abzweigung von der Landshuter Straße in südlicher Richtung nach Unterisling. Das erste Teilstück wurde später umbenannt (→ Hermann-Geib-Straße). Unterisling ist eine kleine Nachbarsiedlung von Oberisling (→ Islinger Weg); es wurde 1293 erstmals erwähnt und 1977 nach Regensburg eingemeindet. Der Name ergibt sich aus der Lage ein Stück weiter unten am gleichen Bach, der auch durch Oberisling fließt (→ Am Bach). Der wichtigste Bestandteil des Orts war eine Mühle (→ Mühlweg, → Hinterer Mühlweg, → Bollandweg).

Unterzellweg (5, Wutzlhofen, H 5)
→ Gruppe „Bayerischer Wald 2: Vorwald“. Unterzell, seit 1983 Zell, Gemeinde im Landkreis Cham/Oberpfalz.

Urbanstraße (7, Reinhausen, G 7)
Hans Urban († 1915) war Baumeister in Reinhausen. – Bezug: Urban plante und erstellte die Bebauung entlang der Straße.

Utastraße (15, Westheim, C 7)
→ Gruppe „Frauen aus Regensburgs Vergangenheit“. Uta († 1025), Äbtissin des Stifts Niedermünster 1002–1025. In ihrem Auftrag entstand das sog. „Uta-Evangeliar“, ein Meisterwerk mittelalterlicher Regensburger Buchmalerei.

Uternagelstraße (9, Schwabelweis, K 8)
„Uternagel“ war der Name eines Weinbergs in Schwabelweis im Besitz der Familie Sittauer (→ Sittauerstraße). (Vgl. → Sigenhofferstraße, → Schiedenstraße, → Zwerchpaintstraße, → Weinbergstraße.)

Verdunstraße (11, Kasernenviertel, H 10)
→ Gruppe „Militär und Militärs“. Stadt an der Maas in Lothringen/Nordfrankreich, Schauplatz wichtiger Schlachten im Ersten Weltkrieg.

Vestaweg (18, Burgweinting, H/I 12)
→ Gruppe „Burgweinting 5: Vor- und Frühgeschichte". Vesta, römische Göttin von Heim und Herd.

Victoriaweg (18, Burgweinting, H/I 12)
→ Gruppe „Burgweinting 5: Vor- und Frühgeschichte". Victoria, römische Göttin des Sieges.

Vidiner Straße (10, Ostenviertel, I 8)
→ Gruppe „Donaustädte". Vidin (oder Widin) liegt im äußersten Nordwesten Bulgariens.

Viereimergasse (1, Altstadt, F 8d)
An der Abzweigung der Gasse vom St.-Kassians-Platz befand sich vom 17. bis ins späte 19. Jh. ein Ziehbrunnen zum Wasserschöpfen. Über dem Brunnenschacht waren an steinernem Gebälk zwei Räder befestigt; über diese liefen zwei Ketten mit jeweils zwei Eimern an den beiden Enden – also insgesamt vier. Der heutige Brunnen weiter südwärts, wo die Gasse sich platzartig erweitert, hat mit dem alten nichts zu tun.

Viktor-von-Scheffel-Straße (13, Ganghofersiedlung, E 10/11)
→ Gruppe „Schriftsteller 2". Viktor von Scheffel (1826–1886), Schriftsteller des Realismus.

Villastraße (10, Ostenviertel, G 8)
Die Straße verläuft unmittelbar östlich der Königlichen Villa mit zugehörigem Park. Die Villa entstand von 1854 bis 1856 auf Initiative König Maximilians II. von Bayern; sie war gedacht als Residenz bei Besuchen bayerischer Könige in Regensburg und zugleich als deren Herrschaftssymbol in der einstigen Freien Reichsstadt. Sie ist nach wie vor im Besitz des bayerischen Staates und wird vom Bayerischen Landesamt für Denkmalpflege genutzt.

Vilsecker Straße (4, Haslbach, H 3/4)
→ Gruppe „Städte in der Oberpfalz".

Vilshofener Straße (10, Hohes Kreuz, I 9)
→ Gruppe „Donaustädte".

Vilsstraße (8, Weichs, H 7)
→ Gruppe „Flüsse in Bayern".

Vintlweg (17, Leoprechting, F 13)
Möglicherweise war hier eine Familie Vintl ansässig oder hatte Grundbesitz in der Gegend.

Vitusstraße (13, Prüll, E 10/11)
Die Straße führt westlich am ehemaligen Kloster St. Vitus in Prüll vorbei (→ Karthaus-Prüll).

Vogelbeerweg (6, Keilberg, L 5)
→ Gruppe „Wald und Flur".

Vogesenstraße (5, Konradsiedlung, H 5)
→ Gruppe „Deutsche Nation". Gebirgszug im nordöstlichen Frankreich, Schauplatz wichtiger Schlachten im Ersten Weltkrieg.

Volcanusweg (18, Burgweinting, H/I 12)
→ Gruppe „Burgweinting 5: Vor- und Frühgeschichte". Volcanus oder Vulcanus, römischer Gott des Feuers und des Schmiedehandwerks.

Von-Brettreich-Straße (15, Innerer Westen, D/E 9)
Friedrich von Brettreich (1858–1938), gebürtig aus Bamberg/Oberfranken, Jurist im bayerischen Verwaltungsdienst, amtierte in Regensburg als Regierungspräsident des Bezirks Oberpfalz 1905–1907. Nach seinem Weggang aus der Stadt war er bayerischer Innenminister 1907–1912 und 1916–1918. Ehrenbürger der Stadt Regensburg 1907.

Von-der-Tann-Straße (1, Altstadt, F 8d/G 8c)
Die Straße verlief früher stadteinwärts direkt an der Stadtmauer entlang. Hier, am Stadtrand, lebten einfache Menschen, die in kleinen Häusern mit Gärten außen herum als Kräuter- und Gemüsebauern tätig waren. Ihr Geld verdienten sie auf einem eigenen Markt in der Innenstadt (→ Krauterermarkt); ihre Gasse hieß „Krautererweg". Im späten 19. Jh. änderten sich die Verhältnisse grundlegend. Jenseits der einstigen Stadtmauer entstand das gutbürgerliche Viertel an der Reichsstraße (→ Gruppe „Gründerzeit"); im Krautererweg wurden repräsentative Mietshäuser gebaut. Deren Bewohnern passten die negativen Assoziationen, die man mit „Krauterern" verband, überhaupt nicht; so wurde die Straße umbenannt. Namensgeber wurde Ludwig Freiherr von und zu der Tann (1815–1881), General der bayerischen Armee, Inhaber des in Regensburg stationierten 11. Bayerischen Infanterie-Regiments, das seinen Namen trug (→ Gruppe „Militär und Militärs"), und Teilnehmer an den Kriegen, die zur Gründung des

Deutschen Reichs 1871 führten. Die Wahl des Namens passte perfekt zu den ebenfalls nationalistisch und militaristisch motivierten Straßenbenennungen in der Nachbarschaft (→ Dachauplatz, → Gruppe „Gründerzeit").

Von-Donle-Straße (10, Ostenviertel, H 8)
Ludwig Friedrich Karl von Donle (1869–1942), gebürtig aus Schweinfurt/Unterfranken, Jurist im bayerischen Verwaltungsdienst, beteiligte sich 1913 an der Gründung der „Bayerischer Lloyd Schifffahrts-AG", einer bayerischen Schifffahrtslinie auf der Donau mit Sitz in Regensburg, und amtierte als ihr Vorstandsvorsitzender und Generaldirektor 1918–1939. Zusätzlich war er Präsident der Industrie- und Handelskammer Regensburg 1919–1933.

Von-Reiner-Straße (11, Kasernenviertel, G 9/10)
→ Gruppe „Militär und Militärs". Georg Ritter von Reiner, Angehöriger des 11. Bayerischen Infanterie-Regiments „Von der Tann", Träger des Militär-Max-Joseph-Ordens, des höchsten bayerischen Militär-Ordens zur Zeit des Königreichs Bayern, für Tapferkeit in den Schlachten bei Verdun (→ Verdunstraße) und an der Somme (→ Sommestraße).

Von-Richthofen-Straße (13, Ganghofersiedlung, D/E 10)
→ Gruppe „Jagdflieger im Ersten Weltkrieg". Manfred von Richthofen (1892–1918), genannt der „Rote Baron".

Von-Schenk-Straße (13, Ziegetsdorf, D 11)
Eduard von Schenk (1788–1841), Jurist, bayerischer Innenminister 1828–1831, amtierte in Regensburg als Regierungspräsident des Bezirks Oberpfalz 1831–1841. Er gehörte zum einflussreichen „Sailerkreis" (→ Sailerstraße). Ehrenbürger der Stadt Regensburg 1838.

Von-Seeckt-Straße (11, Kasernenviertel, H 10)
→ Gruppe „Militär und Militärs". Hans von Seeckt (1866–1936), General des preußischen Heeres, Kommandeur der deutschen Reichswehr 1920–1926.

Vor der Grieb (1, Altstadt, F 8a)
Die „Grieb" (was man eigentlich mit bayerischem Diphtong aussprechen müsste) oder in älterer Form die „Grub" (auch wieder mit bayerischem Diphthong) war der Name eines großen Patrizierhauses zwischen zwei parallel verlaufenden Gassen (heute: Hinter der Grieb 8/Vor der Grieb 1). Die Bezeichnung könnte entweder von einer Grube, einer

Senke, einer Vertiefung des in der Nähe vorbeifließenden Stadtbachs (→ Obere/Untere Bachgasse) abgeleitet sein oder – weil der überlieferte Hausname, genau genommen, immer „In der Grieb" geschrieben wurde – sich auf den engen, von hohen Hausmauern umgebenen Innenhof des Anwesens selbst beziehen. Im frühen Mittelalter gehörte es einer Familie, die nach ihm „In der Grub" oder „In der Grieb" genannt wurde, im späten Mittelalter den Gravenreuther, weshalb es auch unter dem Namen „Gravenreuther-Haus" bekannt ist. „Vor der Grieb" hat das Anwesen seine Rückseite; die Definition, was „hinten" und was „vorne" ist, muss also anders erklärt werden, nämlich mit der Topographie der Straßen vom unweit gelegenen Haidplatz aus. Wenn man dort nach dem Weg fragte, dann war „Vor der Grieb" vor und „Hinter der Grieb" hinter dem Anwesen. (Vgl. → Hinter der Grieb.)

Vordere Keilbergstraße (6, Keilberg, K/L 5/6)
Die Straße verläuft auf der Hochfläche von Keilberg (→ Keilberger Hauptstraße) im – vom Stadtzentrum aus gesehen – näher gelegenen, also vorderen Bereich; ihr Gegenstück ist die Hintere Keilbergstraße.

Vorlandweg (18, Harting, M 12)
→ Gruppe „Harting – ein Dorf". Flurname mit Verweis auf die Lage vor, also am Rand vom Dorf.

Waaggäßchen (1, Altstadt, F 8a)
Die Straße führt östlich an der Rückseite der Neuen Waag (heute: Haidplatz 1) vorbei (→ Neue-Waag-Gasse).

Wacholderweg (6, Keilberg, L 5/6)
→ Gruppe „Wald und Flur".

Waffnergasse (1, Altstadt, F 8c/9)
Früher lebten die Menschen in Städten oft nach Berufsgruppen zusammen. In der Straße waren Waffenschmiede ansässig; nach ihnen wurde sie 1308 erstmals genannt. Sie lebten und arbeiteten vermutlich im mittleren Teil der Straße, wo auch heute noch normal dimensionierte Wohnhäuser stehen; die beiden Straßenenden sind demgegenüber eher von Großimmobilien aus ehemals kirchlichem Besitz geprägt.

Wagnergasse (17, Oberisling, G 12)
In einem der Anwesen (heute: Wagnergasse 1) war früher ein Wagner-Betrieb ansässig. Heute befindet sich hier eine Schreinerei.

Wahlenstraße (1, Altstadt, F 8a/c) → *Info unten*
Die Bezeichnung ist Regensburgs definitiv ältester überlieferter Straßenname. Im Jahr 1138 wird die Straße – im damals üblichen Latein – „Inter Latinos" genannt, „Unter den Lateinern" oder „Italienern". Dasselbe ist mit dem alten deutschen Wort „Wahlen" für die „Walchen" oder „Welschen" gemeint. Längs der Straße lebten also Italiener, vermutlich Kaufleute, so wie ja umgekehrt auch Regensburger Kaufleute in Italien präsent waren. In gleicher Weise wie die vielen stadtbildprägenden Geschlechtertürme – von denen es in der Straße mehrere Beispiele gibt – steht somit der Straßenname für Regensburgs Charakter als „nördlichste Stadt Italiens".

HÄUSER UND HAUSNUMMERN

Zu den amtlichen Straßennamen gehören in Regensburg – so wie in jeder anderen Stadt auch – die offiziellen Nummern der einzelnen Häuser in der jeweiligen Straße. Das System ist das gleiche wie überall: Auf der linken Seite finden sich die ungeraden, auf der rechten Seite die geraden Zahlen in aufsteigender Reihenfolge. In der Altstadt und in ihrer nächsten Umgebung kann man auf vielen Hausnummernschildern allerdings, meist in eingeklammerter Form, noch die Erinnerung an ein älteres System erkennen, das aus dem Jahr 1803 stammte und bis um 1900 gebräuchlich war. Damals wurde nicht nach Straßen, sondern nach Stadtvierteln nummeriert. Die Einteilung in Stadtviertel – die sogenannten „Wachten" – hatte es schon seit dem Mittelalter gegeben, als eine Art dezentraler Verwaltungsstruktur. Jetzt bekam jede Wacht einen Buchstaben, eine „Litera", und innerhalb des Wachtbezirks wurde einfach durchgezählt. Acht Wachten: Das ergab acht Buchstaben von „A" im Westen bis „H" im Osten der Altstadt; hinzu kam im weiteren Verlauf des 19. Jahrhunderts ein „I" für die zunächst nur wenigen Häuser außerhalb der einstigen Stadtmauern, dann ein „K" für das als erstes eingemeindete Dorf Kumpfmühl und schließlich ein „L", als man den Bezirk „I" wegen des einsetzenden Stadtwachstums in zwei Teile unterteilen musste. Noch älter als dieses „Litera"-System war eines von 1794. Damals existierte noch die Freie Reichsstadt, in scharfer Abgrenzung zu den kirchlichen Herrschaftsträgern; sie zählte deshalb ausschließlich die Anwesen, die ihrer Herrschaft unterstanden, und ließ alle bischöflichen und klösterlichen Immobilien außen vor. Weil die Anzahl der zu nummerierenden Häuser deshalb deutlich geringer war, vergab man Zahlen ohne Buchstaben und ohne Stadtviertel, insgesamt knapp 1100. Die einzige Nummer, die aus dieser Zeit und von diesem allerersten Zählsystem noch übrig ist, befindet sich am Haus Wahlenstraße 3. Dort steht am unteren Ende des Erkers eine „768" – die älteste Hausnummer Regensburgs.

Walderdorffstraße (11, Kasernenviertel, H 9)
Hugo Graf von Walderdorff (1828–1918), gebürtig aus Frankfurt am Main, zog mit seiner Familie 1830 nach Hauzenstein im Bayerischen Vorwald. Nach Schulbesuch in Regensburg, Studium und Militärkarriere kehrte er 1856 nach Hauzenstein zurück. Von nun an widmete er sich seiner wahren Leidenschaft, der Regensburger Stadtgeschichte. Er war jahrzehntelang Mitglied und Vorstand im Historischen Verein für Oberpfalz und Regensburg und verfasste mehrere historische Werke; das wichtigste war „Regensburg in seiner Vergangenheit und Gegenwart", 1896.

Waldschmidtstraße (13, Ganghofersiedlung, E 10)
→ Gruppe „Schrifsteller 2". Maximilian Schmidt, genannt Waldschmidt (1832–1919), bayerischer Volks- und Heimatschriftsteller mit thematischem Schwerpunkt auf dem Bayerischen Wald.

Waldvereinsweg (15, Prüfening, B 9)
Der Waldverein Regensburg e. V. wurde 1902 gegründet und besteht bis heute; er ist eine der Sektionen des Bayerischen-Wald-Vereins e. V. Er will Kenntnisse über die Umgebung von Regensburg und den Bayerischen Wald vermitteln, Naturschutz betreiben und Kontakte mit verwandten Einrichtungen in der Heimatpflege, dem Naturschutz und dem Fremdenverkehr pflegen.

Waldweg (18, Burgweinting, I/K 12)
→ Gruppe „Burgweinting 2: Flurnamen". Hier: Verweis auf den früheren landschaftlichen Charakter.

Waldweidenweg (17, Graß, D 12)
→ Gruppe „Graß – Burg und Dorf". Flurname mit Verweis auf die ländliche und land- bzw. forstwirtschaftlich genutzte Umgebung.

Walhalla-Allee (8, Weichs, G/H/I 7)
Nördlich der Donau führte von → Reinhausen aus schon immer eine Ausfallstraße nach Osten in Richtung Donaustauf (→ Donaustaufer Straße) und weiter donauabwärts. Im 20. Jh. entstand parallel dazu eine größere und leistungsfähigere Verkehrsachse analog zu ähnlichen Tras-

sen nach Norden (→ Nordgaustraße) und Westen (→ Frankenstraße). Am Stadtrand mündet sie wieder in die alte Straße ein. Da also die Zielrichtung dieselbe ist, wurde die neue Straße nach dem bekanntesten Gebäude von Donaustauf, der Walhalla, benannt.

Wartenbergweg (13, Königswiesen-Süd, D 10)
Franz Wilhelm von Wartenberg (1593–1661) war Bischof von Osnabrück 1625–1661, von Minden 1629–1661, von Verden 1630–1661 und von Regensburg 1649–1661. Als einziger Regensburger Bischof wurde er kurz vor seinem Lebensende 1660 zum Kardinal ernannt. Er gehörte im und nach dem Dreißigjährigen Krieg zu den führenden Persönlichkeiten der katholischen Gegenreformation. Sein Neffe Albert Ernst von Wartenberg (1635–1715) war Weihbischof von Regensburg 1688–1715.

Wassergasse (2, Stadtamhof, F 7)
Die Straße verläuft in unmittelbarer Nähe zur Donau. Der Fluss kam den Häusern an der Straße früher viel näher; durch Erdaufschüttungen und einen Damm, angelegt zum Hochwasserschutz, ist heute ein gewisser Sicherheitsabstand gegeben.

Watmarkt (1, Altstadt, F 8a/b)
„Wat" (mit langem „a" gesprochen) bezeichnet im alten Deutsch den Stoff, aus dem Kleidung gemacht wird. (In „Gewand" oder in „Leinwand" ist der Wortstamm noch erkennbar.) In Regensburg taucht die Bezeichnung „Watmarkt" erstmals 1329 auf. Im Mittelalter wurden somit auf dem Platz, der mehr einer Straße ähnelt, Tuche und Textilien verkauft.

Watzlikstraße (13, Ziegetsdorf, D 11)
→ Gruppe „Schriftsteller 2". Hans Watzlik (1879–1948), sudetendeutscher Volks- und Heimatschriftsteller. Er lebte in seinen letzten Jahren ab 1946 in Tremmelhausen (→ Tremmelhauser Weg) bei Regensburg.

Wegäckerweg (18, Harting, M 12)
→ Gruppe „Harting – ein Dorf". Flurname mit Verweis auf die ländliche und landwirtschaftlich genutzte Umgebung und auf die Lage an den Wegen zum Kreuzhof (→ Am Kreuzhof) und nach Barbing (→ Barbinger Straße).

Wehrlochweg (16, Niederwinzer, D 6/7)
„Wehrloch" hieß die Stelle an der Spitze der Donauinsel Oberer Wöhrd (→ Wöhrdstraße), wo die Regensburger verschiedentlich versuchten,

Dämme zum Nordufer hin zu bauen und das Flusswasser an der Stelle, wo es sich in zwei Arme teilt, zum größten Teil in den Südarm zu leiten. Hintergrund dieser Maßnahmen war die Konkurrenz zwischen der Freien Reichsstadt und dem Land Bayern um den Handel auf dem Fluss. Die Regensburger wollten den Bayern im wahrsten Sinne des Wortes das Wasser abgraben und den Nordarm der Donau, der auch vom bayerischen → Stadtamhof aus zugänglich war, für die Schifffahrt unbenutzbar machen. Die Versuche scheiterten jedes Mal, weil die Regensburger zwar vom Oberen Wöhrd aus, der ihnen gehörte, einen Dammbau anfangen, aber nie vollenden konnten, denn kaum erreichten sie das Nordufer, das bayerisch war, wurde der Damm prompt wieder zerstört (Vgl. → Am Beschlächt.)

Weichser Damm (8, Weichs, H 8)
Weichs liegt unmittelbar an der Mündung des Flusses Regen in die Donau. Aufgrund dieser besonderen topographischen Bedingungen bestand hier eine dauernde Hochwassergefahr, die erst durch eine Uferbefestigung mittels eines Damms gebannt wurde. (Vgl. → Reinhausener Damm, → Schwabelweiser Donauufer.)

Weichser Radiweg (8, Weichs, G 7)
Als sich im frühen 19. Jh. zahlreiche Gärtner und Kleinbauern in Weichs ansiedelten (→ Gärtnerstraße), konzentrierten sie sich oftmals auf den Anbau von Rettich, der auf den hiesigen Böden besonders gut gedieh. „Weichser Radi“ wurde zu einem feststehenden Begriff – nicht nur in Regensburg, wo er am Krauterermarkt verkauft wurde (→ Krauterermarkt, → Maria-Beer-Platz), sondern bis nach München, Nürnberg und sogar nach Berlin.

Weichser Schloßgasse (8, Weichs, H 8)
Die Straße verläuft auf der Südseite des ehemaligen Schlosses von Weichs. Seine Geschichte reicht möglicherweise bis in die Zeit der Ersterwähnung des Dorfs im Jahr 888 (→ Weichser Weg) zurück. Es ging im Lauf der Jahrhunderte durch viele Hände, war im Besitz von adeligen Familien oder auch, pfandweise, von Regensburger Bürgern und Patriziern. Im 17. und 18. Jh. amtierte hier ein Landrichter des Herzogs von Bayern. (Der Galgen für die von ihm zum Tod verurteilten Schwerverbrecher stand auf einem Hügel im Hinterland, → Am Sandberg. Vgl. → An der Schergenbreite.) Seit dem 19. Jh. ist das einstige Schloss ein Wohnhaus.

Weichser Weg (8, Weichs, H 7)
Die Straße zweigt von der Donaustaufer Straße südwärts ab und führt in den Kern des einstigen Dorfes Weichs. Das Dorf wurde 888 zum ersten Mal erwähnt und 1924 nach Regensburg eingemeindet. Die älteste Schreibweise ist „Wihs", was einfach nur „Dorf" bedeutet. (Ein ähnlicher Wortstamm liegt beim benachbarten Schwabelweis vor, → Gruppe „Schwabelweis und St. Emmeram".)

Weidener Straße (4, Haslbach, H/I 3)
→ Gruppe „Traditionelle Industriestädte in Nordostbayern". Weiden/Oberpfalz, Standort der Porzellan- und der Textilindustrie.

Weiherweg (13, Ziegetsdorf, D 11)
Wie alle Hügel und Anhöhen im Süden von Regensburg (→ Lohackerstraße, → Karthaus-Prüll) war auch der Ziegetsberg (→ Am Zieget), auf dessen Anhöhen die Straße verläuft, eine feuchte, wasserreiche Gegend.

Weinbeckstraße (9, Schwabelweis, K/L 7/8)
Michael Weinbeck (1851–1929) war der letzte Bürgermeister von Schwabelweis vor der Eingemeindung nach Regensburg 1924 (→ Gruppe „Schwabelweis und St. Emmeram").

Weinbergstraße (9, Schwabelweis, K/L 7)
→ Gruppe „Schwabelweis und St. Emmeram". Das, was den Grundbesitz des Klosters St. Emmeram in Schwabelweis früher wirtschaftlich besonders interessant machte, war die Möglichkeit, an den klimatisch begünstigten Südhängen des Keilsteins (→ Am Keilsteiner Hang) Wein anzubauen. Andere Grundbesitzer taten dies in kleinerem Umfang ebenso (→ Sittauerstraße, → Sigenhofferstraße, → Uternagelstraße, → Schiedenstraße, → Zwerchpaintstraße).

Weingartenstraße (17, Oberisling, F/G 12)
→ Gruppe „Oberisling und St. Emmeram". Das Kloster St. Emmeram ließ früher u. a. Wein in Oberisling anbauen.

Weingasse (1, Altstadt, F 8a)
Das gewerbliche Zentrum Regensburgs befand sich früher auf der Achse vom Kohlenmarkt zum Haidplatz. Manche Märkte lagen jedoch abseits davon, so der Weinmarkt, der direkt an der Donau abgehalten wurde (→ Am Weinmarkt). Seine Anbindung an das Zentrum, über die ein Großteil der Weinfässer weitertransportiert wurde, war die Weingasse. (Vgl. → Fischgässel, → Schmerbühl.)

Weinmannstraße (15, Äußerer Westen, C 8)
Johann Wilhelm Weinmann (1683–1741), gebürtig aus Gardelegen/Brandenburg, war ab 1712 Inhaber der einstigen Mohren-Apotheke (heute: Kohlenmarkt 6). Sein besonderes Interesse galt der Botanik: Er sammelte 9.000 Pflanzen aus dem In- und Ausland und verfasste einen vierbändigen, aufwändig illustrierten Pflanzenatlas („Phythanthoza Iconographia", 1737–1749).

Weintingergasse (1, Altstadt, E 8b)
Die Weintinger gehörten zu den bedeutenden Patrizierfamilien im mittelalterlichen Regensburg. Sie hatten eine Begräbnisstätte in der nördlichen Seitenkapelle der Minoritenkirche St. Salvator (→ Minoritenweg); möglicherweise hängt damit zusammen, dass die nahegelegene → Kalmünzergasse ursprünglich nach ihnen benannt war. Später übertrug sich der Name auf die heutige Weintingergasse; vermutlich hatte die Familie dort Besitzungen, in Gestalt von Stadeln und Warenlagern.

Weinweg (15, Innerer/Äußerer Westen, C/D 7)
Im Bereich der Straße wurde 1950 von Archäologen nahe der Donau ein kleines römisches Heiligtum mit einem Weihestein für den Weingott Liber gefunden. Die Lage unmittelbar gegenüber der Winzerer Höhe deutet darauf hin, dass der dortige Weinanbau bis in römische Zeit zurückreicht (→ Winzersteig). Weil die Weinberge damals jenseits der Grenze lagen (→ Marc-Aurel-Ufer), wurden die Trauben nach der Ernte wahrscheinlich nicht an Ort und Stelle weiterverarbeitet, sondern zu diesem Zweck auf sicheres römisches Gelände am Südufer der Donau gebracht.

Weinzierlstraße (5, Sallerner Berg, G/H 6)
An den Südhängen des Sandbergs (→ Am Sandberg) wurde früher neben Hopfen (→ Hopfengartenweg) sogar Wein angebaut („Weinzierl" = Weinbauer). Gleich daneben gab es – passenderweise – einen Wein- oder Bierkeller (→ Metzlkellerweg).

Weißbräuhausgasse (1, Altstadt, F 8d)
In einem Anwesen der Straße (heute: Weißbräuhausgasse 2 und 2a) befand sich vom frühen 17. Jh. an ein Brauhaus für Weißbier. Das zugehörige Gasthaus lag direkt daneben an der Ecke zur Schwarzen-Bären-Straße (heute: Schwarze-Bären-Straße 6). Noch heute ist hier Gastronomie mit einem Weißbräuhaus ansässig.

Weißdornweg (6, Keilberg, L 5)
→ Gruppe „Wald und Flur“.

Weiße-Hahnen-Gasse (1, Altstadt, F 8b)
In einem Anwesen an der Ecke zur Straße Unter den Schwibbögen (heute: Unter den Schwibbögen 1) befand sich von der Mitte des 16. bis ins 20. Jh. das Gasthaus „Zum Weißen Hahn“. Die Gaststube war zuvor eine Kapelle gewesen, wie an ihrem aufwändigen Deckengewölbe zu erkennen ist. Noch heute ist hier Gastronomie ansässig.

Weiße-Lamm-Gasse (1, Altstadt, F 8b)
In einem Anwesen der Straße an der Ecke zur Weißen-Hahnen-Gasse (heute: Weiße-Hahnen-Gasse 2) befand sich von der Mitte des 17. bis ins 19. Jh. das Gasthaus „Zum Weißen Lamm“. Es war neben dem „Goldenen Kreuz“ am Haidplatz das vornehmste der Stadt und beherbergte prominente Gäste wie Goethe (→ Goethestraße), Mozart (→ Mozartstraße), Haydn (→ Haydnstraße), Kaiser Joseph II. und Kaiser Franz II.

Weiße-Lilien-Straße (1, Altstadt, F 8d)
In einem Anwesen der Straße (heute: Weiße-Lilien-Straße 13) befand sich vom 16. bis ins frühe 19. Jh. das Gasthaus „Zur Weißen Lilie“. Danach bestand es an anderer Stelle (heute: Fröhliche-Türken-Straße 4) noch bis 1992 fort.

Weißenburgstraße (10, Ostenviertel, G 8/9)
→ Gruppe „Gründerzeit“. Die Schlacht von Weißenburg, einer Stadt im Elsass, fand am 4. August 1870 statt.

Weißgerbergraben (1, Altstadt, F 8a)
Früher lebten die Menschen in Städten oft nach Berufsgruppen zusammen. Hier waren Handwerker ansässig, die Leder produzierten, und zwar feines Leder, wie man es für Handschuhe, Taschen, Bucheinbände und ähnliches benötigte. (Vgl. → Gerbergasse, → Lederergasse.) – Die Bezeichnung „Graben“ weist darauf hin, dass die Stadt hier einst mit Mauer und Graben endete (→ Arnulfsplatz). Im Graben – und später in der Straße – verlief ein Abzweiger des Stadtbachs (→ Obere/ Untere Bachgasse), dessen Wasser die Weißgerber nutzten.

Weitoldstraße (1, Altstadt, E 8b)
In der Straße war im 16. Jh. eine Familie namens Weitold ansässig; die genaue Lage des Anwesens ist unbekannt. Vor dieser Zeit hieß die

Straße – wie ihre östliche Verlängerung – Wollwirkergasse; danach wurde der Name verschiedentlich abgewandelt, was darauf hindeutet, dass die Familie bereits wieder verschwunden war.

Weizenweg (18, Burgweinting, I 11)
→ Gruppe „Burgweinting 4: Feldfrüchte".

Welfenweg (13, Königswiesen-Süd, D 10)
→ Gruppe „Mittelalter in Regensburg". Aus dem Geschlecht der Welfen stammten zwischen 1096 und 1180 die Herzöge von Bayern. Für Regensburg am bedeutendsten war Heinrich der Stolze (→ Herzog-Heinrich-Straße).

Wendlerstraße (15, Innerer Westen, D 8)
Georg Wendler (1619–1688), gebürtig aus Burglengenfeld/Oberpfalz, war Schreib- und Rechenmeister. Nach seiner Ausbildung in Nürnberg lebte und arbeitete er ab 1647 in Regensburg. Er veröffentlichte 1667 das Lehrbuch „Arithmetica Practica, das ist: Kunst oder Wissenschaft, recht ordentlich und künstlich nach der Zahl, Maß und Gewicht zu traktieren und zu rechnen". (Vgl. → Pariciusstraße.)

Werftstraße (1, Unterer Wöhrd, G 8a)
Am östlichen Ende der Straße bestand von 1837 bis 1910 eine Werft (und ein Hafen, → Am Winterhafen) der „Ersten Kaiserlich-Königlich Privilegierten Donau-Dampfschifffahrtsgesellschaft" aus Österreich, die im 19. Jh. eine von Regensburg bis Wien führende Schifffahrtslinie betrieb. (Das Verwaltungsgebäude der Gesellschaft ist gegenüber an der Donaulände erhalten.) Die Werft wurde im Zusammenhang mit der Eröffnung des Luitpold-Hafens (→ Prinz-Ludwig-Straße) geschlossen. (Vgl. → Maffeistraße.)

Wernberger Straße (4, Haslbach, I 4)
→ Gruppe „Städte in der Oberpfalz".

Werner-Heisenberg-Straße (10, Ostenviertel, K 10)
→ Gruppe „Entdecker, Erfinder, Firmengründer". Werner Heisenberg (1901–1976), Physiker, Erforscher der Quantenphysik.

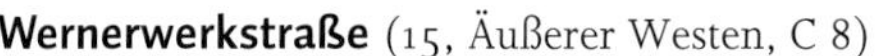

Wernerwerkstraße (15, Äußerer Westen, C 8)
Auf dem ehemaligen Firmengelände der Messerschmitt Flugzeugwerke AG im Stadtwesten (→ Gruppe „Flieger und Flugzeugbauer") siedelte sich 1948 die Firma Siemens & Halske, die heutige Siemens AG, mit einem Gerätewerk an. 1959 folgte am gleichen Standort ein Bauele-

mente- und Halbleiterwerk, das nach dem Vornamen des Firmengründers (→ Siemensstraße) sog. „Wernerwerk". Seit 1999 firmiert es als eigenes Unternehmen mit dem Namen Infineon Technologies AG.

Westendstraße (15, Innerer Westen, E 7)
Die Straße verläuft als Sackgasse im nördlichen Bereich der ehemaligen kleinen Siedlung Prebrunn (→ Prebrunnstraße) an der Donau entlang. Vor dem Beginn der modernen Stadtentwicklung war Regensburg hier in westlicher Richtung zuende.

Westheim (15, Westheim, C 7)
Die Siedlung Westheim, benannt nach ihrer Lage, geht im Kern auf ein erstes, kleines Siedlungsprojekt der nationalsozialistischen Stadtverwaltung Regensburgs ab 1933 zurück. In sehr viel größerem Maßstab folgten später die „Schottenheimsiedlung" (heute Konradsiedlung, → Gruppe „Deutsche Nation") und die „Göring-Heim-Siedlung" (heute Ganghofersiedlung, → Gruppe „Schriftsteller 2").

Widmannweg (15, Prüfening, B 8/9)
Leonhard Widmann (ca. 1490–1557), gebürtig aus Tegernheim/Oberpfalz, war seit 1511 Kanoniker am Kollegiatsstift der Alten Kapelle (→ Kapellengasse). Er war als Chronist tätig; seine Tagebücher, erhalten für den Zeitraum 1511–1543 und 1552–1555, sind eine wichtige Quelle zum Alltagsleben seiner Zeit.

Wiener Straße (10, Ostenviertel, H/I/K 8)
→ Gruppe „Donaustädte".

Wiesäckerweg (17, Oberisling, F 12)
Der Flurname verweist auf die – früher wie heute – ländliche und landwirtschaftlich genutzte Umgebung.

Wiesenweg (18, Harting, M 12)
→ Gruppe „Harting – ein Dorf". Flurname mit Verweis auf die ländliche und landwirtschaftlich genutzte Umgebung.

Wieshuberstraße (7, Reinhausen, G 6/7)
Östlich der Straße liegt die Pfarrkirche St. Joseph von Reinhausen. Ihr Bau wurde um 1900 vom Pfarrer von Sallern Michael Wieshuber (1861–1913) angeregt; er hatte erkannt, dass Reinhausen wegen seiner damals stark wachsenden Bevölkerung aus der Pfarrei Sallern, zu der es seit alters gehörte, ausgegliedert und eine eigene Pfarrei mit einer eigene Pfarrkirche werden sollte. Die Kirche wurde 1912 fertiggestellt;

ein Jahr später wurde die Pfarrei Reinhausen gegründet. (Vgl. → St.-Joseph-Straße, → Wimmerstraße.)

Wiesmeierweg (1, Altstadt, E 8d)
In der Straße war eine Familie namens Wiesmeier ansässig; die genaue Lage des Anwesens ist unbekannt. Der Straßenname taucht erst zu Beginn des 19. Jhs. auf; das deutet darauf hin, dass die Familie nicht viel früher dort gewohnt haben kann.

Wihmundweg (18, Burgweinting, H/I 11)
→ Gruppe „Burgweinting 5: Vor- und Frühgeschichte". Im archäologischen Areal von Burgweinting fanden sich u. a. Zeugnisse aus dem frühen Mittelalter. Das ist die Zeit, in der das Dorf Burgweinting, dem Namen nach zu schließen, als „Gründung eines Mannes namens Wihmund" entstanden ist (→ Gruppe „Burgweinting 1: Dorf").

Wildbachweg (7, Reinhausen, H 7)
→ Gruppe „Flüsse in Bayern".

Wilhelm-Busch-Straße (13, Ganghofersiedlung, E 10)
→ Gruppe „Schriftsteller 2". Wilhelm Busch (1832–1908), Schriftsteller, Maler und Zeichner, Verfasser von Bildergeschichten.

Wilhelm-Hoegner-Weg (13, Königswiesen-Süd, D 10)
→ Gruppe „Politiker des demokratischen Deutschland und Bayern". Wilhelm Hoegner (1887–1980), bayerischer Ministerpräsident (SPD) 1945–1946 und 1954–1957, „Vater der bayerischen Verfassung".

Wilhelm-Leibl-Weg (13, Kumpfmühl, E 10)
→ Gruppe „Bildende Künstler". Wilhelm Leibl (1844–1900), Maler des Realismus.

Wilhelm-Raabe-Straße (13, Ganghofersiedlung, E 10/11)
→ Gruppe „Schriftsteller 2". Wilhelm Raabe (1831–1910), Schriftsteller des Realismus.

Wilhelmstraße (15, Innerer Westen, E 8/9)
Als in der „Gründerzeit" nach 1870 westlich und östlich der Altstadt neue Wohnviertel entstanden (→ Gruppe „Gründerzeit"), wurden u. a. auch die seinerzeitigen Herrscher und Herrscherfamilien verewigt. Hier: der deutsche Kaiser Wilhelm I. (1797–1888, reg. 1871–1888). (Vgl. → Augustenstraße, → Luitpoldstraße, → Wittelsbacherstraße.)

Willi-Ulfig-Straße (9, Schwabelweis, L 7)
Willi Ulfig (1910–1983) war Maler und lebte ab 1945 in Regensburg. Er gilt als bedeutendster bildender Künstler in Ostbayern in der zweiten Hälfte des 20. Jhs. und erhielt mehrere Preise und Auszeichnungen der Stadt Regensburg. (Vgl. → Ludwig-von-Andok-Straße.)

Wimmerstraße (7, Reinhausen, G 6)
Joseph Wimmer (1878–1946) war ab 1914 der erste Pfarrer von Reinhausen, das im Jahr zuvor aus der Pfarrei Sallern, zu der es seit alters gehörte, ausgegliedert und, mit der neugebauten Pfarrkirche St. Joseph, zu einer eigenständigen Pfarrei erhoben worden war (→ St.-Joseph-Straße, → Wieshuberstraße). In den 1930er-Jahren initiierte Wimmer den Bau der Kirche St. Konrad in der Konradsiedlung (→ St.-Konrad-Platz).

Winkelfeldweg (17, Oberisling, F 12)
Der Flurname verweist auf die – früher wie heute – ländliche und landwirtschaftlich genutzte Umgebung und auf den besonderen Zuschnitt eines Grundstücks.

Winklergasse (1, Altstadt, E 8b)
Die Familie Winkler ist im 16. Jh. als Besitzer des Hauses zum Goldenen Turm (heute: Wahlenstraße 16) nachgewiesen. Der Straßenname ist aber bereits im 14. Jh. überliefert. Entweder war die Familie also früher dort anwesend oder sie hatte dort Besitzungen, in Gestalt von Stadeln und Warenlagern.

Winzersteig (16, Niederwinzer, C/D 6) → *Info rechts*
Wein wurde früher an vielen Stellen des heutigen Regensburger Stadtgebiets kultiviert (→ Weinbergstraße in Schwabelweis, → Weingartenstraße in Oberisling, → Weinzierlstraße am Sallerner Berg, → Dechbettener Weinberg). Das klassische Anbaugebiet waren jedoch die klimatisch begünstigten Südhänge am nördlichen Ufer der Donau (→ Auf der Winzerer Höhe). Hier geht die Tradition möglicherweise bis auf römische Zeiten zurück (→ Weinweg). Drei typische Weinbauern-Dörfer, Niederwinzer, Oberwinzer und Kager, wurden 1924 nach Regensburg eingemeindet. Einige Weinberge existieren heute noch; die Produktion im großen Stil endete allerdings schon im 17. und 18. Jh.

WEIN UND WEINKULTUR

Es ist erstaunlich, wie viele Straßennamen in Regensburg an Wein, seinen Anbau und den Handel damit erinnern. Bezeichnungen mit „Wein", „Weinzierl" und „Winzer" tauchen in der Altstadt ebenso auf wie in den einst eigenständigen Orten Reinhausen, Schwabelweis, Dechbetten und Oberisling sowie natürlich vor allem im Umkreis der „Winzerer Höhe", wo es an der Nordseite der Donau, an den klimatisch besonders begünstigten Südhängen zum Fluss hin, einige regelrechte Weinbauern-Dörfer gab. Importiert von den Römern florierte der Weinbau das ganze Mittelalter hindurch; erst im 17. und 18. Jahrhundert verdrängten ihn klimatische Veränderungen, die Einschleppung von Schädlingen wie der Reblaus und dem Mehltau und etliche andere Faktoren mehr und mehr. Davor war der „Baierwein", der an der Donau von Kelheim bis Straubing mit Regensburg als Zentrum angebaut wurde, eine bekannte Marke und konnte sich neben dem „Frankenwein" durchaus behaupten. Nur mit dem Image gab's mitunter Probleme: In Quellen taucht regelmäßig der wenig schmeichelhafte Vergleich mit saurem Essig auf und die Bezeichnung „Drei-Männer-Wein", weil man beim Trinken angeblich zu dritt sein müsse: Einer trinkt; die beiden anderen halten ihn fest ...

Winzerweg (15, Innerer Westen, D 7)
Am Ende der Straße führte früher – etwa im Bereich der heutigen Staustufe und der Autobahnbrücke – eine Fähre über die Donau, die Regensburg mit den Dörfern Niederwinzer, Oberwinzer und Kager verband. Weiter flussaufwärts gab es zwei weitere solche Überfahrten; die nächste folgte mit größerem Abstand in Prüfening (→ Fährenweg).

Wittelsbacherstraße (15, Innerer Westen, E 8)
Als in der „Gründerzeit" nach 1870 westlich und östlich der Altstadt neue Wohnviertel entstanden (→ Gruppe „Gründerzeit"), wurden u. a. auch die seinerzeitigen Herrscher und Herrscherfamilien verewigt. Hier: die Familie der Könige von Bayern. (Vgl. → Augustenstraße, → Luitpoldstraße, → Wilhelmstraße.)

Wittweg (15, Rennplatz, C 8)
Franz Xaver Witt (1834–1888), gebürtig aus Walderbach/Oberpfalz, war katholischer Pfarrer und Kirchenmusiker. Er verbrachte schon seine Schul- und Studienzeit in Regensburg; nach abgeschlossener Ausbil-

dung und Priesterweihe war er Lehrer für Kirchenmusik am Priesterseminar 1859–1873, später zudem Chorleiter an der Pfarrkirche St. Rupert 1867–1873. Anschließend war er in Landshut und Umgebung tätig. Witt hat entscheidend zur Verbreitung der kirchenmusikalischen Reformideen Karl Proskes (→ Proskestraße) beigetragen.

Wöhrdstraße (1, Unterer Wöhrd, F 8b/G 8a/b)
Die Straße verläuft auf fast der ganzen Länge der Donauinsel Unterer Wöhrd. Ein „Wöhrd" oder „Werder" bezeichnet eine Insel oder Halbinsel. In der Donau bei Regensburg gibt es zwei davon, nach der Fließrichtung „Oberer" und „Unterer Wöhrd" genannt.

Wörnitzstraße (8, Weichs, H 7)
→ Gruppe „Flüsse in Bayern".

Wolframstraße (13, Ziegetsdorf, D 11)
→ Gruppe „Schriftsteller 2". Wolfram von Eschenbach (ca. 1170–ca. 1220), Dichter und Epiker des Mittelalters.

Wolfsteinerstraße (13, Ziegetsdorf, D 11)
→ Gruppe „Mittelalter in Regensburg". Die Wolfsteiner waren ein aus der Oberpfalz stammendes Adelsgeschlecht. Wilhelm von Wolfstein war Bürgermeister von Regensburg 1423–1429.

Wollerweg (13, Königswiesen-Süd, D 10)
→ Gruppe „Mittelalter in Regensburg". Die Woller waren eine Regensburger Bürger- und Patrizierfamilie. Ihr Stammhaus war von Mitte des 13. bis Ende des 14. Jhs. ein Anwesen in der Unteren Bachgasse 3 (erhalten) und 5 (abgebrochen). Ulrich Woller war 1301 Stadtkämmerer. Einige Generationen später war ein anderer Ulrich Woller († 1375) einer der reichsten Männer Regensburgs mit einem testamentarisch überlieferten Besitz von acht Häusern. Sein Bruder Otto († 1377) war Schultheiß. Mit ihm starb die Familie aus.

Wollwirkergasse (1, Altstadt, E 8b)
Früher lebten die Menschen in Städten oft nach Berufsgruppen zusammen. In der Straße waren Handwerker ansässig, die Wolle wirkten und Tuche herstellten.

Würmstraße (7, Reinhausen, I 6)
→ Gruppe „Flüsse in Bayern".

Württembergstraße (15, Innerer Westen, E 7/8)
Die Straße verläuft in der Nähe des Herzogsparks. Er gehörte früher zum sog. „Württembergischen Palais". Das Palais mit dem Park war einst der großbürgerliche Wohnsitz von Georg Friedrich Müller (→ Müllerstraße); nach seinem kinderlosen Tod ging der Besitz an seinen Dienstherrn, Fürst Maximilian Karl von Thurn und Taxis (→ Maximilian-Karl-Straße). Er überließ ihn seiner Schwester Sophia (→ Sophienweg), die mit einem Herzog von Württemberg verheiratet war – daher die Namen von Park und Palais. Im 20. Jh. ging der Besitz an die Stadt Regensburg über; seit seiner Umnutzung befindet sich hier das Naturkundemuseum Ostbayern (heute: Am Prebrunntor 4).

Würzburger Straße (3, Pfaffenstein, E 7)
→ Gruppe „Städte in Franken".

Wutzlhofen (5, Wutzlhofen, H/I 5)
Das ehemalige Dorf Wutzlhofen wurde 1224 erstmals erwähnt und 1924 nach Regensburg eingemeindet. Wie bei anderen Eingemeindungen bewahrt die einstige Haupt- oder Dorfstraße den Namen des Orts fort. Der Name wird wohl einen ähnlichen Ursprung haben wie der des „Wutzlsteins", womit eine der Regensburger Burfriedenssäulen bezeichnet wurde (→ Burgfriedenweg). Bei der Steinsäule meint „zerwutzelt" zerfurcht, verwittert. Worauf sich dieses Attribut im Fall von Wutzlhofen beziehen könnte, ist unklar.

Xaver-Fuhr-Straße (18, Burgweinting, K 12)
Xaver Fuhr (1898–1973) war Maler und lebte ab 1950 in Regensburg. Er war außerdem Professor an der Akademie der Bildenden Künste in München; in Regensburg erhielt er mehrere Preise und Auszeichnungen.

Yorckstraße (15, Äußerer Westen, C 9)
→ Gruppe „Befreiungskriege". Johann David Ludwig Graf Yorck von Wartenburg (1759–1830), preußischer General.

Zandtengasse (1, Altstadt, F 8a)
Im Eckhaus zur Keplerstraße (heute: Keplerstraße 11) wohnte im 13. Jh. die Patrizierfamilie Zant, die zu den bedeutendsten ihrer Art im mittelalterlichen Regensburg gehörte. Anschließend, im 14. und frühen 15. Jh., war die Familie in dem nach ihr benannten „Zanthaus" in der Gesandtenstraße (heute: Gesandtenstraße 3) ansässig.

Zechenweg (13, Ziegetsdorf, D 11)
An den Hängen des Ziegetsbergs wurde im 19. Jh. Braunkohle abgebaut. Am Westhang im Gemeindegebiet von Pentling gibt es noch heute eine kleine Siedlung mit Namen „Kohlenschacht". (Vgl. → Stollenweg, → Ziegeleistraße.)

Zehentstraße (17, Oberisling, G 12)
→ Gruppe „Oberisling und St. Emmeram". In einem der Anwesen (heute: Zehentstraße 1) befand sich früher der Zehentstadel. Hier wurden die Abgaben gesammelt, die die Bauern von Oberisling dem Kloster St. Emmeram zu leisten hatten. Zum Gesamtkomplex gehörte auch der Zehenthof (→ Hanngasse).

Zeißstraße (11, Kasernenviertel, H/I 9/10)
→ Gruppe „Entdecker, Erfinder, Firmengründer". Carl Zeiß (1816–1888), Feinmechaniker und Optiker, Fortentwickler optischer Geräte und des dafür benötigten Glases, Gründer der Carl-Zeiss-Werke.

Zeitlarner Weg (4, Haslbach/Ödenthal, H/G 2/3)
Die Straße führt von → Haslbach über → Ödenthal nach Zeitlarn, den nächsten Ort nördlich außerhalb des Stadtgebiets von Regensburg.

Zieblandstraße (15, Innerer Westen, D 8)
Georg Friedrich Ziebland (1800–1873), gebürtig aus Regensburg, lebte und arbeitete als Architekt in München. Im Auftrag der bayerischen Könige baute er so prominente Gebäude wie die Staatliche Antikensammlung am Königsplatz sowie die Kirche St. Bonifaz in München und vollendete das Schloss Hohenschwangau. Außerdem war er Professor für Baukunst an der Bayerischen Akademie der Künste. Nach seinem Tod in München wurde er in Regensburg auf dem ehemaligen evangelischen Lazarusfriedhof, der heute ein Teil des Stadtparks ist, begraben.

Ziegeleistraße (14, Dechbetten, C 9)
In → Dechbetten wurde schon im 17. Jh. vom Kloster St. Emmeram Lehm abgebaut und zu Ziegel gebrannt. 1898 gründete Anton Mayer hier eine Ziegelei; seit der Gewinnung eines Teilhabers 1902 firmierte sie unter Mayer & Reinhard KG. 1903 erwarb sie ein 200 Hektar großes Gelände in der Nähe, die sog. „Friedrich-Zeche", und begann mit der Förderung von Kohle. 1981 wurden Ziegelei und Zeche von der Firma Ziegelwerk Renz GmbH in Aichach übernommen. 1997 wurde die Ziegelei geschlossen; auf dem Gelände befin-

det sich heute ein Hotel. Die Zeche wird seit 2000 von der Firma Gerhard Rösl KG weitergeführt, die neben einer reduzierten Förderung auch die Renaturierung des Geländes betreibt. (Vgl. → Stollenweg, → Zechenweg.)

Ziegelweg (11, Kasernenviertel, G 10)
Die Straße führte als Abzweigung von der → Hermann-Geib-Straße bzw. dem → Unterislinger Weg ein Stück ostwärts parallel des Unterislinger Wegs zu einer Ziegelei des Bauunternehmers Anton Mayer (heute: Unterislinger Weg 17). (Vgl. → Ziegeleistraße.)

Ziegetsdorfer Straße (13/14, Dechbetten/Königswiesen-Süd/Ziegetsdorf, C/D 9/10/11)
Die Straße zieht sich von → Dechbetten am Nordwesthang des Ziegetsbergs hinauf bis nach Ziegetsdorf. Der Ort entstand erst 1805 durch planmäßige Ansiedlung von Tagelöhnern, die sich eine Existenz als Kleinbauern aufbauen sollten, und wurde 1938 nach Regensburg eingemeindet. Der Name von Berg und Siedlung verweist auf die frühere naturnahe Umgebung mit dichtem Baumbestand („Zige“ = Kiefer, „Ziget“ = Kiefernwald). (Vgl. → Am Zieget.)

Zieglhof (18, Burgweinting, K 13)
Der Hausname verweist auf eine ländliche Einöde südlich von Burgweinting. Der Name scheint von einer Besitzerfamilie abgeleitet zu sein.

Zieroldsplatz (1, Altstadt, F 8a)
Im Eckhaus zur Goliathstraße (heute: Zieroldsplatz 2) wohnte im 18. Jh. die Familie Zierold. Einer ihrer Angehörigen war Beisitzer des Hansgerichts, also städtischer Verwaltungsangestellter.

Zimmerstraße (8, Weichs, I 7)
Karl Zimmer (1871–1922) war Besitzer eines Sägewerks in Schwabelweis (→ Gruppe „Schwabelweis und St. Emmeram“) mit starkem sozialen Engagement.

Zirklstraße (15, Prüfening, B 8)
→ Gruppe „Widerstand“. Josef Zirkl (1875–1945), gebürtig aus Oberteuerding bei Kelheim/Niederbayern, ab 1921 in Regensburg, Arbeiter. Er nahm an einer Demonstration teil, die sich kurz vor Ende des Zweiten Weltkriegs am 23. April 1945 auf dem Moltkeplatz (→ Dachauplatz) spontan bildete und zur kampflosen Übergabe der Stadt an die heranrückenden amerikanischen Truppen aufrief. Die nationalsozialis-

tischen Machthaber ließen ihn – zusammen mit Dr. Johann Maier (→ Dr.-Johann-Maier-Straße) und Michael Lottner (→ Lottnerstraße) – noch während der Kundgebung verhaften. Er wurde in der folgenden Nacht standrechtlich verurteilt und am Ort des Geschehens am Galgen hingerichtet.

Zirngiblstraße (13, Kumpfmühl, D/E 9)
→ Gruppe „Katholisches Regensburg". Joseph Zirngibl (1740–1816), ab 1758 mit dem Namen Roman Mönch im Kloster St. Emmeram, Historiker, Archivar seines Klosters bis 1802, des Fürstentums Regensburg unter Karl Theodor von Dalberg (→ Dalbergstraße) 1803–1810 und in Diensten des Königreichs Bayern 1812–1816.

Zollerstraße (11, Kasernenviertel, F/G 9)
Friedrich Johann Daniel Alois von Zoller (1762–1821), gebürtig aus Baden-Baden/Baden, Offizier der bayerischen Armee, war von 1810 bis 1821 Kommandant des nach dem Übergang Regensburgs an Bayern 1810 (→ Maximilianstraße) in der Stadt stationierten 4. Bayerischen Linien-Infanterie-Regiments „Herzog von Sachsen-Hildburghausen".

Zuckerfabrikstraße (10, Ostenviertel, H 9)
Die Straße verläuft in einem Wohngebiet, das in den letzten Jahren auf dem Gelände der ehemaligen Zuckerfabrik errichtet worden ist. Sie wurde 1898 dort gegründet; zuvor hatte es von 1837 bis 1887 eine kleinere Fabrik an der Kumpfmühler Straße, am Standort des heutigen Justizgebäudes (→ Friedrich-Niedermayer-Straße), gegeben (→ Fikentscherstraße). Die neue Fabrik bestand bis 2007. Ihr Schornstein, mit 150 Metern höher als die Domtürme, war bis zu seiner Sprengung 2009 ein weithin sichtbares Wahrzeichen von Regensburg. (Vgl. → Ostheim.)

Zum Artmannhof (17, Oberisling, G 14)
Der Hausname verweist auf eine ländliche Einöde südlich von Oberisling. Der Hof befindet sich seit alters im Besitz der Familie Artmann.

Zur Hohen Linie (6, Keilberg, L 5/6)
Die Straße verläuft von der Hochfläche von Keilberg (→ Keilberger Hauptstraße) in Richtung des Grats der außerhalb des Regensburger Stadtgebiets östlich anschließenden Höhenzüge.

Zur Schönen Aussicht (14, Dechbetten, C 9)
Vom Hang der „Platte“ aus (→ Auf der Platte) bietet sich ein guter Blick auf die Stadt und ins Donautal.

Zur Schönen Gelegenheit (1, Altstadt, E 8b/F 8a)
Die „schöne Gelegenheit“ bezog sich früher nicht auf die ganze Straße, sondern nur auf ein Haus, und zwar das hinterste, das sie zur Donau hin abschließt (heute: Weintingergasse 9). Es war schön gelegen, weil man von ihm aus wegen des abfallenden Geländes dahinter einen guten Blick auf die Donau hatte – vor allem zu Zeiten, als die Bebauung ringsum noch lockerer war als heute. Die „Gelegenheit“ erklärt sich also schlicht und einfach als „Lage“; sämtliche weiter gehenden Fantasien sind fehl am Platz. (In diesem Sinne beschied die Stadtverwaltung bereits 1905 die Straßenanwohner, als sie wegen angeblicher Unschicklichkeit um eine Umbenennung ersuchten.) Der Hausname wurde später zum Straßennamen.

Zwerchpaintstraße (9, Schwabelweis, K 8)
„Zwerchpaint“ war der Name eines Weinbergs in Schwabelweis; im Gegensatz zu anderen Fällen (→ Sigenhofferstraße, → Uternagelstraße) ist der Besitzer unbekannt. (Vgl. → Weinbergstraße, → Sittauerstraße, → Schiedenstraße.)